냉전문화론

냉전문화론

1945년 이후 일본의 영화와 문학은 냉전을 어떻게 기억하는가

2010년 11월 26일 제1판 제1쇄 인쇄
2010년 12월 3일 제1판 제1쇄 발행

지은이 마루카와 데쓰시
옮긴이 장세진
펴낸이 이재민, 김상미

편집 이명애
디자인 황일선

종이 대흥지류유통(주)
인쇄 천일문화사
제본 정원문화사

펴낸곳 너머북스
주소 121-869 서울시 마포구 연남동 566-61
전화 02)335-3366 팩스 02)335-5848
등록번호 제313-2007-232호

ISBN 978-89-94606-01-9 93300

너머북스와 너머학교는 좋은 서가와 학교를 꿈꾸는 출판사입니다.

동아시아와 그 너머

02

냉전문화론

1945년 이후 일본의 영화와 문학은 냉전을 어떻게 기억하는가

마루카와 데쓰시 지음

장세진 옮김

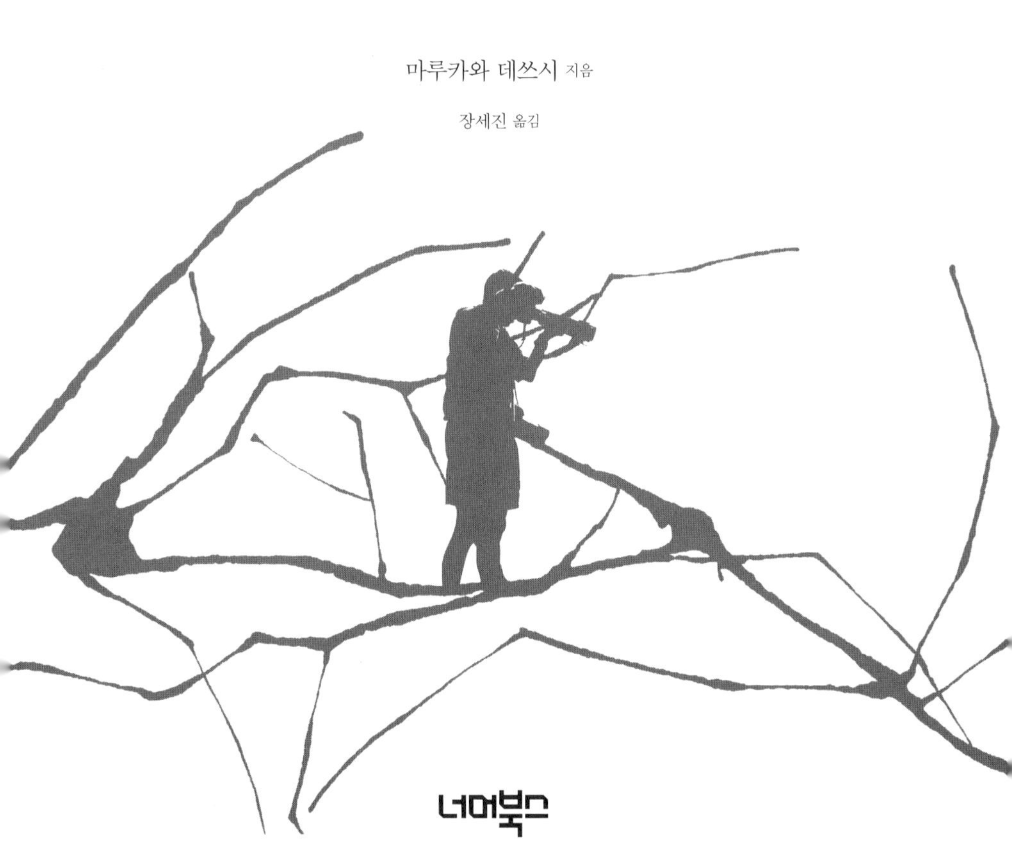

너머북스

역사를 반성하는 주체의 구도(構圖)

1990년대 유럽과 미국에서는 냉전시스템이 붕괴했다는 것을 전제로 해서 그 이후의 질서를 모색하는 논의가 주류를 이루었습니다. 이 시기 일본의 지식계에서는 세계적인 탈냉전화(동아시아 내부에서는 특히 한국과 타이완의 민주화)의 추세를 받아들여, 아시아에 대한 예전의 침략전쟁과 식민지 지배를 반성하고 청산하려는 움직임이 나타났습니다. 그렇지만 그러한 움직임이 일어났던 90년대를 현재 시점에서 바라보자면, 여러 가지 문제점을 지적하지 않을 수 없습니다. 그중 하나로 동아시아에서는 냉전이 완전히 끝나지 않았다는 기본적인 상황판단이 희박했다는 점을 들 수 있겠습니다. 특히 한국전쟁이 정식으로 종결되지 않았다는 점을 포함하여 냉전시스템이 지속되고 있다는 것은 지극히 자명한 사실입니다. 일본의 비판적 지식인들은 바로 동아시아 냉전시스템의 근간이 되는 미일안보조약 체제가 여전히 지속되고 있다는 문제—이 문제를 과거에 대한 반성과 연결시키는 데 실패했습니다.

일본 지식계의 또 한가지 문제점으로는, 유럽에서 존재했던 '화해' 모델을 동아시아에 적용시키기 곤란했다는 점을 지적할 수 있습니다. 유럽의 경우 일괄적인 냉전시스템의 붕괴가 가능했던 것은, 특히 독일과 프랑스 간에 이루어진 착실하고도 끈질긴 전후 처리가 성공했기 때문이며, 그로부터 가능하게 된 '화해'가 진전되었기 때문입니다. 결과적으로 유럽 내부의 경우에는 원래부터 동아시아에 존재했던 것과 같은 차별과 경멸의 구조가 그리 심하지 않았으며 상당히 억제되어 있다고 말할 수 있습니다. (그 대신 유대인에 대한 차별이 강하게 존재하고 있습니다.)

전체적으로 보자면, 동아시아에서 '화해'의 길이 이렇듯 멀고 탈냉전으로의 여정이 잘 보이지 않는 요인으로 심각한 차별구조가 존재한다는 점을 지적하지 않을 수 없습니다. 유럽 내부에서는, 우여곡절을 겪으면서도 그 기저에는 장기간에 걸친 국민국가의 성숙 과정이 잠재되어 있다고 할 수 있지만, 동아시아의 경우 유럽에서와 같은 성숙에 조응하는 과정이 지극히 희박했습니다. 결국, 우리들이 현재 보고 있는 동아시아 내부의 모든 국가들(정부들)은 불완전한 국민국가입니다. 그 불완전성의 하나의 근간이 되는 것은, 현재 동아시아의 모든 국가들이 다름 아닌 동아시아 냉전에 의해 만들어진 냉전국가군 시스템이라는 사실입니다. 유럽에서처럼 원래부터 존재했던 여러 국가들이 분단된 것이 아니라, 동아시아의 모든 국가들에는 성립조건 그 자체로서 냉전이 개입해 있다는 의미입니다. 이 동아시아 냉전국가군 시스템은 1950년을 전후로 해서 만들어졌습니다. 다시 말해 샌프란시스코 강화조약과 미일안보시스템의 확립, 그리고 한국전쟁을 계기로 해서 성립된 것입니다. 게다가 이 시스템은 그 이전 일본제국의 대동아공영권을 그 전사(前史)로 하는 것입니다. 이러한 사실은 동아시아인들(특히 일본인들)이 역사를 반성하기 위한 기본 조건으로서 결코 잊어서는 안 될 점입니다.

어쨌든 이 책은 이러한 커다란 구도의 일부분을 형성하는 것입니다. 말하자면, 주로 전후 일본을 중심으로 하는 시점을 취하면서 동아시아를 배경으로 한 냉전문화를 묘사한 책이라고 할 수 있습니다. 그런 까닭에 이 책은 한국의, 북한의, 혹은 두 개를 합한 한반도 전체의, 그리고 중국의, 타이완의, 혹은 두 개를 합한 시점에서 쓰인 냉전문화론에 의해 보완되지 않으면 안 될 것입니다. (덧붙여 오키나와의 시점에서도.) 물론, 이 책은 지금 언급한 어떤 시점들과도 상호 보완적인 책이며, 또한 상호 침투하는 성격과 계기를 간직한 책입니다. 이 책의 저자로서 저는 그렇게 되기를 기대합니다.

2010년 도쿄에서

마루카와 데쓰시

저자 서문

냉전, 동아시아 국민국가 시스템의 '고향'을 생각한다

이 책의 제목은 『냉전문화론』이다. 이 제목은 아무리 봐도 좀처럼 익숙해지지 않는 기묘한 낱말의 조합인 것 같다. 냉전을 문화론으로 인식한다는 것은 대체 어떤 것일까? 어쩌면 이 출발점에서부터 의아심을 품는 독자도 있을 것이다. 제목에서 느껴지는 인상의 최대공약수는 냉전체제하의 정치문화를 논하려고 하는 것 정도일 것이다. 그러나 내가 시도하고자 하는 것은, 예를 들어 냉전시대 사회주의 국가들의 정치문화라든가, 혹은 거기에 대항하여 '반공'을 국시로 내건 지역과 국가에 대한 기억을 논하려는 것이 아니다. 적확하게 표현할 수는 없지만, 어쨌든 내가 논하려는 것은 우리들 내부에 존재하는 역사의식 혹은 시간감각의 문제다.

먼저 오랫동안 냉전구조는 정치체제의 구별에 따라 구획된 국제정치의 공간편성을 가리켜왔다. 더욱이 냉전구조는 1989년 구소련권의 붕괴를 시작으로, 이제는 일반적으로 극복된 어떤 것 혹은 계속해서 극복되고 있는 어떤 것으로 인식되고 있다. (그래서 현재 세계는 글로벌라이제이션이라는 해일에 씻기고 있는 중이며, 그 세계화의 해일이 당도하는 곳에서는 그에 대한 갈등과 반항의 소리가 울려퍼지고 있다.)

내가 냉전을 역사의식 혹은 시간감각을 통해 논하고자 하는 것은 도외시할 수 없는 어떤 의문을 가지고 있기 때문이다. 역사를 실감한다는 의미에서 일본인들에게 냉전이란 과연 무엇이었는가, 일본인들은 정말 그것을 실감으로 파악하고 있는가 하는 의문이다. 요즘에는 세계적으로 냉전이 끝났다 혹은 끝나고 있다고 말한다. 그러나 일본인들에게 냉전의 끝이란 대체 무엇일까. 예전부터 계속 품어왔던 생각을 말하면 이러하다. 냉전의 출구가 확실하지 않은 것은 그 입구, 즉 냉전구조로 휩쓸려 들어간 역사나 냉전구조가 굳건히 세워진 그 역사를 살지 않았기(실제로는 살고 있었다 해도) 때문은 아닐까. 이러한 생각을 갖게 된 이유는, 객관적으로는 어떨지 몰라도 의식으로는 방관자로 지내온 것으로 느껴지기 때문이다. 나는 여기서 '의식으로는 방관자'라는 기묘한 말을 하고 말았다. 이 말은 그 자체로 얼마간의 자가당착을 드러내고 있으며, 또한 그런 면에서 일본인과 냉전의 관계를 말해주는 듯하다.

내가 냉전과 일본인에 관련된 상념을 품기 시작한 데는 두 가지 계기가 있었다. 그중 하나는 뜻하지 않게 타이완이라는 장소와 관계를 가지기 시작하면서 타이완의 정치사회 변화를 관찰하게 된 일이다. 실은 타이완보다 한국의 경우가 더 확실하지만, 1970년대부터 80년대까지 이들 지역에서 민주화운동이 고조된 데는 분명히 탈냉전이라는 특징이 함께 작용했다. 타이완에서도 한국에서도 오랫동안 언론의 자유를 금지해온 군사독재(반공독재)의 본질이 엄중하게 추궁되었고, 결국 계엄령이 해제되었다. 물론 그렇다고 해서 냉전체제가 종료된 것은 아니다. 한반도(와 그외 다른 지역에 거주하는 북한 사람들과 남한 사람들 사이)에서 공유되고 있는 가치관이자 냉전 극복의 지표인 남북통일이 아직 달성되지 않았고, 타이완과 중국 본토 간의 긴장관계 역시 냉전시대를 이어받은 측면이 여전히 강하다. 그럼에도 불구하고 이 지역 사람들의 요구는 '탈냉전으로 향하는 사이클론 안에 우리들이 자리잡고 있다'는 실감을 뒷받침하고 있는 것으로 보인다.

바꾸어 말하면, 이는 타이완과 한국에서 민주화의 책임을 떠맡은 역사의식의 성분에 해당하는 부분이 일본에는 거의 존재하지 않는 것으로 보인다는 뜻이다. 어떤 의미에서 이 책의 목적은, 이러한 나의 소박한 실감에 대한 반증(그리고 그 흔적)을 찾아나서기 위한 노력이다.

이제 일본인과 냉전을 둘러싼 문제를 추적하기 시작한 또 하나의 계기에 대해 이야기하고자 한다. 그것은 2002년 9월 17일 고이즈미 수상이 북한을 방문했을 때 명백하게 밝혀진, 이른바 일본인 '납치'와 관련된 일본측의 격렬한 반응(내셔널리즘)에서 비롯한다. 2000년대부터 시작된 이 새로운 감정정치 사이클론의 내부에, 최근 중국(대륙)의 눈부신 경제성장에 의해 촉발된 중국위협론을 포함시킬 수도 있을 것이다. 아시아 인접국들에 대한 이와 같은 일본의 내셔널리즘의 질(質), 혹은 그 감정의 성분을 어떻게 분석해야 할까. 지식인은 거기에 무엇을 제시해야 하는 것일까. 나는 많은 친구들과 토론을 거듭했다. 현재 일본에서는 조선민주주의인민공화국과 중국(대륙)에 대한 반응과는 대조적으로, '타이완은 일본에 우호적이다'라든가 혹은 이른바 한류붐을 타고 한국에 대한 좋은 인상이 대대적으로 보도되는 등 냉전시대 사회주의/반공블록이라는 분할선이 다시금 망령처럼 떠오르고 있는 것 같다. 바로 그러한 이유에서 역사를 거슬러 올라가 냉전을 고찰해야 할 필요를 느꼈던 것이고, 특히 일본인에게 냉전이란 무엇이었는지 혹은 오늘날 냉전은 여전히 무엇인지, 그 깊은 뿌리를 마주하고 싶다고 생각한 것이다.

그리고 언제부터인가 동아시아의 문학과 영화를 그러한 시선으로, 다시 말해 냉전이라는 아포리아(aporia)가 거기서 어떻게 처리되고 있는가 하는 각도에서 개별적인 텍스트(영화)에 접근하게 되었다. 이 책은 주로 일본에서 생산된 영화 텍스트를 논의의 대상으로 삼는다. 그러나 재일조선인이나 재일한국인의 영화를 제외하면, 한국전쟁을 다루는 영화 텍스트의 수는 너무나 적다. 있다 해도 한국전쟁은 소위 전후 일본의 풍속을 형성하는 일부로 자리매김되고 만 것 같다. 그리고 단지 풍속으로 처리되는 듯한 수준의 한국전쟁에 관한 서술조차도 최근에는 점점 더 발견할 수 없게 되었다. 한편, 한국의 문학이나 영화 작품에서 한국전쟁이 계속해서 그 주제가 되는 것은 당연한 일이거니 생각되기도 하는데, 한국전쟁이 타이완 영화에서 발견될 때는 무척 각별한 감흥을 불러일으킨다.

예를 들면 타이완의 왕통(王童) 감독이 1996년에 촬영한 자전적인 작품 「홍시(紅柿子)」에서 그려지고 있는 1950년대의 상황 같은 것이 여기에 해당된다. 그 작품에 묘사된 한국전쟁은, 배경이나 풍속으로 취급되는 수준을 넘어선 어떤 것으로 확실히 우리 눈앞에 나타났다.

「홍시」는 국공내전에 패배한 국민당 정권이 타이완으로 후퇴할 때

따라내려온 군인 가족의 이야기다. 나도 모르게 눈길이 간 것은, 주인공인 군인의 부하였던 한 병사에 관한 에피소드다. 저우푸순(周福順)이라는 병사인데, 내전이 한창일 때 그는 타이완으로 후퇴하는 배를 놓쳐 그대로 내전의 최종단계에 투입된다. 저우는 그 과정에서 공산당측의 포로가 되어 대륙에 남겨진다. 하지만 그의 이야기는 거기서 끝나지 않는다. 한국전쟁이 시작되자 이번에는 공산당측의 인민의용군에 편입되어 한반도에서 남측과 싸우게 된다. 거기서 그는 다시 미군의 포로가 되는데, 대륙으로 귀환할 것인가 타이완으로 송환될 것인가를 선택해야 하는 처지가 된다. 그는 타이완을 선택하는데, 타이베이(台北)의 길거리에서 자신의 옛 상사였던 군인 가족과 재회한다. 저우푸순에게 향해진 카메라—카메라에 비춰진 저우의 신체 표면(가슴쪽 피부)에는 선명하게 중화민국(타이완) 국기가 문신으로 새겨져 있다. 미군의 포로가 되었을 때 타이완행을 호소하기 위해 새겨넣은 것이다.

이렇게 한국전쟁에서 미군의 포로가 되어, 1954년 한반도에서 타이완으로 보내진 사람의 수는 결코 적지 않다. 7,000명 이상이었다고 한다. 그러나 그런 존재가 영화 속에 정착되는 데만 실로 50년 가까이 걸린 셈이다. 그런데 「홍시」에서 가장 인상 깊었던 것은, 그 저우라는 인물의 표정이었다. 그의 얼굴(감정)에는 어딘가 손상된 구석이 있다. 그는 무표정에 가까운 딱딱한 표정으로 자신의 기구한 체험에 대해 실로 담담하게, 전투 시절의 몸짓이나 손짓을 섞어가며 지껄이기 시작한다. 얼핏 보면, 그는 자신에게 닥친 재난을 전혀 트라우마로 느끼지 않는 것처럼 행동한다. 하지만 그 손상된 표정이 트라우마의 깊이를 여실히 이야기하고 있는 것이다. 그의 얼굴(시선) 안쪽에 비춰지는 광경은 어떤 것일까. 영화는 그것을 영상화하지 않고, 단지 그의 얼굴을 가만히 비출 뿐이다.

이 책 『냉전문화론』이 목표로 하는 것은, 예컨대 저우푸순의 얼굴(시선) 안쪽에 존재하는 풍경에 도달하기 위한 준비작업이다. 여기까지의 설명으로도 독자들은 한국전쟁이 한반도 내부에 한정된 전쟁이 아니라, 동아시아라는 광역의 공간에서 치러진 전쟁이라는 사실을 이미 이해했을 것이다. 그리고 그 전쟁이 후방의 병참기지인 일본에 전시특수를 불러일으켜, 일본의 '부흥'과 '독립'에 기여한 전쟁이 되었다는 것은 말할 필요도 없다. 저우의 얼굴(시선) 안쪽에 펼쳐진 풍경은, 대다수 일본인들에게 자신들과는 거리가 먼 어떤 것으로 상정되어왔다. 하지만 이들은 결코 관계가 없지 않다. 한국전쟁, 다시 말해 냉전을 고정화시킨 최대 열전(熱戰)의 전장으로부터 일본은 단지 조금 바깥쪽에 자리하고 있었을 뿐이다. 그러나 그 미묘한 간격이 바로 일본인들의 전후관(戰後觀)에 결정적으로 작용하여 역사의식과 시간감각을 바꾸도록 했다고 생각한다.

거듭 말하지만, 일본의 문학작품과 영화에서도 한국전쟁과 냉전체제에 관련된 문제적인 이미지가 전혀 없었던 것은 아니다. 대중의 반응 면에서도, 1960년대에는 그야말로 냉전체제의 근간을 이루는 미일안보체제에 대한 이의(異議)가 전국민적인 규모로 제기된 바 있다. 당시 일본정부의 대미종속은 '독립한 일본'을 의심하게 만드는 것으로 인식되었으며, 국회의 신(新)안보조약[1] 체결 강행에 대해서는 이

1 1960년 1월 미국의 아이젠하워 대통령과 일본의 기시 총리가 주도한 신안보협약. 기시 총리는 1951년 체결된 미일안보조약 내용을 강화한 개정안을 전국민적인 반대에도 불

를 쿠데타로 보는 관점도 존재했다. 물론 그러한 운동의 대부분은 전쟁에 휘말리고 싶지 않다는, 다시 말해 소극적인 수준에서 전쟁을 혐오하는 의식에 기초한 것이었다고 할 수 있다. 그렇다 하더라도 그 운동은 동아시아 차원에서 명백하게 냉전상황을 넘어서고자 하는 의사를 표시하는 역할을 했다. 실제로 내가 중국과 한국, 타이완에 갔을 때 현지 사람들(지식인들)은 여러 차례 일본의 60년 안보조약에 대해 거론했다. 그것은 60년 안보투쟁에 대한 관심인 동시에 미일안보조약이 내포하고 있는 냉전구조의 문제를 일반적인 일본인보다 더 민감하게 받아들이고 있다는 증거일 것이다.

그러나 이 책에서 논의하고자 하는 것은, 미일안보조약이라는 좁은 의미의 정치문제도 아니고 일본의 반전운동의 계보를 더듬어 올라가는 일도 아니다. 다시 말해 냉전구조에 휩쓸려 들어갔으며, 실제 그 공범자이자 주재자이기도 한 일본인들에게 냉전이 가지는 의미를 각 텍스트(영화)를 통해, 그리고 지식인의 행동을 통해 떠올리게 하려는 것이다. 이 책에서 다루는 작품들은 일본어로 쓰인 것들이라서, 그것이 이 책의 최대 결점이라고도 할 수 있다. 그렇지만 그것은 어찌 보면 거의 전략적인 결점이다. 일본에서 생산된 텍스트(영화)의 행간에, 그리고 어떤 인간의 행동의 뒷모습에 냉전은 틀림없이 그 그림자를 드리우고 있으며, 나는 그것에 접근하는 것으로부터 시작하고자 한다.

다시 한번 「홍시」의 저우푸순 이야기로 돌아가는 것으로 머리말

구하고 성사시켰다. 개정안의 핵심은 미국이 동아시아 지역에서 군사행동을 할 경우 일본은 미국에 군사기지를 제공하며 병참 등 지원업무를 맡는다는 내용이다—옮긴이.

을 끝맺고자 한다. 아마도 그의 얼굴(시선) 안쪽에 비춰지고 있는 것은 실제 전장이 되었던 자신의 고향 중국대륙의 풍경이거나, 혹은 한반도에서 경험한 고통스러웠던 전투의 기억, 아울러 한반도에서 타이완으로 이송될 때 배 위에서 바라보던 바다였으리라. 그 광경들은 모두 내전(냉전)에 속해 있는 것이며, 그가 자신의 '삶'을 마치려고 했던 타이완조차 냉전질서에 속해 있는 장소인 셈이었다. 내전(냉전)에 의해 일생이 좌우되어온 그는 줄곧 고향으로 돌아가는 것을 꿈꾸어 왔을 것이다. 그러나 그 소원은 끝내 이루어지지 못할 가능성이 높다. 관점을 바꾸어 말하면, 저우와 같은 존재를 만들어낸 냉전(내전)이 바로 그의 고향 자체가 되어버렸다고도 할 수 있다. 물론 이때 '고향'이라는 단어를 사용하는 것은 어쩌면 잘못일 수 있다. 그런 사람들에게, 예를 들어 일본의 재일조선인이나 재일한국인과 같은 사람들에게 냉전(내전)이 그들의 '고향'이라고 말한다면, 말장난에 다름 아닐 것이다. 그렇지만 이 '고향'이라는 말이 아마 일본인들에게는 역설적으로 꼭 들어맞는다는 것도 사실이다.

일본의 '독립'은 1951년 샌프란시스코 강화조약으로 달성되었다. 이 책에서 몇번이고 언급하겠지만, 그 강화회의에 중국(타이완)과 한반도의 대표자는 초청되지 않았다. 또한 오키나와는 그 '독립'의 프로세스 바깥에 놓여 있었다. 그야말로 냉전체제는 일본의 '독립'과 불가분의 관계이며, 그것은 전후 일본 국가체제의 '고향'이다. 그런 의미에서 이 『냉전문화론』을 전후 일본의 '고향'으로 냉전을 재기억화하는 기획이라고 이해해도 좋다. 그것은 돌아가고 싶지 않은 장소인 동시에, 여전히 일본은 그(냉전질서) 내부에 감싸여 있다. 그런 의미에서 그것은 불가능한 '고향'이라고 할 수 있다. 일본인은 그 '고향'으로부터 한발자국도 나가지 못하고 있기 때문이다. 일본인이 지금까지 냉전에 내속되어 있기는 하지만, 그럼에도 그 불가능한 '고향'을 다시 상기하려고 한다면, 그것이야말로 '고향'으로부터의 이탈을 시작할 수 있는 첫걸음이 되지 않을까. 냉전이라는 '고향'으로 돌아가는 것은 바로 그 '고향'을 허물어뜨리는 것에 다름 아니다.

마루카와 데쓰시

동아시아의 지평에서 '냉전/열전'을 바라보다

이 책의 옮긴이 서문을 쓰려고 마음먹고 있던 며칠 동안, 보통 때와 달리 귀기울여 듣게 된 뉴스가 있다. 오바마 대통령의 '핵무기 없는 세상'에 관한 구상 및 이를 구체적으로 실천하려는 정치적 움직임에 관한 소식들이었다. 실제로 얼마 전인 2010년 4월 8일, 미국과 러시아의 두 정상은 양국이 현재 보유하고 있는 전략 핵무기를 30% 이상 감축하는 것을 목표로 '신전략무기감축협정(New START)'에 역사적인 서명을 했다고 한다. 과연 이 협정이 점진적인 핵감축으로 이어질지, 오히려 당초 의도와는 달리 일정량 이상의 핵무기 소유를 정당화하는 '공식 허가장'의 역할을 수행하는 쪽으로 나아갈지 현재로선 쉽게 예측하기 어렵다. 그러나 어느 쪽 입장을 취하든 미국의 매스미디어들이 공유하는 기본 전제는 이 파괴적인 핵무기들이 이제는 지나가버린 냉전시대에 귀속된, 요컨대 과거의 유물이라는 점이다. 따라서 미국이 현재 가장 우려하는 사태는 냉전을 배경으로 한 국가간 핵전쟁 모델이라기보다는 이 가공할 핵무기들이 테러리스트 조직이나 개인들에게 비밀리에 유출될 가능성이다.

그러나 과연 그렇게 말할 수 있을까. 미국의 우려가 현실적인지 아닌지에 대한 판단은 차치하고라도, 아시아의 입장에서 이같은 '보편적' 시대규정의 전제를 별다른 망설임 없이, 아니 최소한 몇단계의 유보 없이 그대로 받아들일 수 있는 것일까. 돌이켜보건대, 2차 세계대전 종전 이후 (동)아시아 —중국 본토와 한반도, 타이완해협과 인도차이나 등지 —에서 벌어진 '냉전/열전'이 현존하는 아시아의 지역질서 자체를 편성해버렸다는 점, 한반도를 둘러싼 군사적 긴장이 여전히 중국과 일본 등 동아시아 지역의 핫이슈가 되고 있다는 점을 상기해보면 이 질문에 한층 더 회의적이 될 수밖에 없다. 이 책의 저자이며 동아시아 문화론 연구자인 마루카와 데쓰시(丸川哲史)는 아시아의 입장에서는 선뜻 동의하기 어려운 현시대 규정에 대한 이 망설임과 유보의 감정을 '포스트 냉전기'라는 단어로 바꾸어놓은 바 있다.

한국 독자들에게 『리저널리즘』(백지운 · 윤여일 옮김, 그린비 2008)으로 처음 소개된 마루카와 데쓰시는 일국 중심의 국민국가체제를 상대화하는 전략적 거점으로 동아시아라는 사고틀의 필요성을 일관되게 제기해온 학자다. 또한 최근에는 개방 이후 중국사회에 대한 포괄적인 연구서(『개혁개방 이후의 중국』, 作品社 2010)를 출판하기도 했다. 이처럼 열정적인 글쓰기를 실천하고 있는 저자가 동아시아 연구자로서 초기부터 지속적으로 관심을 가져온 테마가 바로 냉전이다. 냉전이라는 주제는 1945년을 경계로 아시아의 과거와 현재를 기술할 수 있는 탁월한 설명력을 가졌을 뿐 아니라 아시아가 앞으로 어떤 미래를 선택할 것인가 하는 전망(prospective) 및 실천(practice)의 문제와도 직결되어 있는 까닭이다. 『리저널리즘』이 동아시아 지역학을 어떻게 연구해야 할 것인가 하는 방법론을 모색하는 이론적 작업에 가까웠다면, 이번에 소개되는 『냉전문화론』은 '냉전'이라는 역사적 결절점을 통해 저자의 리저널리즘을 본격적으로 구현해 보인 책이라 할 수 있다.

그렇다면 동아시아의 지평에서 '냉전'을 바라본다는 것은 구체적으로 어떤 것일까. 마루카와 같은 일본 출신 학자에게 그것은 무엇보다 냉전체제 안에서 일본이 차지한 특권적 위치를 반성적으로 돌아보는 데서 시작된다. 확실히, 동아시아 전역을 휩쓸었던 '냉전/열전'의 이 살풍경한 그림은 일본에서는 오히려 '센고(戰後)'라는 단어의 노스탤지어에 가까운 울림 속에서 상기되는 그 무엇이다. '센고'라는 단어와 항상 짝을 지어 다니는 '(전후) 민주주의'와 64년 도쿄올림픽, 이후 전개된 고도 경제성장과 함께 기억되는 일본의 '센고' 풍경은 어느새 이토록 화사하다. 풍경의 모드 전환이 이루어진 최초 시점은 저자가 이 책에서 누누이 강조하고 있다시피, 중국대륙의 공산화 조짐으로 인해 미국의 아시아 정책이 급작스럽게 선회하면서부터였다. 물론 이 드라마틱한 전환의 최정점에서 일본에 전례 없는 군수 호경기를 제공한 것은 다름 아닌 한국전쟁이었다. 일본의 입장에서 한국전쟁은 무참한 피폭의 패전국 위치에서 벗어나는 발판이자 '냉전 아시아'를 지탱하기 위해 네오 대동아공영권의 부활과 건설을 미국으로부터 공공연하게 인가받는 구실이었다.

그러나 마루카와가 이 책 『냉전문화론』을 통해 적극적으로 밝히고자 한 것은 냉전 국제정치 차원의 숨가쁜 방향전환이나 혹은 일본과 다른 동아시아 국가들과의 뼈아픈 풍경의 낙차 그 자체는 아니다. 문화연구자인 마루카와가 이 책에서 주력한 것은 크게 두 가지로 요약된다. 첫째는 일상을 살아가는 현대 일본인들의 의식 속에 이제 그저 '센고'로 기억되는 이 시기의 풍경이 그렇게나 자명하고 자연스럽게 자리잡을 수 있도록 추동한 유력한 문화적 장치들을 분석하는 것이다. 이는 냉전을 둘러싸고 (무)의식적으로 작동했던 당대 일본의 다양한 문화적 기제들(문학과 영화, 지식인들의 담론 등)을 동아시아 냉전체제의 형성이라는 전체 원경 속에 재배치하려는, 일종의 비판적 문화기획이다. 단적으로 말해, 이 기획 속에서라면 전후 민주주의를 대표했던 사상가이자 정치학자인 마루야마 마사오(丸山眞男), 전후 일본문학의 실세이자 대표적 평론가였던 요시모토 다카아키(吉本隆明), 일본영화의 거장 구로사와 아키라(黑澤明) 등 일본 전후 문화계의 지도적 인물들 역시 논쟁적인 위상으로 전환된다.

한편, 저자의 두번째 작업은 첫번째 작업과는 상반된 벡터(vector)를 가진다. 저자가 이 책을 통해 새롭게 밝히고 싶어했던 또 한가지는 동아시아의 이웃들이 고스란히 겪어내야 했던 냉전의 폭력들이 어떤 식으로든 일본의 문화생산물과 상호 파장을 일으켜 평화로운 '센고' 풍경에 의미심장한 균열을 가한 순간들이다. 어찌 보면 이 '비주류적' 계보들을 발굴하는 것이 이 책의 진정한 야심이기도 한데, 이때 마루카와가 이 계보의 기원으로 상정하면서 이론적·실천적으로 끊임없이 참조하고 있는 이가 바로 중국문학 연구자인 다케우치 요시미(竹內好)다. 한국의 학계에도 이미 잘 알려져 있다시피, 다케우치 요시미는 일본의 전후 사상사에서 비판과 열광을 한몸에 떠안고 있는 인물이다. 제국의 기억을 하루빨리 망각하고 일국적 경제발전에만 매진하고자 했던 전후 일본사회에서, 다케우치는 전전(戰前)의 일본이 열렬히 제창했던 아시아라는 단위 ―그것이 침략의 명분에 불과한 것으로 끝났다 할지라도―의 가치와 가능성을 여전히 주장한 바 있다. 전전 침략주의와 결부될 수 있는 위험성을 의식하면서도 아시아라는 틀을 결코 폐기하지 않았던 다케우치의 존재는 '냉전(전후) 아시아'를 논의하기 위한 저자의 이론적 출발점인 셈이다.

본문에서도 여러 차례 강조되지만, 결국 저자가 다케우치를 통해 끌어내고자 한 핵심은 일본이 동아시아 냉전체제라는 조건하에 어떠한 주체(subject)가 될 것이냐 하는 문제로 귀결된다. 다케우치에 의하면, 누구를 '친구'로 삼고 누구를 '적'으로 삼을 것인가를 결단하는 근·현대사의 위기국면을 맞을 때마다 일본은 언제나, 예외 없이 아시아에 등을 돌려왔다. 특히 45년 이후 아시아(특히 중국과 북한)에 대한 일본의 태도가 문제적일 수밖에 없는 것은, 현재 그들 사이에 가로놓인 뿌리 깊은 적대성이 냉전의 진영논리로부터 발생한 것이라고 일본사회가 '착각'하고 있기 때문이다. 다케우치의 논리를 따르면, 일본과 아시아의 적대관계는 애초 제국-식민지 관계에서 발생해 점증·누적된 것이며 따라서 적대의 핵심과 이를 해소하기 위한 진정한 화해의 실마리 역시 이 발생지점에서 찾아져야 한다.

다케우치가 경제논리에 떠밀려 이루어진 중일 국교정상화를 결코 환영하지 않고, 오히려 과거 적대성의 기원으로 돌아가 이를 기억해야 한다고 끊임없이 주장한 것도 바로 이러한 맥락에서다. 저자가 즐겨 인용하는 칼 슈미트의 지적처럼, 적이 누구인지를 선택·결정하는 것이야말로 바로 '주체'의 행위이기 때문이다. 그러나 다케우치의 주장과 달리 전후 일본의 현실은 어떠했던가. 미·소 대립에 따라 부과된 냉전의 '의사(擬似)'적대성은 일본이 초래한 과거의 적대성을 은폐하는 기능을 했으며, 오히려 일본 스스로를 피해자로 상상하게 하는 일조차 가능하게 했다. 실제로 2차대전 후 시베리아의 일본 포로들이 자신들을 전쟁포로가 아닌 '억류자'로 인식할 수 있었던 것도 이처럼 절묘한 역사의 타이밍에 개입한 냉전구조의 작용 때문일 터이다.

다케우치의 이같은 통절한 문제의식을 이어받는 가운데, 이제 저자는 냉전하에 성립된 '의사'적대성을 회의하거나 의심했던 전후 텍스트들의 계보를 작성해나간다. 비유컨대, 이들 텍스트는 전전의 과거 역사를 무(無)로 돌린 채 아시아에 대한 망각으로부터 새 출발한 전후 궤도의 중간에서 저도 모르게 이탈한 케이스들, 혹은 처음부터 승차 자체를 거부한 드문 시도들이다. 마루카와에 의하면, 예컨대 이시하라 요시로(石原吉朗) 같은 시인은 혹독한 시베리아 포로 체험을 겪고도 남들처럼 열렬한 반(反)스탈린주의자가 될 수 없었던 경우다. 그가 포로 신분으로 지내는 와중에도 떨쳐버리지 못했던 생각은, 그래도 누군가는 이 식민지전쟁에 대한 책임을 져야 하지 않을까 하는 문제였다. 저자에 따르면, 이시하라는 일본으로 귀환한 이후에도 휘황하게 발전해가는 전후 일본사회를 타향처럼 낯설어한 시인으로 기억된다. 그가 남긴 텍스트에는 실제로 전후 일본이 선택한 길이 과연 옳은 것인지, 쉽게 해소되기 어려웠던 그만의 주저와 의혹이 생생하게 각인되어 있다. 마루카와가 발굴해낸 이러한 종류의 텍스트들은 결국 전후 일본사회의 주류 담론에 거리를 두려는 개개인들의 안간힘 혹은 외로운 버텨냄의 산물이었고, 바로 그 점에서 저자가 작성한 이 계보는 흥미롭고 감동적이다. 60년대 일본 전위영화의 기수였던 스즈키 세이준(鈴木清順)을 비롯해 구로다 기오(黑田喜夫), 다니가와 간(谷川雁), 오키나와 문제를 다룬 오시로 다쓰히로(大城立裕) 등 한국 독자들에게는 다소 생소한 일본 전후 작가들이 이 계보에 계속 추가된다.

한가지 덧붙이고 싶은 점은, 『냉전문화론』이 특히 한국(인)의 입장에서 흥미로울 수 있는 이유에 관해서다. 그것은 이 책에 일본사회의 마이너리티였던 재일 작가들이나 어떤 식으로든 한국과 연고가 있는 일본 문화인들이 자주 등장하기 때문만은 아니다. 이는 결국 냉전체제의 핵심에 자리잡고 있으며 현존하는 동아시아 지도의 윤곽을 결정해버린 한국전쟁이 이 책에서 차지하는 질적인 중량감 때문일 것이다. 원하건 원하지 않건, 한국전쟁은 동아시아가 현실 속에서 서로 연루되지 않을 수 없는 '실재'하는 단위라는 것을 입증한 사건이었다. 중국과 일본은 말할 것도 없거니와, 미국의 동아시아 반공블록인 타이완과 오키나와 역시 한반도에서 벌어진 이 전쟁의 자장(磁場) 속에서 어쩔 수 없이 연동되었다. 이들 지역 모두가 이 전쟁으로부터 한결같이 자유롭지 않다는 것이 확인되는 순간이었다.

그러나 다른 무엇보다도, 저자에게 한국전쟁이란 후방의 병참기지와 무기고 역할로 일본이 부당하게 한몫 챙겼다는, 그것도 식민통치의 무게와 함께 가중되는 '과거' 부채의식의 진정한 근원이다. 뿐만 아니라 이 전쟁이 공식적으로는 여전히 휴전상태라는 데서 단적으로 드러나듯, 북한의 향후 정치·군사적 행보는 일본뿐만 아니라 동아시아 전역의 '현재' 혹은 '미래' 진행형 아젠다일 수밖에 없다. 그러나 저자에 의하면, 한국전쟁은 당시 일본의 주류 문화에서 1950년대 일본사회의 무대배경 혹은 풍속의 일부로서만 기억되어왔으며 그나마도 재빠르게 잊혀져 방대한 아카이브(archive, 기록보관소)의 한켠에 죽은 기록으로 보관되려 하는 중이다. 이 두려운 망각의 속도에 맞서서 마루카와는 이렇게 힘주어 강조한다. "결국 바로 지금, 한국전쟁의 기억을 되찾는 것뿐만 아니라 한국전쟁 이후의 시간성을 우리가 살고 있다는 자각, 이른바 일본의 '전후'를 '한국전쟁 후'로 대체하는 작업이 요청"되는 것이라고.

개인적인 이야기가 되겠지만, 이 책의 번역은 미국의 대학에서 '냉전, 문화횡단, 그리고 정체성(identity)의 정치'라는 주제로 포스트닥터의 연구과제를 수행하는 중에 틈틈이 완성한 것이다. 이곳에 와서 보니 미국의 냉전연구도 새로운 국면을 맞이하고 있는 중이었다. 기존 연구가 주로 역사분과 내에서 국제관계나 외교정책 위주로 이루어졌다면, 새로운 연구의 흐름을 주도하는 이들은 주로 문학이나 인류학, 커뮤니케이션과 미디어 연구자들로서 세밀한 텍스트 이해와 분석으로 단련된 이들이다. 90년대 이후 영미권에서 만개했던 문화연구(Cultural studies)가 이제 냉전이라는 '강성' 테마를 상대로 연구의 새로운 장을 열어나가고 있는 셈이다. 그러나 학계의 활발한 움직임과는 달리 평온한 일상 속에서 감지할 수 있는 냉전의 감각에는 적지 않은 차이가 있는 것도 사실이다.

세계화(globalization)라는 모토가 지구 어디에서나 대세이기는 하지만, 그렇다고 하더라도 애초 냉전체제를 발명한 이 나라(미국)에서 느끼는 냉전의 감각이 한국에서와 이토록 큰 차이가 나는 것은 무엇을 말하는 것일까. 예를 들어, 최근 한국사회에서 큰 이슈가 되었던 천안함 사고에 관한 소식의 경우, 여기서는 애써 찾지 않는 이상 좀처럼 접하기 어렵다. 여기에서는 사고로 숨진 젊은 군인들의 영정, 오열하는 유가족들의 몸부림과 전국적인 애도의 물결 등이 그야말로 내셔널한(혹은 로컬한) 차원의 뉴스에 불과하다는 것을 실감하게 된다. 천안함의 사고원인에 대해 한국의 미디어들이 어지러운 추측을 앞다투어 내놓던 무렵 '20세기 동아시아에서의 전쟁'이라는 역사수업에 들어가게 되었는데, 그날 수업은 마침 한국전쟁 차례였고 "큰 전쟁들이 어떻게 잊혀지는가(How does a major war come to be 'forgotten')"라는 주제로 진행되었다. 망각하고 싶어도 망각하기 어려운 조건에 처해 있다는 것—이 움직일 수 없는, 간단하고도 엄연한 사실이 바로 마루카와가 줄곧 이야기해온 동아시아라는 공간감각 혹은 문화지정학을 성립하게 하는 기본 조건일 듯싶다.

그러나 아이러니컬한 이야기지만, 번역을 하는 동안에는 동아시아라는 단위의 동질성보다는 이질성이 더 크게 느껴진 것이 사실이다. 지리적으로 문화적으로 익숙하고 친근하다고 느껴왔던 일본이지만, 막상 전후 일본의 작가나 문화인들, 역사적 사실들의 구체적인 면면으로 들어가니 당시 문화적 맥락에 대한 상당한 정도의 지식 없이는 이해하기 어려운 대목들이 많았다. 아마 이 점이 한국 독자로서 느끼게 되는 이 책의 가장 까다롭고 낯선 부분이 아닐까 한다. 물론, 저자 자신 친절한 각주를 달아놓기는 했지만, 한국 독자의 입장에서 설명이 필요하다고 판단되는 부분에 옮긴이 주를 보충하는 작업도 만만치는 않았다.

그럼에도 불구하고, 아니 그렇기 때문에 더욱 이 책을 번역하면서 얻은 소득도 컸다고 생각한다. 무엇보다, 한국문학 연구자의 입장에서 그동안 막연하게 알아왔던 일본의 전후 문학인들이 당시에 어떠한 텍스트들을 생산해왔는가를 확인한 계기였다는 점에서 그러하다. 지치고 더디기만 한 가운데 이들의 텍스트가 50~60년대 한국사회의 정치적·문화적 움직임과 직결되거나 혹은 대조된다고 느끼는 발견과 영감의 순간들을 보너스처럼 만나기도 했다. 예를 들어, 전후 일본의 육체문학(Carnal literature)과 50년대 한국문학의 육체에 대한 창작과 비평계의 관심은 양자 모두 미군정의 통치와 전시통제 이후 갑작스런 서구문화의 유입, 이에 대한 대응이라는 공통의 역사적 경험 속에서 만개한 것이다. 저자도 본문에서 언급하고 있는 바지만, 비교연구가 가능한 지점이라고 생각한다. 아울러 무장투쟁과 자생적 지하서클운동, 그리고 일본공산당 탈퇴 등에 이르기까지 한국전쟁에 관한 일본 내 좌파 지식인들의 다양한 반응을 목격할 수 있었던 것은 흥미로우면서도 동시에 씁쓸한 경험이었다. '반공'의 파워가 절대적이었던 50년대 한국문학에서는 좀처럼 보기 힘든 광경이어서 그렇기도 했지만, 결국 그런 식의 급진적인 저항의 가능성 역시 전후 일본이 냉전구도 속에서 차지한 위상과 허여받은 특권 없이는 좀처럼 가능하지 않았을 것이라는 생각 때문이었다.

2010년 6월로 한국전쟁은 60주년을 맞이했다. 몇번의 교정 끝에도 고쳐지지 않은 실수가 발견될 때마다 등골이 서늘하지만, 저자의 바람대로 이 책이 여전히 끝나지 않은 이 전쟁을 동아시아의 입장에서 바라볼 수 있는 계기를 마련할 수 있기를 희망한다.

2010년

장세진

차례

일러두기

1. 이 책은 마루카와 데쓰시(丸川哲史)의 『냉전문화론(冷戰文化論)』(双風社 2005)을 완역한 것이다.
2. 본문 속의 외국 인명 및 지명 등 고유명사는 국립국어원에서 2002년에 펴낸 '외래어 표기법'에 근거해 표기했다. 특히, 본문 속의 일본어 지명이나 인명 등의 고유명사는 한글로 표기하고 한자를 병기했다.
3. 저자가 인용한 외국 저서는 한국에 이미 소개된 경우 그 서지를 찾아 번역된 제목으로 표기했다.

1

다케우치 요시미와 '적대'사상

적은 어떤 이유에서든 제거되지 않으면 안 되는,
혹은 그 무가치함으로 인해 절멸되지 않으면 안 되는
존재가 아니다. 적은 나 자신 안에 있다.
이러한 이유에서 나는 자기 자신의 척도, 경계, 형성을 얻기 위해
적과 계속 투쟁하며 대결하지 않으면 안 된다.

칼 슈미트, 「파르티잔 이론」 중에서

전제 1 | 일본의 '독립'?

이제는 '전후(戰後)'가 '전전(戰前)' 이상으로 노스탤지어의 대상이 되고 있다고들 이야기한다. '이미 전후가 아니다'라고 말할 수 있게 된 포스트 전후 체제의 표지로서 1955년과 56년 사이를 그 분수령으로 삼는다면, 좁은 의미에서 '전후'란 1955년 이전의 10년 동안을 가리키는 것일지도 모른다. 그러나 현재에 이르는 '신헌법'[1]체제가 그 전쟁에 따른 임팩트의 산물이라면, '전후'라는 의식은 '신헌법'과 더불어 1955년을 지나 현재까지 사라지지 않고 있는 것일지도 모른다. 그렇지만 '신헌법' 자체가 지금까지 살아남으면서 그 내부에서 되풀이해왔던 역사적 맥락은 1955년 이전과 이후를 경계로 역시 그 실정성(實定性)을 달리하지 않으면 안 될 것이다.

이른바 55년 체제를 동아시아의 문맥에서 규정한다면, 3년이라는 시간적인 어긋남이 있기는 하지만 샌프란시스코 강화조약[2] 발효(1952) 이후 체제, 즉 샌프란시스코 강화조약 체제를 통해 성립된 일본의 독립을 의미할 터이다. 다시 말해 일본의 '독립'(55년 체제)은 일본과 적대관계에 있던 구소련과 중국이라는, 전쟁의 당사자(혹은 식민

1 1947년 5월 3일 시행된 일본의 헌법. 기존의 천황중심제에서 벗어나 주권재민의 원칙, 평화주의(전쟁포기)를 채택했다는 특징이 있다—옮긴이.

2 1951년 9월 8일 제2차 세계대전을 종결시킬 목적으로 일본과 연합국 사이에 맺어진 조약. 소련, 폴란드, 체코슬로바키아를 제외한 연합국 48개국과 일본이 조인한 바에 따라 전면강화가 아니라 다수강화가 되었다. 이듬해 4월 28일 발효되어 일본의 독립이 회복되었다. 강화조약은 전문(前文)과 본문 7장 279조로 구성되어 있다. 제1장은 평화, 제2장은 영역, 제3장은 안전, 제4장은 정치 및 경제, 제5장은 청구권 및 재산, 제6장은 분쟁해결, 제7장은 최종 조항이다.

지배의 대상이었던 한반도와 타이완 등)들이 배제된 채 승인된 일본의 체제를 가리키는 말이다. '독립'이라는 단어의 어감을 생각하면, 확실히 이것은 하나의 비아냥거림이다. 55년 체제 이전의 '전후'란 연합국에 의해 신탁통치를 받던 시기를 가리키는 것이었으며, 아직 독립하지 못한 일본의 시간성을 말하는 것이었다. 그러나 역으로 그 시간은 어떤 식으로 일본의 독립이 가능할까 하는 모색과 희망으로 가득 찬 시간이었다고 할 수 있다.

그러나 극동군사재판[3]에 대한 우파의 평가가 그러했듯이, 현시점에서 이야기되고 있는 것은 1945년부터 50년대 초반에 걸친 7~8년간을 점령기라는 이름의 굴욕의 시간으로 상상하는 담론이다. 생각해보면 이 시기는 에토 준(江藤淳)[4]이 『자유와 금기(自由と禁忌)』에서 지적했던 것처럼 GHQ[5]에 의한 검열이 실제로 행해지던 시기에 해당한다. 에토는 이 점령기를 무자각하게 지나보낸 '진보파'를 노예근성을 가진 이들로 비판했다. 그러나 에토의 담론이 남긴 효과는, 미합중국에 의한 점령정책에 대해 전전의 독립 일본을 선험적인 규범으로 상

3 포츠담선언의 내용을 수락하여, 태평양전쟁을 일으킨 일본의 주요 전쟁범죄 인물에 대해 행해졌던 재판. 이 재판소는 연합군 최고사령관의 명령으로 도쿄에 설치되었는데 연합국(전승국)측 판사가 11개국에서 참가하였고, 도조 히데키(東條英機) 등 25명의 피고를 심판하였다. 도쿄재판이라고도 한다.

4 에토 준(江藤淳, 1933~99): 도쿄 출신. 문예평론가. 『나쓰메 소세키(夏目漱石)』(新潮文庫 1978)로 평론가로 등단했다. 도쿄공업대학 및 게이오대학, 다이쇼대학의 교수를 역임했다. 1999년 병고에 시달리다 자살했다. 저서로 『小林秀雄』(講談社 文芸文庫 2003), 『漱石とその時代』(新潮社) 등이 있다.

5 General Headquaters의 약칭으로, 연합국 최고사령관 총사령부를 말한다. 최고사령관은 맥아더. 연합국(실질적으로는 미국)에 의한 일본의 점령정책을 지휘하였다. 1952년 강화조약이 발효되어 GHQ는 폐지되었다.

정하고 거기서부터 상상된 트라우마의 이야기를 되새김질하는 패터널리즘(paternalism)[6]으로 귀결되는 것은 아닐까. 중국(타이완)과 한반도와의 교섭을 배제한 '독립'의 의미를 생각하지 않음으로써, 결과적으로 이 효과는 전전 일본의 독립 즉 식민지 제국주의였던 시절의 '독립'(?)을 찬양하는 것이 되기 때문이다.

다시 말해, 일본의 '독립'은 애당초 '편면강화'(단독강화)라고 불린 데서 알 수 있듯이 구연합국을 동서 양쪽으로 분할하여 그중 한쪽하고만 교섭한 결과를 나타내주는데, 이 편면강화가 실행된 효과가 동아시아의 냉전구조를 오히려 창출했다고 말할 수 있다. 바꾸어 말하면, 일본은 냉전에 휩쓸려 들어갔던 것이 아니라 냉전 성립의 당사자임을 부인하며 슬며시 미합중국과의 합작으로 냉전을 성립시켜왔다. 물론 샌프란시스코 강화조약의 전제가 되었던 역사적인 맥락은, 의심할 것 없이 1949년 신중국(新中國)의 성립과 잇따른 한국전쟁으로 인해 공공연한 것이 되어버린 미합중국의 극동정책의 일대 전환이다.

그런데 여기서 명백하게 해두지 않으면 안 될 것은 일본의 '독립'이 의미하는 것, 그중에서도 특히 동아시아의 문맥에서 일본의 독립이 무엇을 의미하는가 하는 점이다. 미소관계에 의해 동아시아에 냉전구조를 구축하는 일이 필수적인 것이었다 해도, 그 분할선이 한반도의 38도선으로 수렴되었다는 점, 혹은 타이완과 중국대륙 사이에 놓인 타이완해협으로 확정되었다는 점은 실은 우연으로 가득 찬 결과였다. 즉, 그것은 1949년 이후의 중국 내부(공산당/국민당)의 대립과

6 아버지와 아들의 관계와 같은 보호 혹은 지배의 관계.

'해방' 이후 점차 드러나기 시작한 한반도 내부의 대립관계, 그리고 미·소 초강대국의 대립이라는 복수의 권력관계로부터 중층결정된 것이다. 실제로 타이완(중화민국)이라는 정치체의 기원은 한국전쟁 발발을 기점으로 해서, 미합중국에 의한 반공방위라인이 타이완해협까지 밀려올라간 결과다.

그렇게 연동하는 우발적인 힘의 각축에 의해 중층결정되었다는 의미에서, 지금 우리들이 알고 있는 저 복수(複數)의 분할선은 실은 대단히 유동적인 것이며 약간의 불균형에 의해서도 달리 이동했을 가능성 역시 존재했다. (물론 그에 앞선 종전 시점, 즉 8월에 급거 참전한 구소련군이 루스벨트와의 밀약으로 홋카이도 점령을 요구했다는 것은 잘 알려진 이야기다. 루스벨트의 급사로 트루먼이 후임 대통령이 되는 바람에, 소련군의 홋카이도 점령은 파기되었다.)

결국 한반도의 38선이 되었든 혹은 타이완해협이 되었든, 우연이 필연으로 전화한 것처럼 그 분할선들이 모두 1945년 이전 제국 일본의 지배영역 구분에 따른 것이었다는 점은 실로 아이러니한 결과다. 38도선은 관동군과 조선군의 관할을 나누는 분계선이었으며, 타이완해협은 항일전쟁이 일어났던 대륙지역과 그 반대로 침략전쟁의 인재 공급원이었던 식민지 타이완 사이에 가로놓인 분할선이었다. 이렇게 정리해보면, 일본을 제외한 동아시아 여러 지역에서 제국의 지배와 냉전구조가 어떠한 차이를 담지한 채 연속성의 양상을 드러내고 있다는 사실도 쉽게 납득할 수 있을 것이다.

그렇지만 그 분할선이 한반도(38도선)와 타이완해협이 아니라 일본으로 이동해왔을 가능성 역시 완전히 부정할 수는 없다. 후기 들뢰즈

(G. Deleuze)는 유토피아의 효용이라는 주장을 내세우고 있기도 하지만, 실제로 일본이 분할되었더라면 하는 식의 (역)유토피아에 대한 가능성(그럴 가능성은 낮았지만)을 일본인들은 전혀 생각해보지 않았고 그 목소리를 봉쇄해버렸다. 그런 만큼 일본이 독립하고 그로 인해 만들어진 냉전구조가 동아시아에 뿌리내렸다는 사실, 바로 여기서부터 우리들의 전후 인식은 다시 시작해야 할 필요가 있지 않나 생각한다. 열도(列島) 규모로 축소되기는 했지만 분할을 면제받고 한국전쟁을 강 건너 불구경하듯 바라보던 일본의 '독립'이란, 그런 의미에서 일본인의 주관적 생각과는 무관하게 명백히 아시아에 대한 배신이라는 의미를 포함하는 것이었다. 물론 잊어서는 안 될 것은, 전후 일본에 1950년부터 51년에 걸쳐 일어난 반전운동을 비롯해 실력투쟁의 역사가 존재한다는 사실이다. (당시 투쟁의 담당자는 대다수가 재일조선인 젊은이 그룹이었다.) 한국전쟁이라는 불은 실은 일본 내부에서도 피어올랐던 셈이다. 이 점에 대해서는 뒤에서 다시 서술할 것이다.

본래 이야기로 돌아가자면, 이른바 일본의 '부흥'과 '독립'은 신중국의 성립으로 갑자기 중요성을 띠게 된 일본에 대해 미합중국이 정치경제적으로 지원한 결과다. 더욱이 이후의 한국과 타이완, 필리핀 등의 반공국가 연합을 배경으로 한 일본 자본주의의 부활은 이전 대동아공영권의 공간에서 성립된 바 있는 지배적 분업체제에서의 중심화라는 양상을 반복하는 것이었다. 그리하여 최대의 기적—한국전쟁이라는 악몽에 의해 군수경기(국제 군사케인스주의)가 거듭 살아나는—이 일어나게 된다. 다시 말해, 일본이 '부흥'에서 '독립'으로 향하게 되는 그 내셔널 히스토리는 아시아의 악몽에 다름 아니었다.

총괄하면, 1955년을 전후로 구분되는 시간성이란 샌프란시스코 강화조약을 시작으로 한국전쟁 휴전을 거쳐 동아시아 전역이 냉전구조(네오 대동아공영권)에 갇히게 된 상황을 가리키는 것이며, 더욱이 거기에는 일본이 '전후'와 결별했다는 기만적인 문구(1956년 발행된 『경제백서』에 등장한 표현)가 각인되어 있는 셈이다.

전제 2 | 국민문학?

지금 필요한 것은 현재 우리들이 알고 있는 동아시아에 형성된, 저 열도 규모의 정치체제가 냉전구조에 의해 규정되고 탄생되었다는 사실이 무엇을 의미하는지 다시 한번 파악하는 일이다. 말할 것도 없이 일본인들은 1955년 이후의 시간을 줄곧 '전후'라고 명명하며 살아왔고, 그들 대부분은 '냉전'체제로서 그 시간을 살아오지는 않았다. 냉전구조의 특색은 그 분할선의 선분 부근, 즉 그 최전선에서 가장 격렬한 폭력(독재체제)을 계속 발동시켜왔다는 점이다. 반면 (최)전선에서 있지 않음으로 해서 냉전의 이익을 분배받은 일본은, 일종의 특권적인 역사의 '에어포켓'에 들어가 있었다고도 할 수 있다. 새로운 중국(중화인민공화국)의 성립과 한국전쟁에 자극되어 미-일 블록이 한동안 격렬한 '공산당 사냥'을 벌인 사실이 있기는 하지만, 기본적으로 일본의 아카데미즘이나 일본공산당 내에서 마르크스주의는 유력한 분석장치로 인식되어왔고 또 어느 정도는 '타락'해 있었다고도 할 수 있다.

물론 일본공산당이나 그 주변으로부터 '신좌파'[7]가 분리되어나온 점, 그리고 1968년을 정점으로 하는 반체제 문화의 구조전환이 한편에서 진행되고 있었던 점은 또 다른 측면에서 이야기할 수 있는 부분이다. 그러나 일본을 제외한 동아시아 모든 지역의 경우, '신좌파'로 분리되는 일은 일어나지 않았다. 이러한 현상에 관한 분석은 이 책에서 다루기에는 벅찬 과제인 까닭에 다음 기회로 미루고, 여기서는 하나의 에피소드를 소개하는 데 그치기로 한다.

타이완 작가 천잉전(陳映眞)[8]이 타이완에서 7년간 옥중생활을 하고 도쿄를 방문했을 때 일이다. 당시 야마테선(山手線)을 탄 그를 깜짝 놀라게 했던 것은 요요기(代々木)역 부근에 설치되어 있던 일본공산당의 거대한 간판이었다. 냉전하 동아시아에서 공공연하게 공산당의 간판이 내걸려 있다는 사실이 타이완이나 한국 출신 지식인들에게는 실로 경악할 만한 광경이었던 듯하다. 입장을 바꾸어 일본 지식인의 입장을 동아시아라는 광역의 차원에 놓아본다면, 냉전구조 안에 깊숙이 자리잡은 채 살아왔다는 사실은 그만큼 냉전구조를 망각했다는 것이고, 냉전구조에 의해 깊은 상처를 짊어지게 된 사람들의 고통으로부터 멀리 떨어져 있었다는 것을 뜻한다.

이러한 '냉전'이라는 망각장치에 저항하려 한다면, 1949년 신중국의 성립으로부터 한국전쟁(1950~53), 그리고 국내적인 냉전블록이 형

7 1950년대 영국에서는 기존 좌파운동에 실망한 좌파가 신좌파라는 이름으로 정치운동을 시작했다. 이와 동일한 움직임이 1960년대 이후 일본에서도 활발하게 일어나기 시작했다. 트로츠키주의와 마르크스주의의 새로운 해석 등 다양한 사상 경향을 포함한다.

8 천잉전(陳映眞, 1937~): 타이완 추난(竹南) 출신 소설가. 국가전복과 반란을 꾀했다는 죄로 1968년 타이완 당국에 체포되어 75년에 석방되었다.

성된 1955년에 이르는 시기를 분석의 대상으로 삼지 않으면 안 된다. 예를 들어 1980년부터 90년에 이르기까지 전혀 이슈화된 적이 없었던 문학논쟁으로, 주로 다케우치 요시미(竹內好)[9]가 주도했다고 이야기되는 논쟁이 있다. 다름 아닌 1951년부터 52년 사이에 집중적으로 전개된 바 있는 '국민문학 논쟁'[10]이다. 태평양문제조사회(太平洋問題調査會)[11]가 1951년의 의제를 아시아의 내셔널리즘으로 설정한 데서 알 수 있듯이, 이 논쟁의 배경이 된 것은 당시 식민지 신분에서 갓 벗어난 제3세계 국가에서 고양되고 있던 내셔널리즘이었다. 실제로 그러한 내셔널리즘에는 식민지배로부터 막 벗어난 신흥국가 지도자들 특유의 싱그러움이 있었다고도 할 수 있다. 그러한 조류와 대비해서 말하자면, 일본에서 제기된 '국민문학' 논쟁은 제국주의 과거라는 음영에 굴절된 것일 수밖에 없었던 듯하다. 마루야마 마사오(丸山眞男)[12]가 당시 진술한 것처럼, 일본의 경우 이미 내셔널리즘의 처녀성

9 다케우치 요시미(竹內好, 1910~77): 나가노(長野)현 출신. 중국문학자, 평론가. 루쉰(魯迅) 연구와 해석으로 유명하다. 독자적인 근대 일본문화 비판을 전개하였다. 저서로 『일본과 아시아』(서광덕 · 백지운 편역, 소명 2004), 『魯迅』(講談社 學芸文庫 1994) 등이 있다.

10 샌프란시스코 강화조약의 발효로 미군정이 종료될 즈음인 1952년을 전후로 하여, '민주주의화'와 '비군사화'로 요약될 수 있는 전후 일본의 국가 비전에 대한 점검과 반성이 일본 지식인들 사이에서 일어났다. 역사학 쪽에서 먼저 내셔널리즘 논쟁이 일어났고, 1952년 문학계에서도 '국민문학 논쟁'이 일어났는데, 이때 논쟁의 발단을 제공한 이가 바로 다케우치 요시미였다. 다케우치는 새로운 내셔널리즘을 규정할 필요가 있음을 제기하였고, 상당수의 문인들이 이에 답하거나 개입하는 형식으로 논쟁이 진행되었다 — 옮긴이.

11 1925년에 설립된 민간의 국제적 협력기관. 태평양 주변 여러 국가들의 상호 이해를 도모하기 위한 목적으로 다양한 조사, 연구를 실시했다. 일본이 실제로 활동했던 것은 60년대까지였다.

을 상실했던 까닭이다.

어쨌든 다케우치가 제기하려고 했던 '국민문학론'의 방향성을 정리해보면, 그는 일본 근현대문학의 존재방식을 비판하는 형식으로 전전의 기억과 연결되어 있는 일본인들의 민족적 주체성에 접근하고자 했다. 다케우치가 이토 세이(伊藤整)[13]와의 논쟁에서 강조했던 것은, 지난날 제국 일본의 문학이 국책에 협력하든가 아니면 사소설적인 세계로 후퇴하든가 하는 식의 선택지밖에 남겨놓지 않았다는 역사인식이었다. 어째서 일본문학은 중국문학이 그랬던 것처럼, 문학의 요구가 민중의 연대를 획득하지 못했던 것일까. 다케우치는 그러한 문학적 토양을 문제삼은 것이었다.

'국민문학' 논쟁은 다음과 같이 전개되었다. 다케우치와 주고받은 왕복 서간(書簡)에서 이토는 다케우치의 제안에 따르는 형식이기는 했지만, 근대주의적 문학 인식으로는 구제할 길이 없는 '육체적인 실질'이 민족에 의해 형성된다는 점을 인정하였다. 단, 교조적 문학평론가인 이토의 논리 구석구석에는 '문학의 자율성'이 위험에 처할 수 있다는 데 대한 경계가 짙게 드리워져 있음을 알아차릴 수 있다. 그리고 그 지점에서 야마모토 겐키치(山本健吉)도 논쟁에 개입한다. 그

12 마루야마 마사오(丸山眞男, 1914~2000): 오사카 출신. 도쿄제국대학 법학부 졸업. 도쿄대에서 난바라 시게루(南原繁) 교수의 조수로 근무했고, 조교수 · 교수를 역임했다. 일본 정치사상사 분야에서 독자적인 연구방법을 구축했고 시민운동에도 적극적으로 참가했다. 주요 저서로 『일본 정치사상사 연구』(김석근 옮김, 한국사상사연구소 1995), 『현대 정치의 사상과 행동』(김석근 옮김, 한길사 1996) 등이 있다.

13 이토 세이(伊藤整, 1905~69): 홋카이도 출신. 시인, 문예평론가. 저서로 『若い詩人の肖像』(講談社 1998)이라는 소설과 평론집 『日本文壇史』(講談社. 1권부터 18권까지는 이토가, 이후는 세누마 시게키瀬沼茂樹가 집필하였다) 등이 있다.

는 국민적 요구와 민족주의적인 토양 위에 세워진 문학이라는 의미에서 '국민문학'을 환영하였다. 그러나 야마모토의 논의에서는 다케우치가 아마도 꾀하려 했던, 자기부정의 계기를 포함한 '민족'적 주체성에 대한 자각은 무척 희박하다는 인상을 받게 된다. 새로이 그 논의에 개입한 후쿠다 쓰네아리(福田恒存)[14]의 논의에는 야마모토와 같은 소박한 민족감정을 긍정하는 식의 지향은 없지만, 다케우치에 대한 비판으로 그는 전통의 긍정이라는 문맥을 제기하였다. 후쿠다 논의의 최대 주안점은 다케우치의 '근대' 파악에 대한 회의(懷疑)였다. 근대주의 비판을 행하고 있으면서도 메이지 이래, 즉 서구의 충격(Western impact) 이후를 일본 근대의 출발점으로 삼고 있는 다케우치의 자세 자체가 '근대주의=식민지주의'가 아닌가 하고 후쿠다는 힐난하고 있다. 후쿠다의 주장에 의하면 메이지 이전에도 합리적인 정신이 존재했고, 거기에는 서구와 일본이라는 식의 구별은 없었다는 것이다. (이 논의는 에도 시기에서 르네상스를 발견하려는 후쿠모토 가즈오福本和夫[15]와 나카노 시게하루中野重治[16] 등의 논의와 동일한 방향성을 가지고 있다.)

14 후쿠다 쓰네아리(福田恒存, 1912~94): 도쿄 출신. 문예평론가, 극작가. 도쿄대학 영문과 졸업. 많은 문화인들을 비판하였으며, 국어 문제에 관한 발언도 많았다. 셰익스피어와 로렌스의 번역자이기도 하다. 저서로『芸術とは何か』(中央文庫 1977),『芥川龍之介と太宰治』(レグルス文庫 1977) 등이 있다.

15 후쿠모토 가즈오(福本和夫, 1894~1983): 돗토리(鳥取)현 출신. 사회운동가. 1924년에 야마카와 히토시(山川均)를 비판하고, 후쿠모토즘이라고 불리는 이론으로 일본공산당의 재건을 지도했다. 1927년에 실각, 28년부터 14년간 투옥생활을 했다.

16 나카노 시게하루(中野重治, 1902~79): 후쿠이(福井)현 출신. 소설가, 시인, 평론가. 도쿄제국대학 독문과 졸업. 전쟁 전에는 일본 프롤레타리아예술연맹에 참가했고, 전후에는 신일본문학회의 중심적 인물이 된다. 시집으로『中野重治詩集』(岩波文庫 2002), 소설에『甲乙丙丁』(講談社 文芸文庫 1991) 등이 있다.

그러나 여기에는 아시아와 일본의 관계를 사고하는 방식에서 커다란 단층이 가로놓여 있다. 다케우치는 다음과 같이 파악하고 있다. 즉, 아시아 모든 지역에서 거의 동시기에 서구의 충격에 대한 경계와 그 도입을 둘러싼 갈등이 나타났지만, 일본은 식민지 제국으로 돌진해나가는 과정에서 결정적으로 아시아와 결별해버렸다는 것이다. 다시 말해 그런 점에 대해서 후쿠다는 전혀 뒤돌아보지 않고 있다는 것이다. 다케우치에게 '근대주의=식민지주의' 비판의 문맥이란 다른 아시아 각국 및 지역들(특히 중국)과 대조되어야 하는 것이었고, 메이지유신으로부터 시작된 일본의 근대 수용과 구미(歐美) 모방 양상에 대한 고찰을 빼놓고서는 생각할 수도 없는 것이었다.[17]

다른 아시아 국가들에서의 내셔널리즘과 문학의 관계는 다분히 방위전쟁, 반(反)식민투쟁, 혹은 혁명 등의 '저항'에 의해 규정되어 있고, 그래서 결과적으로 문학의 정치성이 자명한 것으로 간주되고 있다. 이러한 문맥에서라면 '문학의 자율성'이라고 하는 욕망이 문학자에게 설령 있다 해도 마오쩌둥(毛澤東)의 '문예강화(文芸講話)' 등에서

17 다케우치가 상정한 바 있는 쑨원(孫文)으로부터 루쉰, 그리고 마오쩌둥이라는 중국혁명의 변화 이론과 관련하여 후세대들은 다케우치를 비판한다. 다케우치의 저술에는 마오쩌둥의 논의가 당연히 포함되어 있지만, 그 논의의 나이브함은 오늘날의 시각에서 보면 일소(一笑)에 붙여질 수 있는 가능성도 높을 것이다. 다케우치의 사상적 신체성(身體性)에 가장 가까운 예는 루쉰이며, 중국관에 대한 구상으로는 쑨원을 빼놓고서는 생각할 수 없다. 특히 쑨원의 『삼민주의』에 등장하는 식민지주의의 정의(定義)는 다케우치가 용어로 사용하는 '식민지주의'의 근원이 되었다고 판단된다. 다시 말해, 쑨원이 당시 중국의 문맥에서 사용했던 '식민지주의'란 홍콩, 상하이 등의 교역항의 조세권이 외국(서양 열강)에 의해 침탈당해 중국은 수입을 하면 할수록 서양 열강을 부강하게 만드는 구조를 문제화한 것이다. 다케우치의 용어에 있는 '식민지주의'는 이를 문화적으로 전용한 것이라고 생각된다.

상징적으로 나타나듯, 이러한 욕망들은 커다란 정치적 승리 앞에서는 대부분 희미해져가는 경향이 있다고도 할 수 있다. 이러한 사실에서 도출되는 것은 전쟁과 혁명의 승리에 의해 만들어진 체제를 어떻게 평가할 것인가 하는 문제와 함께, 평가의 주체가 그 전쟁이나 혁명과 어떠한 관계에 있었는가 하는 점 등이다. 즉, 해석의 한계성과 관련된 자각이 요청된다.

다른 한편으로 당시 동아시아가 처한 외적인 조건으로는 한국전쟁이 상징적인 냉전(열전)으로 돌입하고 있었고, 그러한 냉전체제를 지탱하는 지렛대로 일본이 독립되었다는 역사적 맥락을 들 수 있다. 이러한 조건들 속에서 일본 좌파의 태도는 다케우치에게 비평의 대상이 되었다. 다시 말해, 전쟁 직후 GHQ를 '해방군'으로 규정했던 일본공산당은 당시 코민포름(Cominform)[18] 으로부터 비판을 받게 되었고, 신중국의 성립을 계기로 냉전전선에 서서 반제민족해방을 담당하는 입장으로 방침을 이동했다. 여기에는 평화혁명론이라는 입장에서 미제국주의와 싸우는 '민족'으로 논의의 중심축을 옮겨갔던 역사적 맥락이 존재한다.[19]

18 공산당 정보국. 구소련을 중심으로 한 유럽 9개국 공산당이 정보를 교환하는 연락기관으로 1947년에 설립, 1956년에 해산되었다.

19 일본공산당 규약 초안(51년 강령).
제1장 당의 기본 성격.
제1조 일본공산당은 일본 노동자계급의 전위당으로 최고의 계급적 조직이다.
제2조 일본공산당은 일본 노동계급의 이익을 대표함과 동시에 일본 민족과 전국민의 이익을 대표한다. 당은 당면한 프롤레타리아 지도와 더불어 노농동맹을 기초로 하여 제국주의 침략에 의한 일본민족의 지배, 착취 및 일본을 (군사)기지화하려는 아시아 침략전쟁, 세계전쟁정책에 반대한다. 전국민을 동원하여 이를 민족해방민주통일전선으로

다케우치의 의도는 당시 당원이었던 노마 히로시(野間宏)[20]와 벌인 논쟁에서 잘 드러난다. 다케우치는 일본 좌파세력들이 표방하는 '민족'에 대한 착안이라는 맥락을 취하면서도, 여기에 적극적이고도 비판적으로 개입했다. 당시 인상으로는 노마가 일본공산당의 강령을 전면에 내세우며 논의했던 것과는 대조적으로, 다케우치는 그러한 일본 좌파의 정치성 자체가 유연성을 결여한 외재적인 정치강령의 '문학'에 스스로를 끼워맞추는 것으로 보는 듯했다. 다케우치에게 '문학'이란 오히려 정치에 맞서서 다시금 그것을 답파해나가는 그 무언가로 사고되지 않으면 안 되었던 까닭이다.

다케우치의 입장에서 보면 '국민문학론'은 명백하게 전전 일본 좌파의 정치성에 대한 비판을 포함하는 것이었다. 전후의 좌파 지식인들은 그 근대주의적 성격으로 인해 민족이라는 과제를 피해갔다고 그는 이야기한다. 다케우치는 '민족'에 대한 경시, 다시 말해 일본적 토착성을 소화할 수 없었던 좌파의 결함이 조금씩 천황제로의 전

결집하여, 제국주의 세력과 그 정부를 전국민으로부터 고립시켜 이를 타도하고 민족해방 민주혁명을 실현한다. 당은 이러한 인민민주주의 혁명을 강화하여 프롤레타리아 독재로 발전시켜 사회주의 사회를 건설하고, 이를 통해 공산주의 사회의 실현을 그 종국의 목표로 삼는다(『日本共産黨戰後黨史研究』(http://www.marino.ne.jp/rendaico/nihonkiyosanto_nokenkiyu_toshi).

위 강령은 '51년 강령' 또는 '신강령'이라 불리게 된다. 이 강령의 정치사적 배경에는 중국공산당의 혁명 성공이라는 관점으로부터 생긴 뉘앙스가 강화되어 있다. 이후 밝혀진 바에 의하면 이 강령은 지하로 잠행했던 도쿠다(德田), 노사카(野坂) 등의 주류파가 스탈린의 지도와 중국공산당의 지원하에 모스크바에서 기초한 것이라고 한다.

20 노마 히로시(野間宏, 1915~91): 효고(兵庫)현 출신의 작가. 교토대학 졸업. 전후파 문학의 중심적 인물로 사회문제에 대한 발언도 활발했다. 저서로 『眞空地帯』(岩波文庫 1956), 『青年の環』(岩波文庫 1984) 등이 있다.

향을 가져왔다는 입장에 서 있었다. 다케우치는 '민족'이라는 요인(factor)을 피해가며 무비판적으로 구미 근대를 받아들이는 문화 태도를 '근대주의=식민지주의'라고 부른 것이었다. 다케우치의 '국민문학론'은 시라카바파(白樺派)[21] 이후 다시 '근대주의=식민지주의'적 태도 극복을 목표로 삼은 것이었다. 그리고 일본의 좌파 지식인들도 그 비판에서 예외가 되지 않았다. 다케우치는 "문학에서의 식민지성이란 민족에 의해 매개되지 않은 세계문학이라는 표상으로 가늠할 수 있다"고 말하는데, 그 의미를 부연하자면 코민포름과 중국공산당의 테제를 무비판적으로 받아들여 기계적으로 적용하는 당시 일본공산당(혹은 기성 좌파 문화단체)의 태도 역시 넓은 의미에서의 '근대주의=식민지주의'라고 비판한 셈이다.

거듭 말하지만, 1940년대 후반부터 50년대에 걸쳐 55년 반둥회의[22]에서 결집된 것과 같은 아시아 여러 민족들의 내셔널리즘의 부흥이 한편에 있었으며, 그러한 모든 나라들 특히 신중국의 성립과정에서 중국문학이 보여주었던 존재방식이 다케우치에게는 '근대주의=식민지주의' 극복의 참조점이 되었다. 일본의 문화구조에서는 중국과 같은 '사회혁명과 내셔널리즘의 결합'이 결여되어 있다는 인식이 다

21 시라카바는 전전 일본문단에 최고의 영향력을 발휘했던 동인지 이름이다(1910년 4월부터 1923년 8월까지 발행되었고, 무샤노코지 사네아쓰(武者小路實篤)가 이론과 창작을 겸하면서 그룹의 구심점 역할을 했다. 당시 문단의 자연주의적 성향에 반기를 들고 개인의 개성을 중요한 원칙으로 부각시켰다. 점차 계급성을 강조하는 노동운동과 문학에 밀려 상대적으로 빛을 잃었다—옮긴이.

22 1955년 4월 아시아 · 아프리카 29개국이 참가해 인도네시아의 반둥에서 개최된 회의. 주로 식민지 문제 등을 토론하였다. '세계평화와 협력의 촉진'이라는 공동선언을 결의했다.

케우치에게는 있었다.

다케우치가 확실하게 지적했듯이, 고바야시 다키지(小林多喜二)[23]가 그처럼 참혹하게 살해된 것은 결국 지식인이 민중으로부터 고립된 데서 원인을 찾을 수 있다는 논의는 일본의 문맥에서 보면 설득력이 있는 것이었다. 그러나 저항전쟁을 수행하는 민족(중국을 말함—옮긴이)의 지식인과 대중 간의 결합이, 침략하는 측에 서버린 국가(일본을 말함—옮긴이)의 지식인을 비판하기 위한 참조틀이 될 수 있을까라는 좀더 근본적인 차원의 지적도 가능할 것이다. 방위전쟁을 위해 싸우던 민족을 자민족 비판의 모델로 삼는다면, 그것은 판단이성으로서는 성립될 수 있겠지만 실천이성으로서는 어떻게 처리되어야 하는 것인가. 그 점이 아마도 핵심이 될 것이다. 양자(일본/중국)는 전쟁상태라는 점에서는 일체화되면서도 저항과 침략이라는 대칭적인 관계에 있었던 까닭이다.

물론 거기에는 당시 중국대륙에서 일본인들이 수행한 반전운동도 있었을 것이고, 또한 일본에서 위장전향을 시도하면서 수행된 저항도 있었을 것이다. 실제로 다케우치가 만든 중국문학연구회(中國文學硏究會)[24]는 일본문학보국회(日本文學報國會)[25]에 직능단체로 가입해

23 고바야시 다키지(小林多喜二, 1903~33): 아키타(秋田)현 출신의 소설가. 국가권력에 저항하는 노동자와 농민의 모습을 묘사했고 프롤레타리아 작가로서 활약했다. 관헌의 고문에 의해 참혹한 죽음을 당했다. 『게공선』(양희진 옮김, 문파랑 2008), 『工場細胞』(新日本文庫 2000) 등의 저서가 있다.

24 다케우치 요시미와 다케다 다이준(武田泰淳)에 의해 1934년에 설립되었다. 대학의 중국 연구가 현대 중국문학을 연구의 대상으로 삼아오지 않았다는 점, 중국인을 멸시하는 지나(支那)라는 단어를 사용한다는 점에 대한 반발 등이 그 계기가 되었다.

25 1942년 창립되어 전시하 국책의 일원(一元)으로 조직되었고, 회원수는 약 4천명을 넘

있으면서도, 대동아문학자대회(大東亞文學者大會)[26]에 참가하라는 요청에는 한결같이 응하지 않았다. 그 시절 다케우치는 대체로 굴욕감을 가졌음에 틀림없다. 그러나 그와 같은 다케우치의 생각과 침략당한 측 민족의 굴욕은 대체 어떠한 관계를 가지는 것일까. 결국 저항의 문제는 당시(냉전하) 다케우치에게 있어 냉전구조의 '이쪽과 저쪽'을 어떻게 매개해나가느냐 하는 문화적 실천이었으며, 이중의 상(相)을 근간으로 해서 의식화된 것이었다고 할 수 있다.

'적대(敵對)'의 사고

1955년을 지나 60년대를 맞이하려는 가운데 동아시아 냉전구조를 그 근저에서 받쳐주는 제도적 기초이기도 했던 미일안보조약의 개정 문제가 사회적인 이슈로 떠올랐다. 그리고 일본의 반전평화블록은 신(新)안보조약 저지운동을 활발하게 펼쳐나갔다. 이러한 가운데 다케우치 요시미 또한 신안보 저지운동에 적극적으로 가담했지만, 다케우치의 실천구도였던 50년대 국민문학 논쟁이라는 관점에서 보면, 그는 이미 (일본)문학이라는 자장(磁場)권에 대해서는 거의 가망이 없다고 단념하고 있었던 것으로도 보인다. 1960년 전후의 다케

었다. 국책을 철저히 주지하고 선언을 보급하는 데 복무했고 전쟁수행에 협력했다.

26 대동아공영권의 작가, 평론가 등이 모여 공영권의 '문화 창출'을 목적으로 한 대회. 1942년 제1차 대회부터 1944년의 3차 대회까지 1년에 한번씩 개최되었다. 제3차 대회는 상하이에서 열렸다.

우치는 활동의 정열을 60년대 안보투쟁[27]에 쏟고 있었는데, 6월 19일 자연승인이라는 형식으로 조약이 결착나자 곧바로 도쿄도립대학의 교수직을 사임하는 파격적인 처신을 보여주었다. 이런 의미에서 다케우치가 중국문학 연구자에게 끼친 영향력은 오히려 절대적인 것이 되어갔다고 말해도 좋다.

전체적으로 보면, 안보 저지투쟁을 지원했던 평화운동 자체가 "미일안보조약에 의해 일본이 다시 전쟁에 휘말릴지도 모른다"는 전후 평화운동의 논리로부터만 나온 것은 아니었다. 그렇지만 1960년 당시에 한국전쟁의 기억과 타이완해협의 긴장감이라는 것이 현재와는 비교할 수 없을 정도로 절박성을 띠고 있었다는 점도 확실했다. 1960년 5월 무렵 다케우치의 전술담론인 '민주냐 독재냐'라는 설정이 가능했던 것은, 아직 이 시기가 전전 일본 군국주의의 기억을 운동화할 수 있는 유통기한에 아슬아슬하게 걸쳐 있었기 때문이라고도 할 수 있다. 그러나 실제로 다케우치가 실천하려고 했던 것은 군국주의의 기억을 동력으로 하는 것 이상의 어떤 것이었다. 다시 말해, 국민의 주체적인 실천에 의해 상황에 균열을 내는 것, 그리하여 저항의 전통을 창출해내는 것이었다. 그런 의미에서 '국민문학' 논쟁과 안보개정 반대투쟁은 다케우치의 내부에서는 하나로 연결되는 것이었다고 할 수 있다.

27 1959~60년에 전개되었던 미일안전보장조약 개정 반대투쟁. 자민당이 개정을 강행 체결한 후인 1960년 5월부터 6월에는 전국적인 반대운동으로 발전했다. 최종적으로 조약은 개정되었고, 조약이 자연승인(自然承認)을 거친 같은 해 7월에 기시 내각은 퇴진하였다.

'국민문학' 논쟁에서 다케우치 요시미는 문학이 문단 및 문학자 길드의 점유물이 되어버린 상황을 비판함과 동시에 목적도 없는 '국민문화'의 상품화에 경종을 울렸다. 포스트 60년 안보(투쟁)의 시공간은, 실로 대중사회의 본격적인 도래가 현실감을 띠기 시작한 시기였다. '소득배가계획(所得倍加計劃)'[28]에 힘입어 1960년 이후 대중의 눈을 '경제'로 돌리는 데 성공한 이케다 하야토(池田勇人) 내각의 궤적에서 보면, 1960년 정치의 계절은 실제로는 일시적인 것에 지나지 않았다. 다시 말해, 근대문학을 낳았고 또 근대문학이 필요로 하는 일본이라는 사회적 토양 자체가 그 근저에서부터 변화를 맞이하게 되는 고도성장의 시기가 도래한 것이었다. 그리고 이는 문학의 소비물질화에 대해 유효한 저항의 시좌(視座)를 제공하지 못했던 50년대의 문제—다케우치는 '국민문학론'에서 이 문제를 다루었다—가 본격적으로 대두되는 것을 의미했다.

다만 다케우치가 일본인의 역사의식의 구도로 견지하고 있던 '중국'이라는 참조틀의 유통기한은 이후 조금은 더 살아남게 되었다. 그 유효기간을 구체적인 연호로 표시하면, 다나카 가쿠에이(田中角榮) 정권이 주도한 1972년의 중일 국교회복이 될 것이다. 여기에서 '중국'이라는 유통기한의 의미는 1937년부터 시작된 중일전쟁(또 다른 관점에서 보면 1931년의 '만주사변'부터 시작되었다고도 할 수 있다)이 정식으로 평화조약의 약정을 결여한 채 중화인민공화국이라는 존재를 사이에

28 이케다 내각에 의해 책정된 경제계획. 목표는 1961년까지 10년 동안 실질국민소득을 배로 증대시키는 것이었다. 그러나 실제로는 목표수준을 상회하는 형태로 국민소득이 향상되었다.

두고 계속되고 있다는, 다케우치 특유의 시간의식으로부터 비롯된 것이다. 정확하게 말하면, 샌프란시스코 강화조약 발효와 같은 해인 1952년의 일화(日華)평화조약으로 중화민국 정부와 일본정부 사이에서는 1937년부터 시작된 전쟁이 일단락되었다.[29] 그러나 중일전쟁 당시 국민당군 이외에도 중국공산당의 지휘를 받았던 팔로군(八路軍)과 신사군(新四軍)[30] 등이 일본군의 전쟁상대였다는 것은 틀림없는 사실이다. 그런 까닭에 다케우치에게 일본이 '중국'(신중국)과 맺고 있는 연관이란 다음과 같은 것이었다. 즉, 중일전쟁에서의 적대성이 지속되고 있다는 것, 그리고 기존의 적대성을 마치 은폐해버리기라도 하듯 '중국'이 동/서 냉전의 적대자로 냉전구조의 저쪽 편에 배치되었다는 것이다. 요컨대 일본과 중국 사이의 적대감은 냉전하에서 이중화되었으며, 그 이중성 때문에 적대성에 대한 일본인의 자각은 오히려 봉인되었다는 것이 다케우치의 인식이었다.

흥미로운 것은, 이러한 다케우치의 '적대'를 둘러싼 사고가 전후 반전운동의 원동력이 되었던 '평화입국 일본'이라는 일본의 자기 이미

29 오늘날의 관점에서 생각해보면, 일화평화조약의 배경이 되었던 것은 중화민국 정부가 국공내전에 패배해 타이완으로 쫓겨가 국제사회에서 대단히 취약한 약자의 입장에 놓이게 되었다는 점이다. 다시 말해, 일본정부는 50년대 당시 중화민국을 중국의 정통 정부로 승인하는 대신 그 교환조건으로 국가적인 배상 문제가 거의 배제된 일화평화조약을 밀어붙일 수 있었다.

30 팔로군(八路軍)은 국민혁명군 제8로군의 약칭. 중일전쟁 당시 화북에서 활동했던 중국공산당군을 가리키며 항일전의 주력이었다. 신사군(新四軍)은 같은 시기 화중 · 화남에서 활동했던 중국공산당을 말한다. 양쪽 모두 1937년에 행해졌던 중국국민당과 중국공산당의 협력(제2차 국공합작)에 의해 항일통일전선으로 편성되었다. 중일전쟁 이후 양군은 합체되어 인민해방군이 된다.

지와는 근본적으로 다르다는 점이다. 물론 겉으로 드러난 목적의식으로 보아 다케우치가 희망한 것이 중국과의 화해였던 것만은 틀림이 없다. 그러나 다케우치가 마음속으로 품어왔던 생각, 즉 '중국'과의 관계가 현재 절대적인 상태에 놓여 있다는 것은 바로 냉전하의 이중화된 적대성에 근거를 둔 것이었다. (저자인 마루카와 데쓰시가 사용하는 '절대적'이라는 용어는 칼 슈미트의 이론을 참조한 것이다. 칼 슈미트의 이론에 대해서는 57쪽 39번 옮긴이 주 참조.)

바로 이러한 이유에서 일본의 평화세력이나 이후 제3세계론자들의 동향과는 무관하게 자민당의 다나카파 및 경제계가 중심이 되어 획책한 1972년의 중일 국교회복이 성사된 이후에 다케우치는 거의 침묵에 가까운 상태에 빠져들고 만다. 이와 같은 현상은 동시대를 살아온 다케다 다이준(武田泰淳)[31]과 홋타 요시에(堀田善衛)[32] 같은 사람들, 즉 전쟁기간 동안의 중국체험을 지렛대 삼아 살아왔던 문화인들에게도 해당되는 일이었다. 다케다와 홋타가 그 이듬해에 『나는 이제 중국을 이야기하지 않겠다』[33]라는 대담집을 낸 것도 상징적인 일이었다.

31 다케다 다이준(武田泰淳, 1912~76): 도쿄 출신의 소설가. 도쿄대학 중퇴. 전쟁체험을 근거로 하여 사회문제에 관한 작품을 많이 남긴 전후파 작가다. 저서로 『風媒花』(講談社 文芸文庫 1989), 『司馬遷: 史記의 世界』(講談社文庫 1972. 이동혁 옮김, 一角書林 2000) 등이 있다.

32 홋타 요시에(堀田善衛, 1918~98): 도야마(富山)현 출신의 소설가. 게이오대학 불문학과 졸업. 상하이에서 패전을 체험한 후 중국국민당 선전부에 징용되었다. 아시아 · 아프리카 작가회의 사무국장과 의장을 역임했다. 저서로 『廣場の孤獨 · 漢奸』(集英社文庫 1998), 『時代の風音』(朝日文芸文庫 1997) 등이 있다.

33 武田泰淳 · 堀田善衛, 『私はもう中國を語らない』, 朝日出版社 1973.

다케우치의 이야기로 다시 돌아오면, 다케우치는 안보조약 개정 1년 전인 1959년 4월호 『긴다이분가쿠(近代文學)』에 「적(敵)」이라는 제목의 짧은 에세이를 썼다. 다케우치가 이 에세이를 쓰게 된 직접적인 동기는, 일본의 사회운동 내부에서 빈번하게 쓰이는 '적'이라는 단어의 사용법을 비판함과 동시에 '적' 개념에 관련된 내용들을 보충하기 위해서였다. 다케우치의 주장에 의하면, 일본어에서 '적'의 반대말은 '우리편'이지만 중국어에서 '적'의 반대말은 '나'를 극도로 강조하는 것이다. 이와 같은 사용법은 장시(江西)소비에트[34] 시절에 공산당군이 정식화했던 유격전법의 슬로건 '적진아퇴(敵進我退, 적이 공격해오면 아군은 퇴각한다는 뜻—옮긴이)'에서 유래한 것이기는 하지만, 이후 유격전법을 이론화한 마오쩌둥의 '지구전론(持久戰論)'에서 이 말은 일본과의 관계를 염두에 두면서 좀더 정교하게 다듬어지게 된다. 그러나 중국어에서 '적'의 반대말이 '나'인지 어떤지 하는 것은 실상 그리 문제가 되지 않는다. 중요한 것은 내 안에서 적이 적으로 파악되는 것, 칼 슈미트[35] 식으로 말하면 상대를 '현실의 적'으로 설정할 수 있느냐 하는 것이다. 다케우치의 말처럼 냉전이라는 시간 속에서 중일전쟁이 계속되고 있는 것이라면, 여기에서 생각할 수 있는 것은, 그가

34 1931년부터 34년까지 중국 남동부 장시성에 독립적인 정부로 존재했던 중화소비에트공화국. 마오쩌둥과 공산군 사령관 주더에 의해 설립되었고, 약칭으로 '장시소비에트'라고 부르기도 한다—옮긴이.

35 칼 슈미트(Carl Schmitt, 1888~1950): 독일의 정치학자, 법률학자. 전체주의적 국가론을 제창했고, 나치에 이론적 기초를 제공했다. 정치적인 것의 본질이 우리[友]와 적(敵)의 대립이라는 우적이론(友敵理論)으로 알려져 있다. 저서로 『정치신학』(김효전 옮김, 법문사 1988) 등이 있다.

말하는 '사고=운동'이라는 말의 의미는 바로 그때그때의 리얼한 적대성에 관해 '나'로 계속 되돌아가 재정의하는 것이 아닐까 하는 점이다. 물론 그때의 '나'란 중국과의 전쟁을 매개로 해서 현재를 살아가고 있는 일본인 전체를 그 안에 또한 포함하고 있는 존재일 것이다.

이 대목에서 잠깐 멈추어서 생각해보자. 전후 다케우치에 대한 비판으로, '중국'을 규범으로 이상화하고 그러한 시선으로 일본을 비판해왔다는 견해가 있다. 다케우치 비판에 대한 그와 같은 주석의 한 예로, 스가 히데미(絓秀實)[36]는 '마오쩌둥 평전'을 쓴 다케우치가 마오쩌둥을 물신(fetish)화하고 있다고 평가한다.

스가의 논의는 이러하다. 서양측 시선이 구성해낸 오리엔탈리즘(Orientalism)을 토대로 만들어진 아시아에 저항하려 할 때 이를 '부인(否認)'하는 것 이외에 달리 방법이 없다고 한다면, 그와 같은 '부인'은 불가피하게 물신화 경향을 나타내게 된다는 것이다.[37] 그러나 다케우치가 마오쩌둥을 물신화하지 않을 수 없었던 사정은, 동양이 서양에 의해 위치가 정해져 서양에 종속된다거나 혹은 서양을 통해 주체가 된다는 오리엔탈리즘의 계기만으로는 설명될 수 없는 것이 아닐까. 여기서도 냉전구조가 달성해낸 적대성의 이중화와 그 은폐작용을 문

36 스가 히데미(絓秀實, 1942~): 니가타(新潟)현 출신. 문학평론가. 『日本讀書新聞』 편집장, 일본 저널리스트 전문학교 강사를 거쳐 긴키대학(近畿大學) 국제인문과학연구소 교수를 역임했다. 저서로 『帝國の文學』(以文社 2001), 『中國の文學』, 『革命的なあまりに革命的な』(作品社 2003) 등이 있다.

37 프로이트에 의하면, 페티시즘이란 어머니에게 남근이 부재하다는 사실을 부인하는 데서부터 나타나는 현상이라고 한다.

제삼지 않을 수 없을 것이다. 일본과 중국 혹은 북한의 관계로 말할 것 같으면 실로 냉전구조의 저편과 이편으로 분할되어버린 셈이며, 일본·한국·타이완의 경우는 동일한 서방 쪽에 위치하게 됨으로써 그 이전의 적대성이 분절화되지 않고 같은 진영 아래 겹쳐 쓰이게 되었다. 오늘날 만약 다케우치가 비판받는다면, 동일한 서방측에 자리매김된 가운데 보이지 않게 된 한국과 타이완이라는 존재를 그다지 고려하지 않았다는 것일 테지만, 이 책에서는 이 점을 깊이 문제삼지 않고 논의를 진행하겠다.

여기서 필요한 것은 바로 앞에서 말한 것과 같이 '나'로 거슬러 올라가 '적'을 다시 선별하는 사고일 것이다. 칼 슈미트가 마오쩌둥의 '지구전론'에 촉발되어 썼다고 하는 『파르티잔 이론』[38]에서 파르티잔의 투쟁이란 바로 '향토'의 방위를 근간으로 하는 것인데, 이 책은 적이 적인 이유가 '나=향토'라는 등식 안에서 명확해질 수 있다는 논리구조를 보여주었다. 이 논리에 따르면, 일본군이 '중국'에 대해 가졌던 적대성이란 '내' 안에서 적을 적으로 자리매김할 수 없는, 말하자면 '적이 절대화'된 차원에 존재하는 것이었다고 할 수 있다.[39]

다케우치가 '중국'과의 관계에서 바라 마지않았던 것 ―화해에

38 칼 슈미트, 『파르티잔: 그 존재와 의미』, 김효전 옮김, 문학과지성사 1998.

39 칼 슈미트에 의하면, 근대 유럽 공법하에서 무력은 국가만이 가질 수 있고 그에 따라 교전 역시 국가가 주체가 되어 행해진다. 이와 같은 '국가성'의 원칙에 기초한 유럽 국제법은 전쟁을 명확하게 한정하고 적을 범죄자와 구별함으로써 적에 대한 적대감을 상대적으로 감소시켰으며, 전쟁/평화, 시민/군인, 중립/비중립 등을 뚜렷하게 구별하였다. 이른바 '한계지어진 전쟁'과 '정당한 적(gerechten Feind)'이 유럽 공법하 전쟁의 핵심이

이르기 위해 적대성을 재조정하는 작업—을 만약 성급하게 요구한다면 아마도 이처럼 될 것이다. 즉, 예전에 일본은 중국을 '정당한 적'으로 대우하지 않았는데, 현재(1963)에도 일본은 계속해서 '중국'을 냉전하 논리인 '적의 절대화'를 통해 이중으로 부인하고 있다. '나=일본'이 예전에는 적이었다는 것, 그리고 지금도 계속해서 '적'이라는 사실을 현재의 자장 속에서 상기하지 않으면 안 된다는, 냉전하의 저항이 꼭 필요하다. 그런 의미에서 '중국'은 다케우치에게 계속해서 참조해야 할 최대의 대상이 되어야 했고, 근본적(radical)으로 말하면 현

었다면, 파르티잔 전쟁은 전쟁과 평화가 뒤엉킨 이른바 '중간상황'으로 해석된다. 그 상황의 실례로, 슈미트는 나폴레옹 군대에 대항해 싸웠던 스페인 인민들의 초기 게릴라 투쟁, 20세기 초반 러시아와 중국, 인도차이나 등지에서 벌어진 대규모 파르티잔 전쟁 및 핵을 동반한 냉전 등을 들고 있다. 결국 '국가성'의 상실 이후 대두한 현대 전쟁의 일반적인 양상과 이에 대한 이론적인 고찰이 슈미트의 후기 저작인『파르티잔 이론』의 핵심이라 할 수 있는데, 슈미트에 의하면 파르티잔 전쟁에서 주역은 더 이상 국가가 아니라 외국의 정복자를 거부하는 다수 인민 혹은 계급 이해관계에 기초한 혁명적인 정당이 된다. 유럽 공법하의 전쟁 형식을 혁신하며 등장한 파르티잔 전쟁의 특징은 비정규성, 고도화된 유격성, 격렬한 정치관여적 성격, 토지(향토)와의 강한 유대 등이다. 그러나 슈미트는 이 책에서 파르티잔이 서로 이질적인 두 종류로 나뉜다고 설명하는데, 자신들의 향토를 방어적으로 보호하는 데서 유래한 민족적 성격의 파르티잔(현실적/상대적 적대성 차원)과 토지나 향토라는 구체적 장소성을 상실한 채 세계를 향해 공격적 · 혁명적으로 활동하는 국제공산주의적 파르티잔(추상적/절대적 적대성 차원)의 구분이 그것이다. 슈미트의 틀 안에서 보자면, 후자의 추상적 적대관계는 냉전시대 진영논리 및 핵을 동반한 새로운 전쟁 형태 등을 설명하기 위한 것으로, 비록 명시적이지는 않지만 추상적 적대성을 설명하는 슈미트의 어조는 상대적으로 부정적으로 들린다. 냉전시대의 추상적 · 절대적 적대성에 대한 슈미트의 평가를 이해하기 위해서는 미국 · 소련 등 연합국 측에 의한 독일의 강제분단 상황이라는 역사적 맥락 역시 고려되어야 할 것이다. 저자인 마루카와 데쓰시의 경우, 슈미트의 통찰을 활용하면서 냉전상황에서의 중국과 일본의 관계는 결코 구체적이고 현실적인 적대관계가 아니며 세계 진영논리에 의거한 추상적인 적대관계라고 규정하고 있다—옮긴이.

실의 중국이 아니라 바로 '참조틀=적'의 역할을 수행하는 '중국'이 요구되었다고 할 수 있다.

그러나 한편으로는 슈미트가 『대지의 노모스』[40]에서 '정전(正戰, 정당한 전쟁 just war이라는 의미—옮긴이)'의 특징인 비차별성(대등함)이 전쟁의 정당함을 보증할 수 없다고 말한 것을 떠올려보고 싶다.[41] '정전'이 과연 정당한 전쟁인가라는 문제는 마오쩌둥의 '지구전론'에서는 지양되고 있었지만, 슈미트의 이같은 문제의식은 '정전'에서 '파르티잔 전쟁'으로 당대의 전쟁상황이 변해가는 과정에서 부각된 것이다. 다시 말해, 동에서부터 서로 지정학적인 회전을 통해 문제의식이 역수입된 셈이다. 결과론적인 이야기이기는 하지만, 슈미트가 『대지의 노모스』에서 전개한 '적'의 비차별성(대등성)—상대를 대등한 인격으로 인정하는 데서 성립하는 유럽 공법하의 '정전'—이 파르티잔 전쟁이라는 국면으로 이동했을 때, 이는 곧 다케우치의 사고=운동

40 칼 슈미트, 『대지의 노모스: 유럽 공법의 국제법』, 최재훈 옮김, 민음사 1995.

41 그러나 결과적으로 보면, 『대지의 노모스』에서 『파르티잔의 이론』에 이르는 슈미트의 논리는 이전 나치시대 자신의 결단주의적 사고를 부인하는 외재적인 서술로 시종일관하고 있다고밖에 말할 수 없는 점이 있다. 특히 영국 제국주의로부터 시작되는 해상의 패권 논리를 비판하고 유럽 공법의 기원을 육지 취득의 역사에서 구하려는 제스처는 결과적으로 대륙에 속한 제국 독일의 과거를 정당화하려는 것이 아닌가 하는 의심을 불식시키지 못하고 있기 때문이다. 그러나 설령 그렇다 하더라도, 『대지의 노모스』에서 『파르티잔 이론』에 이르는 논리는 적대성과 관련하여 결정적인 계기를 추출하여 이야기하고 있다고 해도 좋을 것이다. 즉, 해양에서 벌어지는 전투는 근원적인 몸짓으로서 그 전투의 결과인 약탈의 흔적이 사적인 점유 쪽으로 은닉되는 것인 한편, 육지 취득은 그 흔적이 한편에서는 법적 질서의 형성으로 전화(轉化)되는 논리적 귀결을 보인다. 육지 취득의 가시적인 대상(대지)이 사적인 것으로 전화되지 않는다는 의미에서 그 적대의 기억이 흔적으로 남게 된다는 것이다.

의 궤적과 겹치기라도 하듯(이번에는 중국에서 일본으로, 즉 서쪽에서 동쪽으로 이동함으로써) 중일전쟁을 분석하는 다케우치의 관점이 되었다. 다시 말해 다케우치가 하고자 했던 것은 슈미트의 논리적 여로—유럽 공법하의 전매특허였던 '정전'에서 파르티잔 전쟁으로 시점 이동—를 공간적으로는 반대측에서 응시하는 것이었다. 중국의 동쪽에 위치하는 일본이 시작한 중일전쟁을 일본의 관점이 아니라 저항하는 '중국'측에서 기술하는 것, 다시 말해 '중국'의 '현실의 적'이었던 일본이 그 자신이 중국의 적이었다는 사실을 떠올리는 과정에서 '중국'을 참조틀로 매개할 수 있게 된다.[42]

일본에서 이루어졌던 좌파 비판의 전형적인 패턴의 하나로, '이론의 수입업자' 혹은 해외의 권위에 굴종해 일본의 현실을 제대로 보지 못하는 이론과 전술을 행사한다는 식의 비판을 들 수 있다. 요시모토 다카아키(吉本隆明)[43]를 중심으로 형성된 이같은 비판의 패턴은 실제로 일본의 지식인들을 '근대주의=식민지주의'라는 관점에서 비판하는 다케우치의 자세와 통하는 것이었다. 그러나 만약 그렇다면,

42 다수 인민이 주역이 된 중국의 항일 파르티잔 전쟁과 내전을 관찰한 칼 슈미트는 유럽 공법하 근대 서양의 정전 모델로부터 현대 전쟁 및 공간질서의 이론 구축으로 나아갔다. 다케우치 역시 중국의 항일 파르티잔 전쟁에 주목하였고 이는 일본과 중국의 관계를 새롭게 사고할 수 있는 계기를 열었다. 저자인 마루카와는 독일의 슈미트와 일본의 다케우치에게 중국이 이론적인 개안을 가져온 공통적인 계기였다는 것, 우연찮게도 유사한 시기 두 사람에게서 중국이 각자의 이론에 주요한 참조틀이 되었다는 점을 강조하고 있다. 그러나 이후 본문에서 서술되는 바와 같이 다케우치에게 중국은 결국 일본을 설명하기 위한 참조틀임을 저자는 분명히 밝히고 있다—옮긴이.

43 요시모토 다카아키(吉本隆明, 1924~): 도쿄 출신. 시인, 사상가. 도쿄공업대학 전기화학과 졸업. 저서로 『共同幻想論』(改訂新版, 角川文庫 1982), 『マス・イメージ論』(福武書店 1988) 등이 있다.

조금 전에 언급된 다케우치의 '중국'이라는 특권적인 참조틀 역시 문제가 될지 모른다. 그렇다고는 해도, 1951년에서 52년 사이에 벌어진 국민문학 논쟁에서 제기되었던 다케우치의 담론을 점검해보면, 앞에서 말한 것처럼 다케우치는 일본공산당의 노선변경에 대해서는 실로 양가적인 입장에 서 있었다.

신중국의 성립에 크게 영향을 받아 동아시아에 냉전구조가 형성되자, 위기를 느낀 중국공산당은 일본공산당의 역할을 반제민족해방투쟁의 일환으로 규정했다. 그때 다케우치는 '민족'에 주목하는 대부분의 조류(潮流)에 적극 개입해 '민족'이라는 개념조차도 중국공산당에 의한 수입품일 수밖에 없는 점을 들어 비판적인 자세를 취하고자 했다. 다케우치는 중국을 참조틀로 삼고 있었지만, '중국'이라는 대상에 꼼짝없이 붙들려 있었던 것은 아니다. 오히려 자신의 내부에 존재하는 중국, 혹은 중국 내부의 '적'으로 존재했던 일본을 문제 삼았다는 의미에서 그것은 주체형성의 매개라는 문제였다. 그러한 의미에서 다케우치에게 중국(=마오쩌둥)은 목적이 아니라 오히려 매개로서 존재했다. 그 매개가 한없이 페티시(물신)에 가까운 것으로 보였다 하더라도 어디까지나 매개였다는 의미에서 다케우치의 목적은 중국(=마오쩌둥)이 아니라 역시 세계였다.

결단의 실패를 참고 견디는 일

다케우치처럼 정치적인 판단에 실패를 거듭한 사상가는 없다고 사람들은 말한다. 전후 신중국의 성립에 대한 기대라는 맥락이 있기는 했지만, 이 점에 대해서는 1949년 직후 정치협상회의(政治協商會議)[44]라는 요소가 그에게 영향을 끼쳤던 측면도 있고, 여러 입장의 정치적 결정이 공적으로 보증되었던 기간이 존재했다는 점도 고려되지 않으면 안 된다. 다케우치의 중국론은 대략 그 시기에 완성되었거니와, 논리 구성이라는 측면에서 보면 완성된 그 지점에서 전혀 변화하지 않았다고 말할 수 있다. 그러나 바로 그때 한국전쟁이 발발했고 이후 계속된 냉전구조의 절박감, 그리고 구소련과의 동맹이 해소되고 적대관계로 돌아섰던 정황을 돌이켜보면, 그와 같은 망국의 위기를 극복하는 체제를 총괄할 수 있는 조직은 전국 규모로 세포가 깔려 있는 (중국)공산당 이외에는 없었다는 점을 예상할 수 있다.

그러나 이와 같은 내전의 문맥과는 별도로, 전전과의 관련 속에서 중국을 바라보는 일이 얼마나 어렵고 또 중요한가 하는 데 생각이 미치면, 다케우치가 1941년 12월에 쓴 「대동아전쟁과 우리들의 결의」(이하 「결의」)를 언급하지 않을 수 없다. 이 「결의」는 전후의 신중국에 대한 기대라는 문맥이 존재하기 이전, 다케우치가 내렸던 정치적 판단의 실패 사례로서 거론되어왔다. 「결의」의 상황판단을 간단히 요약해서 말하면, 1937년부터 일본이 행해왔던 아시아 침략전쟁이 같은 해인 1941년 진주만 공격을 통해 영미(英美)에 대한 전쟁으로 질적

44 1946년 충칭(重慶)에서 개최된 회의. 공산당과 국민당 및 민주진영의 모든 당파, 그리고 지식인들이 모여 중국의 새로운 정치체제에 관해 토의하였다. 중국 통일을 목표로 하고는 있었지만, 공산당과 국민당은 내전에 돌입하여 내전에서 패한 중국국민당은 타이완으로 후퇴하였다.

전환을 이룬 것을 환영하는 것이었다. 그러나 다케우치의 이와 같은 판단실패는 이후 다케우치의 일대 작업 중 하나인 『근대의 초극(近代の超克)』(1959)으로 결실을 맺게 된다.

총력전하 일본 지식인들(체제 내 반체제이기도 한 교토학파가 이를 대표하는 것처럼 되어버렸지만)은 당시 일본의 전쟁정책이 서양 근대를 넘어서는 계기가 될 웅대한 사업이라고 정의하고 싶어했다. 이러한 문제설정이 특히 다케우치의 내부에서 반향을 일으키게 된 데는, 중국을 비롯한 아시아 침략으로 인해 야기된 양심의 가책을 성급하게 해소하는 수단으로 영미에 대한 전쟁을 상상했던 역사적 문맥이 존재한다. 그러나 당시의 정부나 군부 등이 영미와의 전쟁에 발을 들여놓는 방식은 당연히 다케우치의 「결의」에 나타난 방식과는 전혀 관계가 없는 것이었다. 정부나 군부가 희망했던 것은 오히려 중국의 점령을 효과적으로 원활하게 진행하기 위해 중국과 영미의 계약을 차단하는 데 있었고, 그것은 여전히 아시아 침략의 연장선상에 놓여 있는 것이었다. 덧붙여 말하면, 1941년 시점에서 일본이 영미와의 전쟁에 발을 들여놓게 된 것은 유럽 전선에서 1940년 독일이 승승장구한 데서 촉발된 것이다. 즉, 그것은 신제국주의 국가 사이의 종횡연합에 의한 것이었다. 그렇다면 이와 같은 이후 실증사학의 레벨과 다케우치에 의한 아시아론(중국론) 사이에는 어떠한 관계가 있는 것일까.

다케우치가 전후 집필한 '근대 초극'론이란 「결의」에서의 실패경험을 검증하기 위한 것이었다. 그렇다면 이는 다케우치가 자신의 정치적 판단실패를 실패로서 후회하지 않고, 오히려 '근대 초극'이라는 테마를 아시아 연대의 (불)가능한 기점으로 구출해내고자 한다는 뜻이다. 다케우치의 실패는 실로 일본이 아시아가 되고자 추구했던 것이 원인이 되어 생긴 실패다. 그러므로 실패에 구애되지 않고 다케우치가 계속 염원했던 것은—언표 수준에서는 거의 모순되고 있지만—일본이 중국(아시아)에 대해 적으로 존재해왔다는 사실과 실제로 '적'으로서 대해온 사태를 깊이 내부화하여 그 안에서부터 새로운 자신을 뽑아내는 일이었다. 다케우치에게 중국(아시아)이란 그러한 못다 이룬 자신의 흔적이었으며, 냉전구조의 맞은편 혹은 냉전의 저편에서 계속 존재해왔기 때문이다.

그 전쟁, 이 전쟁

2

불타는 기린 이야기를 들었다

불타는 기린을 갖고 싶었다

어느 나라인가의 화가가 불태웠다

기다란 목을 감은 불꽃의 색

그 색이 갖고 싶었다

짚으로 만든 장난감 말에 불을 질렀다

희미하게 연기가

남은 것은 재가 되어버린 짚의 냄새

그러고 나서 밖으로 뛰쳐나갔다

우는 것은 슬퍼서가 아니다

불타는 기린이 갖고 싶어서일 뿐.

구로다 기오의 초기 시편 II 「불타는 기린」 중에서

전쟁과 '현실'의 생산

미디어학자 폴 비릴리오[1]는 『전쟁과 영화』라는 책에서 "현실세계의 리얼리즘을 직접 표현하는 대중산업이 만들어지고 있다. 정신을 흐트러뜨리고 시간의 흐름을 혼란스럽게 하는 영화가 탄생되었다"고 서술한다.[2] 오늘날의 할리우드에서 전쟁의 광경을 선취(先取)하는 양상들을 언급할 것까지도 없이, 이는 거의 일반적인 인식이 되어 있다고 해도 좋다.

그런데 할리우드 영화 이외에 영화와 전쟁의 관계를 상기시키는 가까운 예는, 전쟁 전부터 1950년대까지 영화관에서 자주 방영되었던 일본의 뉴스영화다. 돌이켜보면, 20세기 전반 일본에서 영화관으로 발걸음을 옮긴 대중들은 제국의 각지로부터 도시로 모여든 내지(內地)와 식민지의 프롤레타리아들이었다. 도시로 유랑하는 남녀들, 그리고 영화관으로 향하는 그들의 운집 자체가 전쟁동원으로 연결되는 바로 그 흐름이었을 것이다. (그런 이유에서 영화관에서 상영된 전쟁뉴스의 끝은 한국전쟁이었을 거라고 추측할 수 있다.) 전전 뉴스영화의 소재에 관해서 말하자면, 사카구치 안고(坂口安吳)[3]의 『백치(白痴)』를 읽을 필

1 폴 비릴리오(Paul Virilio, 1932~): 프랑스의 사상가, 도시계획 전문가. '속도'를 중심 개념으로 한 미디어와 테크놀로지를 논하는 문명비평가이기도 하다. 저서로 *War and cinema*, *Speed and politics* 등이 있다.

2 Paul Virilio, 『戦争と映畵』, 石井直志 · 千葉文夫 譯, UPU出版 1988, 52쪽.

3 사카구치 안고(坂口安吳, 1906~55): 니가타현 출신의 소설가. 도요(東洋)대학 졸업. 대담하고 꾸밈없는 작풍으로 알려진 전후문학의 제일인자. 저서로 『백치: 타락론 외』(최정아 옮김, 책세상 2007) 등이 있다.

요도 없이 중일전쟁과 태평양전쟁에 관련된 프로파간다(propaganda) 영화가 가장 왕성하게 제작되었다. 대중을 광범위하고 깊숙하게 전쟁과 연루시키는 일대 이벤트였다는 점에서, 프로파간다 영화의 제작은 종래의 전쟁관—1차자료로서 오로지 활자미디어에 전적으로 의존하는—이 해체되고 재구축되는 역사적인 사건이기도 했다. 그러나 이때 전쟁에 어떤 이름을 붙일 것인가, 혹은 전쟁의 시간성을 어떻게 서술할 것인가 하는 문제는 앞서 언급한 비릴리오가 말한 '현실세계의 리얼리즘'을 결정적으로 규정하는 요소로 작용해왔다.

그런데 중일전쟁은 일본의 상대였던 중국국민당, 중국공산당 양쪽 모두로부터 '항전 8년'이라는 명칭으로 통일되어 있다. 이는 중국에서 국내통일(합작)과 항일전쟁이 하나의 과정으로 진행되었던 사정 때문이지만, 일본인들의 감각에서 보면 오히려 그 전쟁은 만주사변으로부터 시작하는 15년 전쟁이다. 그러나 그 이후 일본에서도 중국에서도 자기와 자기 주변에서의 전쟁을 햇수로 표현하는 것이 어렵게 된다. 특히 중국의 관점에서 보면 그후 국공내전이 발발하게 되지만, 공산당의 승리로 신중국이 성립된 지 불과 8개월 남짓 지난 시점에서 다시 한국전쟁이 발발하게 되었다. 그리고 중국공산당은 주로 스탈린의 지령에 따라 한국전쟁에 관여하지 않을 수 없게 된다. 더욱이 타이완의 국민당군과 금문도[4]에서 벌였던 작은 규모의 충돌이나 구소련군과의 국경선 충돌, 그리고 베트남전쟁 협력이라는 상황 속에

4 중국대륙과 타이완 사이에 위치한 작은 섬. 체제 분리 이후 1950년대에도 마조도와 더불어 중국과 타이완 간의 신경전이 전투 형태로 자주 벌어졌던 지역이다—옮긴이.

서 중국에는 정말이지 '전후'는 찾아오지 않았던 셈이다. 신중국이 성립된 이후의 중국영화에서 천카이거(陳凱歌)[5] 등 제5세대 이후는 프로파간다적인 작품 경향으로부터 예술적인 경향으로 변화했다고들 흔히 말한다. 그러나 홍군(紅軍)과 인민해방군, 그리고 마오쩌둥을 예찬하는 프로파간다 필름이라 하더라도 지금 서술한 것과 같이 전쟁의 연한을 확정하는 것조차 어려운, 마치 영구전쟁과도 유사한 '전중(戰中)'—전후가 아닌—상태를 상상해보지 않고서 그에 대해 정확한 평가를 내리는 일은 아마도 불가능할 것이다.

이제 다른 한쪽인 일본에 관해 이야기해보자. 바다 건너편에서 열전(熱戰)이 현실세계를 지배하고, 전쟁이라는 현실 속에서 전쟁영화(프로파간다 필름)가 제작되고 있던 1945년부터 50년대 초반, 일본의 전쟁영화는 GHQ체제 아래 휴머니즘과 피해자로서의 감정을 북돋우는 반전평화주의를 기조로 한 것들이었다. 「전쟁과 평화」(山本薩夫·龜井文夫, 1947), 「들어라 와다쓰미의 목소리(きけわだつみの聲)」(關川秀夫, 1950),[6] 「원폭의 아이(原爆の子)」(新藤兼人, 1952), 「히메유리의 탑(ひめゆりの塔)」(今井正, 1953) 등의 반전영화 계열들, 이중에서도 「원폭의 아이」 같은 영화는 GHQ 당국의 문화통제를 통과했던 작품이지만, 지금

5 천카이거(陳凱歌, 1952~): 중국의 영화감독. 영화인 집안에서 자랐지만 문화대혁명 당시 강등된다. 그때의 경험은 『私の紅衛兵時代』(刈間文俊 譯, 講談社 現代新書 1990)에 자세하게 나타난다. 감독한 작품으로는 『黃色い大地』(1984), 『覇王別姬』(1993) 등이 있다.

6 와다쓰미는 원래 바다의 신이라는 뜻이었으나, 근래에는 중일전쟁과 태평양전쟁에 학도병으로 징집된 일본의 전몰학생기념회를 의미하는 말로 통용되고 있다—옮긴이.

관점에서 보면 한국전쟁이라는 리얼한 열전과는 대조적으로 자신들의 피해자 의식을 나르시시즘 속에서 반추하는 한계를 안고 있을 수밖에 없었다. 더욱이 한국전쟁에서 전시특수를 누린 일본은 정전(停戰)과 더불어 일시적인 '정전 불황'을 겪기는 하지만, 1950년대 후반부터 60년대에 걸쳐 일본경제는 안정된 경제환경 아래 '부흥'을 이루게 된다.

이 시기 영화산업은 일제히 전전 수준까지 회복되는데, 전쟁을 주제로 한 영화들이 오락적 요소를 가미한 형태로 생산되기에 이른다. 이와 같은 60년대적인 전쟁오락물로 「독립우연대(獨立愚連隊)」(岡本喜八, 1959)와 그 속편인 「독립우연대 서쪽으로(獨立愚連隊 西へ)」(岡本喜八, 1960) 등의 「독립우연대」 시리즈(우연대愚連隊는 불량배라는 뜻), 「병정 야쿠자(兵隊やくざ)」 시리즈(增村保造, 田中德三, 森一生, 1965~68) 등이 있는데, 이들 영화는 50년대 전반의 반전평화영화의 계보와는 확연히 다른 단절선을 긋게 된다. 물론 「독립우연대」 시리즈나 「병정 야쿠자」 시리즈에도 전쟁비판이 없었던 것은 아니며, 일본군대에 대한 비판의식도 농후했던 것이 사실이다. 그럼에도 불구하고, 이 전쟁오락물에는 피해자 특유의 감상성이 적고 경박하다고 해도 좋을 정도의 가해성이 흘러넘친다.

전후 일본에서의 전쟁 이미지 생산과 소비의 형태도 시기에 따라 상당한 격차가 있다는 점, 그리고 그 격차로 인해 전후 일본의 이미지는 몇번이고 다시 덧씌워지고 있다는 점을 여기서 강조해두지 않으면 안 된다. 전후 일본의 시기구분을 거칠게나마 정리해보면 다음과 같다.

- 1945년부터 49년까지의 전후 초기
- 1949년부터 55년까지의 냉전 확립기
- 1955년부터 68년까지의 냉전 안정기
- 1968년 이후의 냉전 동요기

전후 초기는 GHQ의 정책이 구권력을 약체화시키는 것을 염두에 두고 있던 시기로, 일본 내 좌파에 의해 전후 민주주의 혁명이 커다란 기대 속에 지향되고 있었다. 제2의 냉전 확립기는 신중국 성립과 함께 미국의 극동아시아 정책이 전환된 시기이자, 곧이어 발발한 한국전쟁으로 인해 냉전구조가 고착화되는 시기다. 일본은 이를 부흥의 발판으로 삼아 샌프란시스코 강화조약에 따라 '독립'을 이룩한다. 그리고 냉전 안정기라고도 할 수 있는 제3시기는 일본의 전후 '부흥'이 궤도에 오른 시기다. 이 시기엔 일본의 좌파들도 동서 양진영의 공존이라는 모토를 따랐고, 무장노선을 채택했던 일본공산당이 평화공존 노선으로 전환하는 등 일본 전체가 상대적으로 안정을 향유하게 되었다. 그리고 제4기인 냉전 동요기는 68혁명을 기점으로 하여 동서 양진영의 동요가 시작된 시기, 월러스틴(I. Wallerstein) 식으로 말하면 냉전구조의 종말이 시작된 시기라고도 할 수 있다.

일본을 중심으로 하는 이와 같은 단선적인 구도 설정으로 인해 동아시아에서의 전쟁상태로부터 일본을 오히려 멀어지게 한다는 비난을 받을 수도 있다. 그럼에도, 이 책에서는 일본의 문화생산을 해석하기 위한 잠정적인 조치로서 이 구도를 그대로 살려두려고 한다. 그런데 이러한 잠정적인 구도 설정의 근간이 되는 선행텍스트(pre-text)로서 영화비평, 특히 전쟁영화를 논한 것 중에서는 유력한 참조틀이 될 만한 텍스트를 발견하지 못했다. (이렇게 되려면 60년대 후반까지 기다리지 않으면 안 된다.) 비평을 적극적으로 담당했던 축은 이 시기의 경우 '문학'밖에 없었다고 말해도 좋을 것이다. 여기서는 요시모토 다카아키의 「전후문학은 어디로 갔는가」[7]를 살펴보고자 한다. 1957년에 쓰여진 이 텍스트는 전후 초기에 관해 다음과 같은 구도를 보여준다.

> 전후 초기: 예전의 '전쟁논리'에 동참했던 까닭에 가와카미 데쓰타로(河上徹太郎),[8] 고바야시 히데오(小林秀雄),[9] 요코미쓰 리이치(横光利一)[10] 등이 부활하지 못했던 공백을 치고 나온 것은 전전의 나카노 시게하루(中野重治), 도쿠나가 스나오(徳永直),[11] 구보카와 쓰루지로(窪川

7 吉本隆明,「戰後文學は何處へ行ったか」,『芸術的抵抗と挫折』, 未來社 1963. 처음 원고가 실린 것은『群像』1957년 8월호.

8 가와카미 데쓰타로(河上徹太郎, 1902~80): 야마구치(山口)현 출생. 평론가. 도쿄대학 졸업. 고바야시 히데오(小林秀雄) 및 나카하라 주야(中原中也)와 교류했고 근대 문예비평을 개척했다. 저서로『日本のアウトサイダー』(新潮文庫 1965),『ドンジョヴァンニ』(講談社 學術文庫 1991) 등이 있다.

9 고바야시 히데오(小林秀雄, 1902~83): 도쿄 출생. 평론가. 도쿄대학 불문과 졸업. 자의식과 존재의 문제를 축으로 근대비평을 수행했다. 저서로『本居宣長』(新潮文庫 1992) 등이 있다.

10 요코미쓰 리이치(横光利一, 1898~1947): 후쿠시마(福島)현 출생. 소설가. 신감각파의 중심인물로 가와바타 야스나리(川端康成)와 가타오카 뎃페이(片岡鉄兵) 등과 함께『文芸時代』를 창간했다. 쇼와 초기의 대표적인 작가다. 저서로『日輪 · 春は馬車に乗って 他八篇』(岩波文庫),『上海』(講談社 文芸文庫 1991) 등이 있다.

11 도쿠나가 스나오(徳永直, 1899~1958): 구마모토(熊本)현 출생. 소설가. 인쇄공이 되어 노동운동에 참가했고, 그 체험을 작품으로 그리는 등 프롤레타리아 작가로서 활약했다. 저서로『徳永直集 日本プロレタリア 文學集 24巻』(新日本出版社 1987) 등이 있다.

鶴次郎)[12] 등의 프롤레타리아 문학이었다. 프롤레타리아 문학은 전후 민주주의 혁명과 더불어 한때 비상(飛翔)했지만, 대중의 현실생활을 선도하는 전망(perspective)이 결여되어 있었다. 그 지점에서 『긴다이분가쿠』를 중심으로 한 제1차 전후파(전향파)[13]가 활약할 수 있는 토대가 마련되었다.

요시모토의 판단에 의하면, 1957년 시점에 전후파는 "사회의 상대적 안정 속에 방치되어 끊임없이 풍속화 작용을 거듭했고, 또한 사이비 코뮤니즘 문학에 의해서도 지위를 위협당하게 된다."[14] 그 결과 "피상적으로 사회가 확대 안정화되는 것을 위기로서 인식할 수 있었던 전후 작가들만이 풍화를 모면할 수 있었고, 또한 사이비 코뮤니즘 작가로 전락하는 것을 피할 수 있었다"고 이어 쓰고 있다.[15]

앞에서 설정했던 구도에서 보면, 요시모토의 관점은 제3시기(냉전 안정기)의 시점에서 제1기(전후 초기)와 제2기(냉전 확립기)를 조망하는

12 구보카와 쓰루지로(窪川鶴次郎, 1903~74): 시즈오카(静岡)현 출신. 소설가. 구(舊) 제4고(制四高) 중퇴. 나카노 시게하루(中野重治)와 호리 다쓰오(堀辰雄) 등과 함께 『驢馬』를 발행했다. 저서로 『現代文學論』, 『昭和十年代の立場』 등이 있다.

13 패전 후 일본의 문단에서 주도적인 역할을 한 것은 노마 히로시, 우메자키 하루오(梅崎春生), 시나 린조(椎名麟三) 등 제1차 전후파 작가들이다. 평론가 그룹으로는 혼다 슈고(本多秋伍), 히라노 겐(平野謙) 등이 창간한(1946) 『긴다이분가쿠』가 전후문학의 한 축을 형성하였고, 이들은 전쟁 전 프롤레타리아 계열이던 미야모토 유리코(宮本百合子), 나카노 시게하루 등의 『신니혼분가쿠(新日本文學)』(1946) 그룹과 논쟁을 벌이는 가운데 전후문단을 활성화하였다 — 옮긴이.

14 吉本降明, 앞의 책, 214쪽.

15 같은 곳.

것이다. 물론 이 책의 의도는 요시모토가 그런 지형도의 진위를 판정하려는 데 있지 않다. 이 책의 의도는 동아시아에서 냉전구조가 형성되면서 수반되었던 폭력이라는 하나의 선분과 요시모토가 말하는 '이 피상적인 사회의 확대 안정화'라는 또 하나의 선분이 교차하거나 교차하지 않으면서 빚어내는 존재양상들을 밝혀내는 일이다.

'바다'라는 메타포

90년대 들어 논쟁다운 논쟁이 없어졌다고 말하지만, 실은 다카하시 데쓰야(高橋哲哉)[16]와 가토 노리히로(加藤典洋)[17]의 역사주체 논쟁이 있었다. 자세한 경위는 여기서 설명하지 않겠지만, 이 논쟁에서 문제가 되었던 것은 '그 전쟁'에서 죽은 자들, 즉 사자(死者)들과 관련된 '애도(哀悼)'의 문제였다. 논쟁이 벌어진 이후 특히 가토가 비판받았던 부분은, 아시아의 사자를 운운하기 이전에 자국민의 사자를 먼저 애도함으로써 사죄의 '주체'를 확립하자는 논의였다. 가토의 이같은 논

16 다카하시 데쓰야(高橋哲哉, 1956~): 후쿠시마현 출신. 도쿄대학 교양학부 프랑스과 졸업. 같은 대학 대학원에서 철학을 전공하고 박사과정을 수료했다. 현재 도쿄대학 대학원 총합문화연구과 철학교수. 저서로 『歷史/修正主義』(岩波書店 2001), 『心と戰爭』(晶文社 2003) 등이 있다.

17 가토 노리히로(加藤典洋, 1948~): 야마가타(山形)현 출신. 문예비평가. 도쿄대학 문학부 불문학과 졸업. 국립국회도서관 근무를 거쳐 메이지학원대학 국제학부 교수 역임. 저서로 『敗戰後論』(講談社 1997. 한국어로는 『사죄와 망언 사이에서』(서은혜 옮김, 창작과비평사 1998)라는 제목으로 번역되었다—옮긴이), 『日本の無思想』(平凡社新書 1999) 등이 있다.

의는 전쟁에 동원되었던 구식민지인들의 죽음이 전혀 해결되지 않은 엉거주춤한 상태에 놓여 있다는 점을 간과함으로써, 그 당시 죽은 사람들 가운데 지금은 일본사람이 아닌 것으로 되어 있는 그 방대한 사람들을 어떻게 부를 것인가 하는 문제가 있다. 물론 그 사람들이 일본인으로 취급되지 않은 것은 일본제국이 패배함으로써 거의 타율적으로 식민지에서 손을 떼게 되었기 때문이라고 말할 수도 있다. 그러나 한반도나 타이완 등의 구식민지 지역에서만큼, 이후 냉전(열전)에 의해 사람들이 농락당한 곳은 없다. 게다가 구제국 일본과 전쟁을 치른 중국의 경우를 보더라도, 대략 1945년 이후 세계적인 냉전구조(열전구조)에서 크나큰 희생을 치러왔다고 할 수 있다. 그 논쟁에 숨겨진 테마는, 실은 '전후' 동아시아에서의 사자 문제였다.

어쨌든 가토의 논의에서 참기 어려운 것은, 그 전쟁의 전후 책임이 전후에 만들어진 정체(政體)인 '일본' 내부에서 온전히 처리될 수 있다고 믿고 있는 점이다. 단적으로 말해, 전후 책임이란 그 전쟁의 결과로 인해 성립된 정치체제인 전후 일본이 그 이후 동아시아 냉전체제 안에서 무슨 일을 해왔는가 하는 질문을 빼놓고서는 이야기될 수 없다. 다시 말해, 지금 해야만 하는 일은 '그 전쟁으로 죽은 일본인'을 그대로 애도하는 것이 아니라 '그 전쟁으로 죽은 일본인'이라는 전후에 생산된 표상을 엄밀하게 다시 검토하는 일이다.

그런데 가토의 문제설정은 무엇보다 『패전후론(敗戰後論)』 및 『전후적 사고』[18] 등에서 오오카 쇼헤이(大岡昇平)[19]와 다자이 오사무(太宰

18 加藤典洋,『戰後的思考』, 講談社 1999.

治),[20] 요시다 미쓰루(吉田滿)[21] 등 '전중파' 작가의 목소리를 집대성하려는 것이었다. 다시 말해 가토는 그 전쟁을 헤쳐왔던 '전중파'의 목소리에 귀를 기울이는 인물로서, '전중파'의 감각으로 '전후'를 비판한 요시모토의 계보를 이으며 등장했다. 그러나 문제를 설정할 때 가토가 결정적으로 누락시킨 것은, 그 '전중파'의 목소리를 정통성 있는 '목소리'로 간주함으로써 이를 냉전구조의 습곡(褶曲)으로 인해 형성된 '전후'의 '목소리'로 취급하지 않았다는 점이다. 가토는 원인과 결과를 혼동하고 있으며, 이는 전후의 비틀린 문화구조에 의해 그들의 진짜 '목소리'가 받아들여지지 않았다는 의미다.

한편 가토 노리히로는 『전후적 사고』에서 '전중파'의 심정을 대표하는 작품으로 요시다 미쓰루의 『전함 야마토의 최후(戰艦大和ノ最期)』를 꼽고 있지만, 그 작품의 초고가 집필된 시기는 종전 직후로 되

19 오오카 쇼헤이(大岡昇平, 1909~88): 도쿄 출신. 소설가. 교토대학 졸업. 가정교사였던 고바야시 히데오와의 인연으로 나카하라 주야, 가와카미 데쓰타로와 교유하게 된다. 레이테섬에서의 포로생활을 토대로 『포로기』(허호 옮김, 웅진출판 1995)를 집필했다. 전쟁기록문학의 일인자이며, 저서로 『들불』(이재성 옮김, 小花 1998), 『レイテ戰記』(上中下卷, 中公文庫 1974) 등이 있다.

20 다자이 오사무(太宰治, 1904~48): 아오모리(青森)현 출신. 소설가. 도쿄제국대학 졸업. 이부세 마스지(井伏鱒二)에게 사사했고, 자학적이고 퇴폐적이며 풍속에 반하는 작품들을 다수 발표했다. 다섯 차례의 자살미수 끝에, 39세에 애인과 다마가와 조수이(玉川上水)에서 투신자살했다. 저서로 『사양』(송숙경 옮김, 을유문화사 2004), 『인간실격』(이진후 옮김, 제이앤씨 2004) 등이 있다.

21 요시다 미쓰루(吉田滿, 1923~79): 도쿄 출신. 작가. 도쿄제국대학 졸업. 일본은행에 근무하면서 소설을 발표했다. 저서로 『戰艦大和ノ最期』(講談社 文芸文庫 1994), 『戰中派の死生觀』(文春文庫 1984) 등이 있다.

어 있다. 1952년 출판된 『전함 야마토의 최후』의 「후기」에는 "약 3년 전 어떤 특수한 사정에 의해, 이 책은 부득이하게도 바라지 않았던 형식으로 세상에 나올 수밖에 없었다"고 적혀 있다. 여기서 어떤 특수한 사정이란 GHQ의 검열로 인해 구어체(口語體) 수정판을 낼 수밖에 없었던 사정을 말한다. 흥미로운 것은 1952년에는 '어떤 특수한 사정'으로밖에 서술할 수 없었던 것이, 점령기가 끝난 1954년 호쿠요샤(北洋社)판 「후기」에서는 "전쟁 속으로 편입되었던 자신의 소행을 정직하게 고백하는 집필태도는 점령군의 검열방침에 저촉되어 출판은 난항을 거듭하고……"와 같이, GHQ의 개입을 구체적으로 지목하여 쓰고 있다는 점이다. 과연 요시다가 말한 것처럼, 그 전쟁의 감각이란 문어체(文語體)로밖에는 전달되지 않는 것일지도 모른다. 그리고 그 작품이 GHQ에 의해 구어체로 고쳐졌다는 것은 가토가 말하듯 '전중파'의 목소리가 봉쇄되었던 사정을 가리키는 것인지도 모른다.

그러나 그보다 중요한 사실은 호쿠요샤판 「후기」에서 요시다가 이렇게 이야기하고 있다는 점이다. "우리가 인간으로서 살아가는 책임이 종전을 경계로 해서 단절되어버리는 것이 아닌 이상, 평화시대로의 전환을 맞이하여 저마다 겪은 전쟁중의 체험을 정확하게 재현하고 거기에 포함되어 있는 의미를 스스로 확인하는 일은 당연히 이루어지지 않으면 안 될 의무라고 생각한다." 이 대목을 보면, 요시다는 샌프란시스코 강화조약이 이미 발효되고 있던 1954년이라는 해를 '평화로의 전환'이라고 인식하고 있었고, 게다가 그 '평화로운 시대'에 힘입어 '전쟁중의 체험을 정확하게 재현'하겠다고 말한다. 더욱이 같은 해 쓰여진 『전함 야마토를 위한 진혼』[22] 「후기」에도, 그러한 인식을 보충하려는 다음과 같은 내용이 적혀 있다. "종전 직후에 초고가 쓰여진 탓에, 점령군의 검열에 걸려 쇼와 24년 부득이하게 구어체 초판이 출판되었다. 강화조약이 발효된 쇼와 27년, 처음으로 본래의 내용을 발간하게 되었다." 이러한 언술의 양태는 실은 매우 의미심장하다. 강화조약의 발효와 함께 요시다가 말하는 '본래의 내용'을 되찾을 수 있었다는 것은 물론 일차적으로 점령기의 검열이 폐지되었음을 의미하는 것이지만, 다른 한편으로는 한국전쟁으로 인해 폭력적으로 결정된 냉전구조의 안정화와 더불어 소위 '본래의 내용'이 회귀했다는 의미다.

어찌되었든 『전함 야마토의 최후』의 문어체는 확실히 주인공 '나'가 전함 야마토와 함께 사지(死地)로 향해야 하는 전투의 절박성 속에서, 죽을 운명에 저항하는 비극성을 충분히 표현해낸 것으로 읽힌다. 그러나 실제로는 요시다의 경우 거기에서 살아남았고, 주인공 '나'를 화자(話者)로 삼아 야마토와 전우들의 최후를 이야기하고 있느니만큼, 그것은 비극이라기보다는 살아남을 수 있었던 화자가 죽은 자들을 흉내내는 것이었다. 예를 들어 탈출 장면에서 주인공 '나'의 갈비뼈로부터 속삭여오는 또 하나의 '목소리'에서도 그 점은 잘 드러난다.

> 문득 갈비뼈 밑에서 들려오는 어떤 사람의 목소리
>
> '너 죽음에 임박한 자여, 죽음을 포옹하고 죽음의 예감을 즐겨라

22 吉田滿,『鎭魂戰艦大和』, 講談社 1974.

자, 사신(死神)의 면모는 어떤가 죽음의 감촉은 어떤가

네 목숨을 걸어 이루지 못할 것이 무엇이냐 있다면 보여라

지금 와서 내게 자랑해야만 할 그 무언가가 없어서야 되겠느냐'

양손으로 머리를 감싸고 괴로움에 몸부림쳐온 '우리의 삶은 짧고 우리는 너무나도 어리도다……

용서해라 놓아주어라 가슴을 찌르지 마라 도려내지 마라

죽어가는 나의 비참함은 내가 가장 잘 알고 있다……'

이 무슨 나약한 중얼거림이냐[23]

물론 이러한 '목소리'가 실제 전투에서 들렸으리라고는 생각하지 않는다. 굳이 말하자면 이 목소리는 전후에 속해 있는 '목소리', 전쟁 중에 죽은 자가 전후에 내는 '목소리'다. 죽음의 심연에 임박했다가 그곳으로부터 돌아온 인간이 들은 '목소리'란, 만약 그것이 표현될 수 있는 것이라면, 전쟁을 중지하라는 패배의 '목소리[玉音]'[24]에 호응했던 목소리든지 혹은 살아남은 인간의 양심의 가책이 만들어낸 '영령(英靈)'의 '목소리'라고밖에는 말할 수 없을 것이다. 살아남은 '나'와 '나'에게 말을 걸어오는 '영령', 그리고 그 상징으로 바다의 티끌이 되어 사라진 '야마토'—『전함 야마토의 최후』란 주인공 '나'와 마치 콘트라스트를 이루는 것 같은 죽은 '영령'이 전함 야마토라는 철덩어리를 타고 움직이는 것이며, 그것이 일본제국의 최후라는 메타포가

23 吉田満, 『戰艦大和ノ最期』, 講談社 1974, 89쪽.

24 1945년 8월 15일 정오에 패전을 알리는 일본 천황의 육성이 라디오 전파를 타고 방송되었던 것을 가리킴—옮긴이.

되는 전후 일대 서사시라고 할 수 있다.

그런데 가토의 책읽기는 '나'의 상사인 선장이 야마토가 침몰할 때 보여준 당당한 최후를 클로즈업한다. 이는 패배를 온몸으로 받아들여 할 수 있는 데까지 책임을 완수한 '주체'를 구출하려는 것이었다. 그러나 한편으로 그러한 전투장면의 묘사는 그들을 멸망시키려 했던 '적'(미국)의 표상을 거의 빠뜨리고 있다. 뒤에 여운을 남기는 것은 전함이 사라져가는 바다가 특권적으로 삶과 죽음을 조정하는 상징으로 남게 된다는 점이다. 그러나 실은 이것이야말로 전후의 공공영역에서, 전쟁 이미지로서 문화적으로 가장 사랑받은 해군계 신화의 원풍경(原風景)이라 부를 수 있는 모양새라고 나는 생각한다.

애초에 일본 육군이 제2차 세계대전에서 최대의 적으로 상정했던 것은 구소련이었으며, 해군의 적은 미국이었을 터이다. 다시 말해 전전에 미국은 줄곧 공공의 적이었는데, 전후가 되면서 해군에 종사했던 사람들이 미국과 공동작업으로 해상자위대를 만들어냈으며 그 과정을 후원하는 맥락에서 이러한 신화가 번성했다고 할 수 있다. 또한 이 책의 최종판에 실린 「최종 원고에 부쳐서」라는 글을 그대로 믿어보면, 『전함 야마토의 최후』는 GHQ에 의해 적이라는 미국 표상 그 자체를 검열당한 것은 아니었다. 그보다는 이미 무의식중에 자기검열이 작동했다고 말하는 편이 온당하다. '전중파'의 목소리가 일본인들에게 들리지 않았던 하나의 '변명'으로 요시다는 GHQ의 검열체제를 끌어오고 있는 셈이다.

그러고 나서 이 한척의 전함의 최후를 일본제국의 최후로 이야기하는 말투는 전후 일본에서 전쟁을 이야기할 때 하나의 정형(定型)이

되어버렸다. 그러나 일본제국의 최후를 전함이라는 메타포(metaphor)로 이야기하는 것이야말로 어떤 기만을 숨기고 있는 것이다. 주지하다시피, 1946년 극동군사재판은 난징학살 등 주로 육군과 관련된 전쟁범죄에 초점이 맞추어져 있었다. 물론 이 재판은 당시 GHQ의 방침에 따라 일본 약체화 노선을 실현하는 작업이었고, 도조 히데키(東條英機)[25]를 중심으로 한 군부의 범죄성은 오로지 육군이 수행했던 역할 쪽으로 떠넘겨졌다. 즉, 해군과 관련된 이야기는 살아남아야 했기에 살아남았던 것이다. 그 점은 요시다가 이후에 구어체로 쓴 『전중파의 생사관(戦中派の生死観)』에서도 보충할 수 있었던 부분이다. 그 책에서 요시다는 재빨리 당시 화제가 되었던 에토 준의 『바다는 소생한다』[26]에 반응하고 있다. 물론 요시다는 인텔리 학병이었던 까닭에, 육군은 무모하고도 난폭한 작전계획을 세우는 반면 해군은 보다 합리적이고 스마트했다는 식의 속된 견해에는 저항했다. 그러나 요시다가 세대를 뛰어넘어 에토에게 무매개적으로 연결되어버리는 그 몸짓은 결코 우연한 일이 아니다. 문자 그대로 전함 야마토의 최후를 되짚어보는 지점에서 전후와 접속하고 있는 '바다' 이야기는 오늘날 당시 교토학파[27]가 해군에 어떻게 지적으로 공헌했는가 하는 문제

25 도조 히데키(東條英幾, 1884~1948): 도쿄 출신. 군인이자 정치가. 관동군 참모장, 육군수상을 거쳐 1941년에 수상이 된다. 태평양전쟁의 최고책임자였다. 극동 국제군사재판에서 A급 전범으로 교수형을 당했다.

26 江藤淳,『海は甦生する』(제1부~5부), 文春文庫 1986.

27 니시다 기타로(西田機太郎)와 그의 제자, 그리고 니시다에게 영향을 받은 학자들을 총칭하는 말이다. 멤버는 다나베 하지메(田辺元)와 미키 기요시(三木清), 고사카 마사아키(高坂正顕), 와쓰지 데쓰로(和辻哲郎), 니시타니 게이지(西谷啓治), 구키 슈조(九鬼

로 상징되는 맥락에서도 논의될 수 있을 것이다.

결국 바다는 특권적인 비극의 장소로 집합적으로 상기되었다고 할 수 있다. 게다가 '바다'야말로 냉전시기 일본의 역할을 합리화하는 이미지 장치가 되기도 했다. 그와 같은 이미지 장치는 이마니시 긴시(今西錦司)[28] 등과 함께 기억되는 교토학파의 우메사오 다다오(梅棹忠夫)[29]가 쓴 『문명의 생태사관(文明の生態史觀)』(1957)의 등장에서 상징적으로 나타난다. 잘 알려져 있다시피 이 책은 유럽과 일본을 제1세계로, 그 중간에 넓게 펼쳐져 있는 아시아대륙에 대해서는 문명화가 곤란한 '육지'에 갇혀 있는 제2세계로 기술하는 해양사관을 보여주고 있는데, 이는 냉전시기 구소련 및 중국 등과의 적대관계를 뒷받침하는 학설로서 유행하게 된다. 그리하여 우메사오가 뿌린 씨앗은 90년대에도 일본을 중심으로 하여 한국, 타이완, 동남아시아 등의 해양 반공국가 연합을 과학적으로 재정의하고 '해양 연방론'을 주장하

周造) 등이다. 전후에는 구와하라 다케오(桑原武夫)를 중심으로 한 신교토학파가 탄생했다. 멤버로는 우메사오 다다오(梅棹忠夫)와 우메하라 다케시(梅原孟), 쓰루미 슌스케(鶴見俊輔), 우에야마 슌페이(上山春平), 이마니시 긴시(今西錦司) 등이 있다.

28 이마니시 긴시(今西錦司, 1902~92): 교토 출신의 인류학자. 교토대학, 오카야마(岡山)대학을 거쳐 기후(岐阜)대학교 학장을 지냈다. '스미와케(すみわけ) 이론'(비슷한 생물종이 같은 영역에 살지 않고 경합을 피해 다른 영역에 나누어 산다는 생물 이론 — 옮긴이)을 확립했고, 이마니시 진화론을 제창했다. 영장류학의 기초를 닦았으며 등산가로도 유명하다. 저서로 『生物社會の論理』(平凡社ライブラリー 1994), 『進化とはなにか』(講談社 學術文庫 1978) 등이 있다.

29 우메사오 다다오(梅棹忠夫, 1920~): 교토 출신의 민속학자. 교토대학 이학부 졸업. 교토대학 인문화학연구소 교수, 국립민족학박물관 초대 관장을 역임했고, 비교문명학을 제창했다. 저서로 『知的生産の技術』(岩波新書 1969), 『文明の生態史観』(中公文庫 1989) 등이 있다.

는 가와카쓰 헤이타(川勝平太)[30] 등에게로 이어진다. 이와 같이 '바다'를 기축으로 한 전후 일본 이미지의 형성은 실은 GHQ가 '대동아전쟁'을 태평양전쟁으로 부르며 역사를 다시 쓴 것과도 적합하게 어울리는 것이었다.

'육지'의 침식

80년대 이후 문학적인 풍속을 강력하게 연출해온 작가로 무라카미 하루키(村上村樹)[31]가 있다. 그리고 무라카미의 90년대적인 전환을 기꺼이 지원한 평론가로 후쿠다 가즈야(福田和也)[32]를 들 수 있다. 후쿠다의 평론에서 초점이 된 텍스트는 1994년부터 95년에 쓰여 간행된 『태엽감는 새(ねじまき鳥のクロニクル)』[33] 3부작인데, 여기에는 한신(阪神)·아와지(淡路) 대지진[34]과 지하철 사린가스 사건이 등장하는

30 가와카쓰 헤이타(川勝平太, 1948~): 교토 출신. 와세다대학 경제학부 연구과 박사과정 수료. 같은 대학 정치경제학부 교수를 지냈고, 현재 국제일본문화연구센터 교수다. 전공은 비교경제사. 저서로는 『文明の海洋史觀』(中公叢書 1997), 『日本文明と近代西洋』(NHKブックス 1991) 등이 있다.

31 무라카미 하루키(村上春樹, 1949~): 교토 출신 소설가, 번역가. 와세다대학 졸업. 저서로 『상실의 시대』(원제 『노르웨이의 숲』. 유유정 옮김, 문학사상사 1989), 『해변의 카프카』(김춘미 옮김, 문학사상사 2003) 등이 있다.

32 후쿠다 가즈야(福田和也, 1960~): 도쿄 출신 평론가. 게이오대학 문학대학 불문과 졸업. 현재 같은 대학 교수. 저서로 『保田與重郎と昭和の御代』(文藝春秋 1996), 『作家の値打ち』(飛鳥新社 2000) 등이 있다.

33 무라카미 하루키, 『태엽감는 새』, 윤성원 옮김, 문학사상사 1995.

34 1995년 1월 17일 효고현의 아와지섬 북쪽을 진원지로 해서 한신지역이라 불리는 곳에

등 이 작품을 통해 불투명한 세상과 더불어 변화하는 무라카미의 작풍에 대해 이야기할 수 있다. 이 소설을 열렬히 지지했던 후쿠다는 전후의 '우파' 문화인으로서 에토 준의 직계에 속하면서도 의도적으로 에토와 차이를 내세우는 방식으로 왕성한 활동을 벌여왔다. 후쿠다가 이 소설에서 격렬하게 반응했던 것은 소설의 무대가 된 몽골의 황량한 초원, 그리고 초원의 우물 속에 갇힌 등장인물(일본인)이었다. 무라카미의 텍스트에서 이 우물은 현재세계에서 도심 공터의 우물로 내려가 명상하는 주인공의 관념이 불러들인 것으로, 이는 또 하나의 과거 에피소드에 속해 있는 우물이기도 하다. 이 우물은 주인공의 정신의 언더그라운드라고 불러야 할 생명의 수원을 상징하고 있으며, '초원' '우물' '수맥'과 같은 일련의 장치들에서는 융류의 정신분석의 냄새가 난다. 후쿠다는 바로 그 몽골의 초원 위에 일본인들에게는 새로운 정신의 지도를 그리고자 한다.

이보다 앞서 중국대륙에 관련된 기억을 소재로 한 작품으로는 기요오카 다카유키(清岡卓行)[35]의 『아카시아의 다롄(アカシアの大連)』을 떠올릴 수 있다. 이 작품이 발표되어 아쿠타가와상을 수상한 것은 1970년의 일이지만, 아베 고보(安部公房)[36] 등과 같은 식민지 2세대인

대규모 피해를 발생시킨 지진. 고베 · 오사카 등의 도시가 심한 타격을 입었고, 1923년 관동대지진 이후 최대 지진으로 알려져 있다—옮긴이.

35 기요오카 다카유키(清岡卓行, 1922~): 시인, 소설가. 저서로 『アカシアの大連』(講談社 文芸文庫 1995), 『詩禮傳家』(講談社 文芸文庫 1993) 등이 있다.

36 아베 고보(安部公房, 1924~93): 도쿄 출신. 소설가, SF작가, 극작가, 연출가, 각본가 등. 도쿄대학 의학부 졸업. 저서로 『모래의 여자』(김난주 옮김, 민음사 2001), 『箱男』(新潮文庫 1982) 등이 있다.

기요오카가 쓴 이 텍스트는 '기억의 여행'이라고 명명할 수 있다. 평범한 외국어 교사로 살아가는 주인공에게 옛 고향 다롄(大蓮)은 전혀 인연이 닿지 않는 먼 곳이었지만, 무슨 바람에선지 다롄에 대한 기억이 마치 간헐천처럼 끓어오르게 된다. 그러한 노스탤지어를 촉발한 물건은 아들에게 사다준 지구의에 새겨진 지명(地名), 그리고 알제리의 독립전쟁을 방송하는 라디오 뉴스 등으로, 이 작품은 거의 플로베르적인 기억/신체의 상호 촉발을 중심축으로 한 텍스트 구성을 보이고 있다. 글의 서두에는 다음과 같은 서술이 있다.

> 옛날 일본 식민지 중에서 아마도 가장 아름다운 도시였음이 틀림없을 다롄을, 다시 한번 보고 싶냐고 누군가 묻는다면 그는 한참을 주저한 끝에, 고개를 조용히 가로저으리라. 보고 싶지 않은 것이 아니라 보는 것이 두려워서다. 만약 다시 한번, 그 그리운 길 한복판에 서게 된다면 흑흑 흐느끼느라 걸음조차 걷지 못하게 되는 것은 아닐까, 그는 남몰래 자기 자신에 대해 두려워하는 것이었다.[37]

기요오카의 『아카시아의 다롄』의 선행 텍스트는 실제로 그가 아내의 죽음을 극복하기 위해 썼던 소품인 『아침의 슬픔(朝の悲しみ)』(1969)이다. 자살을 바라는 마음의 심연으로부터 그를 구해내고, 내지로의 귀환을 재촉했던 것은 다롄에서 만난 아내와의 연애였던 까

37 淸岡卓行, 『アカシアの大連』, 講談社 文芸文庫 1988, 71쪽. 초판은 『群像』 1969년 12월호에 실렸다.

닭에, '고향'(다롄)은 전후의 안정된 가정생활을 구성하는 기점인 동시에 자살을 바라는 마음을 먹게 했던 예전의 그 불온한 기호로서 현현한다. 다만 기묘한 것은 아내가 세상을 떠난 시점(1966)이 소위 월러스틴이 말하는 냉전 안정기가 끝나가기 시작하는 70년대의 징후처럼 읽힌다는 점이다. 이 『아카시아의 다롄』과 『태엽감는 새』를 겹쳐 읽는다면, 70년대부터 90년대라고 하는 시간의 경과와 더불어 기억의 텍스트(『아카시아의 다롄』)가 이야기[物語]의 텍스트(『태엽감는 새』)로 이동하였으며, 정서의 축은 노스탤지어로부터 픽션으로 이동했다고 말할 수 있을 것이다.

위와 같은 사실은 무라카미와 후쿠다 등의 세대가 직접적으로는 전전의 기억을 가지고 있지 않음을 의미한다는 점에서, 인간의 생물학적인 사이클에 의해 거의 결정된 상황일지도 모른다. 한편, 『아카시아의 다롄』 이후 기요오카는 다롄을 다시 방문해 그 경험을 집대성한 에세이 『다롄풍경집(大連の小景集)』을 1983년에 출간한다. 70년대에 아쿠타가와상을 수상한 이후 『다롄풍경집』을 펴내기까지 시간이 흐르는 동안, 동아시아에서 진행된 탈냉전화의 흐름은 확실히 중국 방문이라는 장애물의 높이를 낮추어갔다. 물론 『다롄풍경집』은 포스트 문혁기를 맞이하게 된 다롄 거리의 표정을 섬세하게 엮은 제1급의 에세이지만, 실제로는 그 땅에 발을 내딛게 됨에 따라 『아카시아의 다롄』 서두에 쓰여 있는, "바라보는 게 불안"한 안개 서린 저편의 다롄이 조금씩 조금씩 이편으로 다가오게 된다. 그리고 결과적으로 '불안과 공포'는 후퇴하고 있는 것처럼 보인다.

기요오카의 세대가 탈냉전화 시대를 통해서 '식민지'를 탈신비화시키고 있을 때, 『태엽감는 새』에서 제시된 '몽골'은 오히려 신비화의 방향으로 벡터를 늘리는 신호였다. 무라카미가 행한 역사로의 전회(轉回)는 기억을 이야기화하는 방식이었으며, 이는 '새로운 역사교과서'를 만드는 모임이라는 트렌드와 공명하는 것이기도 했다. 무라카미의 방향전환을 지원한 후쿠다가 무라카미가 묘사한 '몽골'의 초원에서 목격한 것은 대체 무엇이었을까. 후쿠다는 『야스다 요주로와 쇼와의 시대(保田與重郎と昭和の御代)』라는 책에서 『태엽감는 새』의 밑바탕이 된 무라카미의 에세이 『초원 위의 철로 만든 묘지』[38]에 주목한다. 『초원 위의 철로 만든 묘지』에는 하루하 강변 부근을 산책하다 대포의 파편과 산탄을 주워들고 호텔에 돌아온 무라카미가 한밤중에 말로 표현할 수 없는 공포와 더불어 세계와 함께 자신의 몸이 흔들리는 것을 느낀 경험이 쓰여 있다. 후쿠다는 무라카미가 증언하고 있는 '신비체험'을 액면 그대로 받아들여 다음과 같이 쓰고 있다.

> 이러한 '배려'를 위해, 이름붙일 수 없는 것들을 위해, 우리들은 수천 킬로라는 여정을 걸어 어찌할 바를 모르고 우왕좌왕하고 있는 것인지도 모른다. 무라카미씨는 하루하강까지 달려가서 우리를 움직이고 있고, 우리를 유혹하고 있는 그 어떤 것과 만나고 말았다.[39]

이렇게 해서 『야스다 요주로와 쇼와의 시대』에서 전개된 무라카미

38 村上春樹, 「草原の中の鐵の墓場」, 『マルコポーロ』 1994년 1월호.

39 福田和也, 『保田與重郎と昭和の御代』, 文藝春秋 1996, 12쪽.

에 대한 평가의 방향은 후쿠다의 손에서 아주 간단하게, 야스다 요주로(保田與重郎)[40]가 1938년에 수행한 대륙여행과 연결된다. 즉 후쿠다는 무라카미가 느꼈다고 하는 그 배려를 야스다가 '모쿄(蒙疆)'[41]의 풍경에서 본 '신(神)'과 연결시키려 하는 것이다. 여기에서 가장 흥미로운 부분은 몽골의 초원을 지프차로 달린 무라카미 자신이 이 풍경을 '바다'로 표현하고 있는 점, 그에 대해 후쿠다가 열렬한 반응을 보이고 있다는 점이다. 초원이 계속될 뿐인 (그) '바다'에는 사람도 건물도 도로도 어떠한 표식도 전혀 없는데, 그래서 그렇게 아무것도 없는 공간이기 때문에 바로 '배려'가, 그리고 '신'이 그곳에 머무르고 있다는 것이다. 앞장에서 요시다와 에토라는 해군라인의 에세이스트가 (의사)비극의 장소로서 '바다'를 특권화한 점에 대해서는 이미 언급했지만, 여기서 다시 바다가 문제가 된다. 실로 이 '바다'는, 『태엽감는 새』에서라면 몽골의 초원에 파여 있는 우물에 대한 전유(轉喩)로도 이해될 수 있다. 만약 사정이 그렇다면 후쿠다가 실제로 겨냥했던 것은 융의 구도를 한층 심화시킨 것으로서, 말하자면 신의 배려가 감도는 '바다'에 의해 인간이 살고 있기 마련인 '육지'가 제거되고 마는 상황이다.

40 야스다 요주로(保田與重郎, 1910~81): 나라(奈良)현 출신. 문예평론가. 도쿄대학 졸업 후 가메이 가쓰이치로(龜井勝一郎) 등과 잡지 『日本浪漫派』를 발간했다. 저서로 『浪漫派的文藝批評集』(講談社 1986), 『保田與重郎文芸論集(川村二郎 編, 講談社 1999) 등이 있다.

41 일본의 내몽고 침략에서 거점이 되었던 지역, 중국식으로는 멍장이라고 읽음 — 옮긴이.

이렇게 '바다'를 '육지'에 투영해버리는 이미지 조작은, 실은 야스다에게서 시작된 것이기도 하다. 후쿠다가 선행 텍스트로 제시하는 야스다의 '모쿄'를 살펴보자.

1938년 5월 2일 사토 하루오(佐藤春夫)와 함께 오사카를 출발한 야스다는 약 40일에 걸쳐 조선과 베이징, 구만주,[42] 몽골을 여행하고 내지로 귀환한 후 자신이 직접 편집하고 있던 『코기토(コギト)』[43] 등의 잡지에 그 여행에 관한 견문(見聞)을 발표한다.[44] 야스다는 베이징의 인상에 대해 이렇게 쓴다. "나는 예술과 문화적인 의미에서, 베이징이나 만수산(萬壽山)에 조금도 관심을 가지지 않았다. 거기에는 미래를 여는 그 어떤 의미도, 예술의 논리도 존재하지 않았다."[45] "지금 베이징은 건륭[46] 취미의 아류가 판을 치고 있고, 지나인을 바라보는 일본사람들의 다양한 시선이 전람회장[47]을 이루고 있다." 여기서 말하는 '건륭 취미의 아류'란, 베이징이 만주인이라는 외래정권에 의해 지배되었던 식민지 도시라는 점을 넌지시 암시하는 말투다. 게다가 '지나인을 바라보는 일본사람들의 시선의 전람회장'이란, 야스다가 평생 비판해왔던 일본의 '문명개화'를 베이징에서 보고 말았다는 뜻이다.[48]

42 중국 동북지방의 옛 명칭으로 랴오닝(遼寧), 지린(吉林), 헤이룽장(黑龍江)의 동북 3성과 내몽고자치구의 일부를 포함한다. 1932년 일본은 황제 부의(溥儀)로 하여금 정무를 담당하게 하여 만주국이라는 괴뢰국가를 건국했다. 만주국은 2차대전 종료 후에 소멸되었다.

43 1932년 3월에 야스다 요주로가 중심이 되어 창간한 동인지.

44 保田與重郎, 『蒙彊』(保田與重郎文庫 10), 新學舍 2000.

45 같은 책, 89쪽.

46 청나라 고종 건륭제의 연호. 1736년부터 95년까지 60년간 쓰였다 — 옮긴이.

47 保田與重郎, 앞의 책, 93쪽.

그렇다 하더라도, “미래를 여는 그 어떤 의미도, 예술의 논리도 존재하지 않았다”는 평가에는 불가해한 점이 있다. 당시 사토나 야스다를 맞이한 것은 저우쭤런(周作人)[49] 등의 일본 협력자들뿐이었는데, 그때는 이미 유력 문화인들이나 대학도 정부와 함께 충칭(重慶) 및 쿤밍(昆明, 중국 윈난雲南성의 성도城都—옮긴이) 등지로 남하한 뒤였다. 군도를 찬 일본 헌병들이 발호(跋扈)하는 가운데 베이징의 문화적 활기가 사라져버린 점에 대해서는 다케우치 요시미가 베이징을 두번째 방문했을 당시의 일기에도 쓰여 있다.[50]

중국 현대문화의 불꽃이 이미 남쪽으로 철퇴한 까닭에, 말하자면 텅텅 비어버리다시피 한 베이징에 정나미가 떨어진 야스다는 “일본의 이번 전향(轉向)의 맹아를 상징하는 것은 ‘모쿄’다. 나는 명백하게 베이징에 대해 실망했다. 그리고 모쿄에서 처음으로 소생의 느낌을 받았다”[51]며 여행의 수확을 성급히 결론짓는다. 또한 “모쿄에 가면 거기는 모든 것이 젊은이의 세계다. 젊은이들이 정부의 고문이 되

48 일본 낭만파의 대표적 인물인 야스다 요주로는 문명개화의 논리, 즉 일본 근대에 대해 매우 비판적이었고, 근대의 몰락을 촉구하는 퇴폐 이외에는 근대의 소생 방법이 없다고 보았다. 몰락에의 정열을 모토로 내세웠던 그는 일본 근대의 대안으로 ‘신인동형(神人同形)’의 고대라는 이념을 제시하였다. 결국 국수적인 일본으로의 회귀를 지향했던 그의 논리는 당시의 광범위한 대중적인 반(反)서양 정서에 조응했고, 일본의 침략전쟁을 지지하는 이데올로기 역할을 수행하였다 — 옮긴이.

49 저우쭤런(周作人): 중국의 산문가, 시인, 번역자. 루쉰의 친동생. 1937년 베이징이 일본군에게 함락될 위기에 처하자 많은 이들이 남하했지만 베이징에 남았고 이때부터 그의 친일행적이 시작된다. 1945년 이후에는 그동안의 친일행적 등으로 거세게 비판받았으며 일본과 통모한 혐의로 재판에서 공민권 박탈 10년을 선고받기도 했다 — 옮긴이.

50 竹內好,「北京日記」,『竹內好全集第15集』, 筑摩書房 1981, 133~394쪽.

51 保田與重郎, 앞의 책, 91~92쪽.

고 젊은이들이 문교당국 관할의 문화시설에 종사하고 있다"[52]고 쓰면서, 거기에서는 "베이징에서 볼 수 있는 양복 입은 일본인들의 모습이 하나도 눈에 띄지 않는다"[53]고 서술하고 있다. 즉, 야스다는 일본의 '귀하신 분들'의 모습이 보이지 않는 모쿄에서 일본의 새롭고 낭만적인 모험이 시작된다는 느낌을 알아차렸고, 무언가 시작되려 하고 있기 때문에 그곳은 아직 어떤 것에도 더럽혀지지 않은 '처녀지'라는 것을 감지했다. 야스다는 자신의 주관적인 견해 차원에서, 그러한 '처녀지'에 군대가 침투하고 문화관료가 계속 진출하는 것, 더욱이 19세기적인 제국주의의 논리를 좇아 실업가들이 기세 좋게 몰려가는 것 등에 대해 부정적인 의견을 표명하고 있었다. 그래서 이 젊디젊고 신선한 모쿄라는 이름의 '일본정신'이 일찌감치 남하해버린 국민당 정부를 추적하여 이를 섬멸하는 환상을 품고 있었다.

그러나 근거지를 남쪽으로 바꾸어 이동하는 등의 전략공간을 가진 중국인들에게 실제로는 이러한 과대망상이 전혀 상대할 만한 것이 아니었다는 점은 역사의 필연이었다고 나는 생각한다. 일본에 의해 점령된 만주나 일본에 편입되려 하던 모쿄도 거기에서 생활하던 사람들의 눈으로 보면, 그곳은 일본의 '신(神)'이 머물러야 하는 '바다'가 아니라 오히려 '사람의 바다'가 펼쳐지는 일대 전략의 공간이었다.

'아시아에로'라는 모토를 세상에 널리 떨친 우익 결사 고쿠류카이(黑龍會)[54]가 편찬한 『동아 선각지사 기전』[55]에는 몽골 진출의 선구

52 같은 책, 102쪽.

53 같은 곳.

54 우치다 료헤이(內田良平)를 중심으로 1901년에 결성된 국가주의 단체. 대(大)아시아

자인 시마카와 기사부로(島川毅三郎)의 행적이 기록되어 있다. 청일전쟁 후 시마카와가 행한 몽골 진출 공작이라는 것도 알고 보면 대(對)러시아 전략에 관련된 첩보활동이었지만, 그것은 당시 베이징 대사였던 고무라 주타로(小村壽太郎)[56]와의 긴밀한 연계를 수반하는 것이었다. 다시 말해, 모쿄에는 양복차림의 일본사람은 비록 없었는지 몰라도 애초부터 지나복을 입은 낭인(浪人)과 '양복차림의 일본사람'이라는 것은 이인삼각의 협력시스템이었던 셈이다. 또한 그렇게 대륙으로 침입했던 대륙낭인 자체가 미야자키 도텐(宮崎滔天)[57]이나 우치다 료헤이(內田良平)[58] 유의 내셔널리스트였다기보다는 일확천금을 꿈꾸는 실업가 예비군이었다는 사실도 이후 기록에 그대로 남아 있다.

다만 여기서 흥미로운 것은, 대륙낭인들이 분주히 돌아다니던 공간이란 것도 역시 야스다 등이 '일본정신'을 투영한 것과 같은 환상의 공간이 아니라, 대부분 지나인과 만주인으로 구성되어 무역상으로 활동하는 대륙적인 전략공간이었다는 점이다. 또한 거기에서는 '일본정신'을 상실하고 진짜 마적이 되어 일본사람들의 교역공간을

주의를 제창하였으며 대륙으로의 진출을 주장했다. 1946년에 해산되었다.

55 黑龍會 編,『東亞先覺志士記傳』(明治百年史叢書), 原書房 1966, 200~212쪽.

56 고무라 주타로(小村壽太郎, 1855~1911): 미야자키(宮崎)현 출신. 하버드대학에 유학한 후 사법성과 외무성에서 근무했다. 외무차관, 미국과 러시아 · 청나라의 공사를 거쳐 가쓰라 내각(桂內閣)에서 외상(外相)이 되었다. 영일동맹에 조인하였고 러일강화조약을 체결하였다.

57 미야자키 도텐(宮崎滔天, 1870~1922): 구마모토현 출신. 중국 혁명운동의 협력자. 쑨원의 혁명운동을 지원하였다. 저서로『三十三年の夢』(岩波文庫 1993) 등이 있다.

58 우치다 료헤이(內田良平, 1874~1937): 후쿠오카(福岡)현 출신. 우익운동가. 고쿠류카이(黑龍會)를 창설해 대륙 진출을 주장했다. 한일합병의 흑막(黑幕)으로 활약했으며 만몽(滿蒙) 독립운동을 추진했다.

어지럽힌 인간도 틀림없이 배출되고 있었다. 다시 말해, 그곳은 비밀 암호와 전령이 뒤섞여 사람과 정보가 세차게 접촉하는 '땅[陸]'이었다. 그런 까닭에 거기서 활약했던 인간은 결코 만주나 모쿄를 사람이 없는 '바다'로는 실감하지 않았을 것이다.

중국혁명의 글로벌화

항일전쟁으로부터 국공내전, 그리고 한국전쟁—중국(공산당)은 이 세 개의 전쟁을 치렀다. 세 개의 전쟁에서 공적(公敵)은 각각 일본, 국민당, 그리고 미군이었지만, 샌프란시스코 강화회의 이후 일본은 냉전구조의 저편에 배치되고, 국민당은 타이완으로 쫓겨가게 된다. 그리고 미합중국은 중국을 포위해야 했으므로 일본(오키나와), 한국, 타이완, 필리핀 등에 기지를 건설했다. 거꾸로 말하면, 동아시아에서 냉전체제의 구도를 결정하는 전쟁의 모든 부분에 중국(공산당)은 관련되어왔다고 말할 수 있다. 그러나 이러한 사실을 아는 것만으로는 1949년 신중국 성립의 충격을 제대로 포착했다고 할 수 없다. 일본은 이 세 개 전쟁 가운데 주로 첫번째 전쟁(중일전쟁)에만 관련된 것처럼 보이지만, 실은 결코 그렇지 않은 까닭이다.

우선 항일전쟁의 성격을 중국 입장에서 한마디로 표현하자면, 에드거 스노(Edgar Snow)의 『중국의 붉은 별』[59]에서 생생하게 묘사되었

59 에드가 스노우, 『중국의 붉은 별』, 신홍범 옮김, 두레 1985.

듯이 조국해방전쟁이었다. 그러한 의미에서 본다면, '토지개혁'을 전력(戰力) 증대와 연결시킨 중국공산당의 노선은 국민당과의 타협을 위해 일시적으로 중지될 수밖에 없는 처지였지만, 항일전쟁 승리 이후 국공내전에서 토지개혁은 다시금 공산당의 기치가 된다. 그리하여 토지를 얻고자 하는 인민들에게 포위된 국민당은 타이완으로 쫓겨나게 되었다. 그리고 스탈린의 설득을 받아들여 참전했던 한국전쟁으로 인해 당초 예정된 타이완 해방이 지연됨으로써, 타이완해협을 사이에 둔 국공(國共) 대치의 구도가 고정화되는 결과를 낳았다. (한국전쟁의 발발로 인해, 미합중국의 방위라인은 타이완해협까지 밀려올라가고 미 제7함대가 타이완해협에 파견된다.) 이러한 흐름을 하나의 프로세스라고 본다면, 만주사변으로부터 한국전쟁에 이르는 동안 중국은 22년의 전쟁을 치른 셈이 된다. 문제는 이 22년간의 전쟁이 다른 동아시아 지역에 끼친 영향이다.

이 22년 전쟁의 파동을 시적 상상력의 극한에서 포착한 일본의 시인이 있다. 시인의 이름은 구로다 기오(黒田喜夫)[60]인데, 그는 「죽음에 이르는 기아—안냐에 대한 고찰(死にいたる飢餓—あんにゃ考)」이라는 에세이에서 자신의 기억을 더듬는 가운데, 데와무라야마(出羽村山) 지방에서 '안냐'라고 불리는 사람들 중 한명인 T에게 이야기의 초점을

60 구로다 기오(黒田喜夫, 1926~84): 1926년 야마가타현 출생. 고등소학교 졸업, 게이힌(京浜) 공업지대에서 노동자로 근무했으며, 패전 후에는 귀향해서 일본공산당에 입당하여 농민운동에 종사했다. 1950년대 노선 문제로 희생되어 55년에 일본공산당에서 제명당해 다시 한번 상경한다. 편집관계의 일을 하는 한편, 1950년대부터 계속 해오던 시작(詩作) 활동과 더불어 평론 활동에 입문한다.

맞춘다. 안냐란 극빈자들을 부르는 말로, 말하자면 일본판 '아큐(阿Q)'[61]다. 요즘이라면 서발턴(subaltern)[62]이라고 부를 수도 있을 것이다. 구로다는 전전과 전후 T의 존재양상을 살피는 가운데 '안냐'들이 겪은 기아와 전쟁, 그리고 혁명운동 참가에서부터 좌절까지의 궤적을 그리고자 했다.[63] 구로다의 기억 근저에 있는 것은 1929년 세계공황의 파동이 기근이라는 형태로 마을을 덮쳤을 무렵, 밭에 떨어져 썩은 빨간 토마토의 선명한 이미지다.

T는 기아에 등을 떠밀려 만주로 건너가 경관으로 근무하는데, 패전과 더불어 자신의 마을로 다시 돌아온다. 그후 T는 도시의 공장에서 사상교육을 받은 젊은 기사 K와 함께 농지개혁위원회에 참가하게 된다. 처음에 T는 위축되어 머뭇머뭇 발언해보는 정도였지만, 나중에는 만주에서의 이력이 신체반응으로 나타난다. "본관은……" 하고 호통치는 서슬에, 토지를 내놓지 않던 승려를 끽소리도 못하게 만드는 데 성공한다. 그후 T는 일본의 혁명운동에 참가하게 되는데, 이로써 '안냐'라는 신분의 그림자를 떨쳐내는 데도 성공하게 된다. 그러나 그후 T는 혁명운동의 방침 전환에 농락당해 마침내 마을을 통과

61 루쉰의 저작 『아큐정전』(이가원 옮김, 동서문화사 1981. 일본에서는 다케우치 요시미가 번역하였다[岩波文庫 1981] — 옮긴이)에 등장하는 주인공. 자존심 강한 성격이지만 그 태도가 어리석고 딱하며 금욕적일 만큼 정직한 사람으로 해학적으로 묘사되었다.

62 그람시(Gramsci)가 계급문제를 고찰할 때 사용했던 개념으로 '지위가 낮은 사람'이라는 의미. 스피박(Spivak)은 국제정치, 경제, 역사, 문화, 젠더 등에서 종속적이고 주변적인 지위에 놓여 있는 입장의 사람들을 서발턴이라고 칭한다.

63 黒田喜夫, 「死にいたる飢餓 ―あんにゃ考」, 『詩と反詩』(黒田喜夫全詩集 · 全評論集), 勁草書房 1968.

하는 고압 송전선에서 떨어져 자살하고 만다. 구로다는 이 T의 자살을 150년 전 같은 마을에서 기근이 발단이 되어 벌어졌던 어떤 사건과 겹쳐놓는다. 한 젊은이가 지주인 촌장에게 노역[質物奉公, 자녀의 노동력을 담보로 돈을 빌리는 봉공계약의 일종—옮긴이]을 하러 갔다가 광기에 사로잡혀 헛간에 갇히게 되자, 지붕을 타고 높다란 나무로 올라가 몸을 던져 죽은 사건이다.[64]

그런데 여기 등장하는 젊은 기사 K라는 인물은 구로다 자신에 한없이 가까운 인물이라고 할 수 있다. 구로다는 반(反)안보투쟁 이후 당이 보내온 제명통지서에 찍혀 있는 인주의 붉은색을, 어린 시절 그가 경험한 바 있는, 극한의 굶주림에 빠진 마을에 떨어져 있던 토마토의 붉은색과 중첩시킨다. 다시 말해 기억의 밑바닥에 있던 붉은색의 선명함으로 되돌리려 한다. 구로다는 그 토마토의 붉은색으로부터 제명통지 인주의 붉은색에 이르는 일련의 과정을, 기아에 떠밀려 해외로 이동한 일본인들이 혁명운동에 참여하고 좌절하게 되는 과정으로 서술하고 있는 것이다. 그렇다면 구로다가 생각했던 바를 좀더 강력하게 중국대륙과 접촉시켜 서술한다면 어떻게 될까.

우선, 1931년의 만주사변으로부터 이듬해인 만주국 건국으로 향하는 과정에서 일본인과 조선인들의 끊임없는 이주가 시작된다. 이들

64 이 역사적인 몸짓은 야마다 요지(山田洋次)의 『바보가 전차를 타고 온다(馬鹿が戦車でやって来る)』(松竹 1964)의 한 장면을 연상시킨다. 주인공 하나 하지메(ハナ肇)는 마을 지주들의 횡포에 분노하여 전쟁 이후에도 숨겨서 가지고 있던 전차로 난동을 피우지만, 그러는 와중에 주인공 하나 하지메의 바보 동생 이누쓰가 히로시(犬塚弘)는 마을의 화재감시용 망대에 올라가서 떨어져 죽고 만다.

의 이주는 중국인과 만주인들에게 적잖은 불안을 불러일으켰을 뿐만 아니라 그곳에 살던 중국인과 만주인들을 유랑하는 신세로 만들었다. 어떤 사람들은 산에서 생활하게 되었고,심지어 게릴라 병사나 마적으로 전신(轉身)하는 이들도 생겨났다. 중국공산당 부대의 주축을 이룬 것은 실은 이 인위적으로 형성된 극빈자들(아큐)이었던 셈이다.

한편, 제2차 세계대전에서 패배함에 따라 일본인 극빈자들은 구만주나 린칸(淪陷)구로부터 조국의 농촌으로 우르르 귀환하여 기아의 압박을 더하게 된다. 그러는 사이 항일전쟁에 승리한 중국에서는 '토지개혁'을 내건 공산당이 국공내전에서 승리하는데, 그 파동이 일본사회를 동요시켜 불온한 정세를 조성하게 되었다.[65]

애초에는 혁신관료들이 책정했던 안을 토대로 진행되던 토지개혁이 중국혁명의 진전을 날카롭게 주시하면서 이번에는 GHQ의 강력한 요청에 따라 매우 철저하게 진행(제2차 토지개혁)되기에 이른다. 다시 말해, 젊은 기사 K와 안냐 출신이었던 T는 GHQ가 대행하는 중국혁명(토지개혁)의 글로벌화의 선봉대 역할을 담당하고 있었던 것이다.[66]

65 이 토지개혁 정책은 중국공산당에게 패배하여 타이완으로 도주한 국민당에 의해서도 '경자기유(耕者其有)'라는 이름의 정책으로 1953년 1월 공포되었다. 이 정책 역시 타이완 내의 백색 테러에 대한 대책의 일환이었다는 점은 말할 필요도 없다. 그리고 국민당이 타이완에서 한줌의 땅도 소유하고 있지 않았다는 사정 또한 참작해본다면, 이 시책을 밀어붙이는 게 가능했으리라 생각된다. 이 시책에는 지주계급의 급격한 몰락을 완화하는 정부 수매(收買) 등의 조치도 포함되어 있었지만, 많은 지주들과 중류계층의 농민들에게 이 정책은 타격이 되었다. 載國煇,『台湾―人間 · 歷史 · 心性』, 岩波新書 1988, 119~120쪽 참조.

66 近藤康男,『土地改革の諸問題』(增補), 有斐閣 1951, 823쪽 참조.

GHQ에 의한 토지개혁이 거의 종료될 무렵, 일본공산당은 한국전쟁이라는 위기를 이용해 급속하게 중국혁명을 모방한 농촌 공작노선을 강화하고자 했다. 그러나 '토지개혁'은 GHQ에 의해 이미 선취되어버린 까닭에, 개혁이 지연되고 있던 '산촌(山村)'에서 그 공작대상을 찾게 된다. 결국 산촌 공작이 개별적으로 격파되어 노선 자체가 파탄이 난 일본공산당은 1955년을 기해서 중국공산당을 모범으로 삼았던 투쟁노선을 방기하고 세계적인 평화공존 노선으로 미끄러져 들어갔다.

당시 일본 지식인들은 이와 같이 1940년대 후반부터 50년대 초반에 걸쳐 일어난 중국혁명 및 한국전쟁에 의해 촉발된 준(準)전시체제라 할 수 있는, 동아시아 전역에 걸친 전쟁상황 속에서 살아가고 있었다. 이 10년의 과정은 명확히 중국의 20년 전쟁의 파동 속에 자리매김될 수 있다. 즉, T의 경우처럼 기아에 찌들어 만주국의 경관이 되고 포로귀환으로 돌아온 전후 초기에는—그 경관의 말투를 반전시켜 일본의 봉건체제에 으름장을 놓았다—적대성이 격심하게 교체되는 전투상황이 존재했던 것이다. 그리하여 구로다 기오는 일본의 '안냐'들이 혁명운동에 추가했던 탄력, 즉 기아의 인류사적 의미를 고려하지 않으면 안 된다고 결론짓고 있다. 구로다는 스탈린주의니 반스탈린주의니 하는 식의 구분이 가능하지 않던, 전후에 좌파가 된 '안냐'들에게 초점을 맞추고 있는 셈이다.[67] 그러나 이는 일관되게 도시생활

67 北川透, 『黒田喜夫への手紙—詩と反詩の基底において』, 黒田喜夫, 『詩と反詩』, 480~493쪽.

자의 이데올로그고자 했던 요시모토 다카아키와 구로다 사이의, 80년대에 있게 될 결별을 미리 예고하는 것이었다.

'기아'의 리얼리즘

일본과 중국대륙(타이완 및 한반도)이 지리적으로 떨어져 있는 것은 확실하다. 그렇지만 패전 후 열도 규모로 축소된 일본의 입장에서 보면, 구식민지 및 구점령지가 냉전구조의 저쪽 편으로 배치되고 나아가 냉전(열전)의 가장 격심한 자장으로 휩쓸려 들어가는 상황이 되자 일본 국내에서는 거기서부터 벗어난 '일본'을 상상하는 것이 (무)의식의 주류가 되었다. 요시모토 다카아키가 「전후문학은 어디로 갔는가」에서 서술했던 것과 같이 샌프란시스코 강화조약 발표 이후 '상대적 안정성' 속에 등장한 '풍속화 작용'이란 냉전구조에 깊이 연루되면서 생긴 망각작용이기도 했다. 그러나 이때의 망각이 단지 1945년 이전 제국의 기억을 봉인하려는 것만은 아니었다. 그것은 오히려 1945년 이전의 시간과 그 이후가 연결되어, 중국(타이완)과 한반도에서 계속된 전쟁상태의 파동(냉전=열전)의 앞자리에 일본이 놓여 있다는 사실을 부인하는 것이었다. 일본에서 '그 전쟁'(전전)을 상기하는 일은 '이 전쟁'의 상태(냉전=열전)를 상기하는 것으로는 거의 연결되지 못한 채, 전쟁의 기억이 급속히 요시다-에토적인 해군 계통의 비극으로 퇴락하는 모습을 보였다. 그러나 이제 무라카미-후쿠다 계보에서 그 기억의 궤적은 '대륙'적 상상력에 도전하고 있는 것으로 보인다. 실제로 그 '대륙'은 '바다'에 의해 진작부터 침식되고 있었던 셈이다.

한편, 예전의 (그리고 지금도 여전히) 일본이 아시아를 이처럼 '바다'로 간주하는 것은 1492년 이후 유럽의 패권, 즉 콜럼버스에 의한 신대륙 '발견'으로부터 시작된 파동 안에 어떤 식으로 위치지어질 수 있을까. 칼 슈미트는 유럽 공법의 근원인 '육지 취득'과 그 이후에 형성된 공간질서의 형성을 비교하면서 해양이라는 토포스(topos)를 다음과 같이 규정한다.

> 해양은 해안 이외의 경계를 전혀 알지 못한다. 해양은 무역, 어업, 해전(海戰) 및 해전에서의 노획권의 자유로운—가까운 지역이나 지리적 경계를 고려하지 않고 허용된—행사에 대해 모든 국가에서 자유로운 영역이며 공개되어 있는 유일의 영역이다.[68]

극단적으로 말하면, 슈미트는 근대 제국주의의 기원을 '바다'에서의 해적행위로 특별히 한정하였다. 그렇지만 유럽주의자인 슈미트의 희망적인 관측은 그 '바다'도 육지 취득의 논리로 편입되어가는 것, 즉 (유럽) 공법의 질서 속으로 편입되어가는 것이었다. 돌이켜보건대, 일본인들에게 있어 만주(관둥저우關東州를 포함하는)의 경험 혹은 중일전쟁의 경험은 대체로 '국가의 자유로운' 바다 경험으로 다시 번역되려 하고 있는 것으로 보인다.

68 칼 슈미트, 『대지의 노모스』, 최재훈 옮김, 민음사 1995.

그러나 전후 일본사회에서는 식민지(점령지)로부터 돌아오는 이른바 귀환자[引揚者][69]들의 기억이 마치 간헐천과 같이 다양한 기회를 통해 분출되는데, 전후 사회(냉전구조)의 안정된 시공간에 금을 가게 만들었던 요소는 '기요오카 다카유키가 1969년 이후 (발표한) 『다롄물(大連物)』에서도 한순간 현재화되어 나타났다. 그러나 냉정하게 생각해보면, 국제적인 항만도시 다롄에서 나고 자란 기요오카가 귀환자들의 정신사적인 입장을 대표한다는 것 자체가 도대체 적절하지 않은 것은 아닐까.

많은 일본사람들이 귀환의 도피과정에서 사망했고, 또한 많은 수의 '잔류고아(殘留孤兒)'[70]라 불리는 사람들이 냉전기의 한복판에서 중국대륙에 그대로 방치되었다. '잔류고아'를 중국인 양부모에게 맡기게 된 여러 가지 사정 중 가장 많았던 것은 극한에 가까운 기아로 음식과 아이를 맞바꾼 경우였다고 한다.[71] 일본의 농촌을 뒤덮은 압도적인 '기아'라는 탄력장치가 '안냐'들을 만주로 향하게 만들었고, 전후에 이르러서는 그들이 혁명운동을 담당했다는 사실을 구로다 기오는 우리들에게 상기시키고자 했다. 전후 일본 혁명운동의 흥륭과 좌절이란 것도 중국혁명(및 한국전쟁)에서 비롯된 파동의 첨단이 일본인들을 움직이게 한 결과였지만, 그 혁명의 요체는 따지고 보면 기아를 해결하기 위한 토지소유의 변혁이었던 셈이다. 이러한 '대륙'과

69 제2차대전 후 국외에서의 생활을 접고 일본[內地]으로 돌아온 사람을 가리킴.

70 양친과 함께 국외로 갔지만 양친과 사별하거나 혹은 생이별한 채로 현지에 남겨진 아이를 가리킴.

71 江成常夫, 『シャオハイの満州』, 集英社 1984, 118~128쪽.

'기아'에 관련된 리얼리즘을 이해하지 않는다면, 아마도 아시아에서 일어난 어떠한 전쟁이나 혁명도 대부분 이해하지 못할 것이다. 더욱이 '기아'가 완전히 해결되었다고 간주되는 사회에서도 그것은 거식증(과식증)이라는 징후로서 회귀하고 있기도 하다.

지금 우리들에게 그 '기아'의 리얼리즘으로 거슬러 올라가는 길이 남아 있는 것일까. 지금도 많은 인간들이 짓밟히고 팔려나가고 있는 이 세계에서.

3

'육체'의 자장

꿈의 내용을 만들어내는 재료는, 그것이 무엇이든 사람들이 그때까지
체험한 것 중에서 뭔가의 방법으로 채택해온 것이라는 점,
그러므로 그 재료는 꿈속에서 재생산되고 상기된 것이라는 점,
이 점은 의심하려야 할 수 없는 사실로 봐도 좋을 것이다.

프로이트, 『꿈의 해석』 중에서

냉전의 포지션, 혹은 '육체'의 과오

일본문학 안에서 전쟁체험을 이야기할 때는 남방전선이나 해군 계통의 이야기가 주류를 차지한다. 전후에 '대륙'(중국전선)의 기억을 그린 작가는 수적으로 그다지 많지 않다는 인상을 받는다. 전후에 예전 중국체험을 문학적으로 형상화할 수 있기 위해서는 역시 그에 걸맞은 문화자원이 필요했던 모양이다. 여기서는 우선, 전쟁중에 중국전선으로 송환되었다가 패전 후에도 중국에 남았던 경험을 바탕으로 작가가 된, 몇 안 되는 인물 중 하나인 다케다 다이준(武田泰淳)을 거론하고 싶다. 그는 비합법적인 활동으로 네 번이나 관헌에 구속된 전전의 좌익 경력을 가지고 있다. 그리고 학생들을 중심으로 한 공산당원들이 무더기로 전향했던 1933년의 이듬해, 그가 다케우치 요시미 등과 함께 중국문학연구회를 창립한 이야기는 너무나 유명하다. 다케다는 전후문학을 주도하는 작가가 되었지만 한편으로는 유능한 비평가이기도 했다. 돌이켜보면, 다케다의 소설과 평론에 결정적인 영향을 준 것은 역시 병사라는 신분으로 지냈던 중국체험, 그리고 패전 후 귀환대기자로 머물렀던 상하이에서의 경험이었다고 할 수 있다. 따라서 이제 더 이상 전후가 아니라고 이야기되던 1955년 이후, 즉 제1차 전후파의 퇴조가 수군수군 이야기되기 시작한 바로 그 시절에 다케다에 대한 평가가 달라졌다는 사실은 어떤 의미에서 '전후'의 왜곡된 각도를 상징한다.

예를 들어 요시모토 다카아키가 쓴 「전후문학은 어디로 갔는가」[1] 라는 에세이가 있다. 그 시점에 나온 다케다에 대한 요시모토의 평가는 다음과 같다. "현대사회의 메커니즘 속에서 인간과 인간은 생각지도 못했던 곳에서 접점을 가지며, 또한 생각지도 못한 방식으로 그들 사이에 스파크가 생긴다는 식의 초기의 난세 의식"이 차츰 "전후 사회의 안정감에 의해 잠식"당하기 시작했다.[2] 요시모토는 『살무사의 꼬리』[3] 등 다케다의 전후 초기소설의 특징이었던 일본인 대(對) 중국인이라는 구도가 『숲과 호수의 축제』[4] 등에서처럼 일본인과 아이누인의 구도로 이동했다는 점을 같은 에세이에서 지적했다. 동시에 그는 그러한 시도의 성공 여부에 의구심을 제기하고 있다. 이와 같은 요시모토의 지적이 정곡을 찌르는 것인지 어떤지 검토하는 쪽으로 나아가기보다 여기서 다시 한번 생각해보고 싶은 것은, 1955년 전후를 가리키며 이야기된 협의의 '전후'의 종언이 과연 무엇을 의미하는가라는 문제다. 구체적으로 이야기하면, 1955년 일본공산당의 로쿠젠쿄(六全協)[5]에서 무장투쟁 노선이 방기되었던 사실이 상징하듯이, 그것은 한국전쟁 휴전으로부터 데탕트(détente)[6]라고 하는 국제정세의 변화가 일본인의 의식에 불러일으킨 그 무엇이다.

바로 그 시기에 마치 요시모토의 지적에 응답이라도 하듯, 다케다

1 吉本隆明, 「戰後文學は何處へ行ったか」, 『藝術的抵抗と挫折』, 未來社 1963. 초판은 『講座現代芸術 V』, 勁草書房 1958.

2 같은 책, 210쪽.

3 武田泰淳, 『蝮のすえ』, 講談社 文芸文庫 1992.

4 武田泰淳, 『森と湖のまつり』, 講談社 文芸文庫 1995.

5 1955년 7월에 개최된 일본공산당의 제6차 전국협의회.

6 프랑스어로 긴장완화를 뜻한다. 냉전시기에는 미소 양국의 동서(東西)관계를 냉전상태에서 긴장완화의 방향으로 전환하려는 정책을 의미했다.

는 전후문학의 역사적 사명을 정식화하려는 듯이 「한계상황에서의 인간」[7]이라는 에세이를 쓰고 있었다. '한계상황'이라는 개념을 다시 한번 제기하지 않으면 안 되었던 대목에서, 확실히 요시모토가 말하는 그 '전후 사회의 안정감에 침식'당하기 시작한 느낌을 얼마간 찾아볼 수 있는 것 같기도 하다. 그러나 그것은 작가의 창작에 관련된 동인(motivation)에만 한정할 수 있는 이야기가 아닐까. 동아시아에서의 냉전구조 확립이라는 국제질서=하부구조의 결정이야말로 1945년 이전의 전쟁체험(과 귀환체험) 사이에 쐐기를 박은 최대의 요인이라는 반론도 가능할 것이다. 1945년부터 55년 사이에 무엇이 일어났는가. 다케다는 1940년대 후반 전후 일본문학 공간에서 일어난 변용의 징후를 '육체'라는 키워드로 이야기하고 있다. 1945년 이전의 세계와 55년 이후를 가르는 눈에 보이지 않는 힘에 관해 이야기할 때 '육체'는 반드시 논의되지 않으면 안 되는 암호가 되어 있는 까닭이다.

전후 '육체문학'이라는 것이 한창 쓰여지고 읽히던 시기가 있었다. 성을 억압당했던 전쟁중 시기에 대한 반동으로 성의 해방이 무턱대고 외쳐졌다. 벌거벗은 육체의 아름다움과 강인함이 과도하게 칭송되었다. 그 시절 시가 나오야(志賀直哉)씨가 "인간의 나체란 게 그렇게 아름다운 것인가"라고 무심하게 이야기한 구절을 나는 아직도 기억하고 있다. 인간 육체의 아름다움과 강인함이 상호간에 느껴진다는 것은 감사한 일이다. 그렇지만 그 육체의 추함과 연약함을 느끼게 하

7 武田泰淳, 「限界状況における人間」, 『滅亡について』, 岩波文庫 1992. 초판은 『毎日宗教講座 第一巻』, 毎日新聞社 1958.

는 것도 마찬가지로 감사한 일이다.

불교의 선각자는 그러한 감각을 의식적으로 이용해서 깨달음에 이르는 방법을 고안한 바 있다. 일상관(日想觀), 수상관(水想觀), 부쟁관(不爭觀) 등이 모두 그 방법의 하나다. 부쟁관이란 인간의 추함과 연약함을 직시하는 방법인 까닭에, 부패한 사체와 꺼림칙한 질병, 썩어 짓물러진 상처, 노골적으로 내팽개쳐진 내장을 있는 그대로 가까이서 바라보는 행위다. 그때 바라보는 사람이 감각하는 격렬한 쇼크가 그의 막혀 있는 생각을 비약시킨다. 거대한 태양의 위력을 있는 그대로 생각한다는 것은 인간의 옹색한 허장성세를 사라지게 한다. 구애되는 일 없이 어디까지나 자유롭게 변화하는 물의 모습을 주시한다면 인간의 완고함과 외고집을 반성할 수 있다. '육체문학'의 작가와 연애지상주의의 태양족(太陽族)[8]이 만약 조금이라도 부쟁관을 가지고 있었다면, 틀림없이 좀더 깊이 있는 문학이 탄생했을 것이다.[9]

여기서 '육체문학'이라는 이름표가 붙은 작품을 거론하자면, 다무라 다이지로(田村泰次郎)[10]의 여러 작품들, 『육체의 문(肉体の門)』이나 『슌부텐(春婦傳)』 등이 떠오른다. 그러나 다케다가 「한계상황에서

8 1955년에 발표된 이시하라 신타로의 소설 『태양의 계절』(서병조 · 유문동 옮김, 문예춘추 1987)에서 유래한 유행어로, 기성질서에 매이지 않고 행동하는 무궤도의 젊은이들(전후파 청년)을 가리켰던 말이다.

9 같은 책, 71~72쪽.

10 다무라 다이지로(田村泰次郎): 미에(三重)현 출신. 소설가. 육체의 개방을 통해서 인간을 포착하고자 한 '육체문학'을 제창하여 각광받았다. 저서로 「肉体の門 · 肉体の惡魔」(新潮文庫 1968) 등이 있다.

의 인간」을 썼던 1958년 당시 “무턱대고 성의 해방을 외쳤다”에 해당되는 대상은 소위 ‘육체문학’이 아니라 『태양의 계절(太陽の季節)』로 1955년 아쿠타가와상(償)을 받은 이시하라 신타로(石原愼太郎)[11] 등의 ‘연애지상주의 태양족’에게 좀더 잘 들어맞는 착상이 아니었을까 한다. 전형적인 육체문학이라는 다무라의 『슌부텐』은 조선인 ‘위안부’[12]와 일본 병사의 사랑을 그린 작품이며, 『육체의 문』 역시 패전 직후 점령정책하 ‘팡팡(パンパン)’[13]의 (비)일상을 묘사한 작품이다. 따라서 그런 점에서 보면, 주제의 측면에서 이들 작품은 오히려 다케다가 말하는 ‘한계상황’에 근접한 것이었다.

『슌부텐』은 1950년에 「새벽의 탈주(曉の脫走)」라는 제목으로 영화화되는데, 이 영화는 전후에 귀환한 야마구치 요시코(山口淑子)[14]가 주인공으로 출연하여 대히트하게 된다. 이후의 추이를 살펴보면 ‘육체문학’은 역시 ‘도를 넘어 지나치게 칭송받았다’고도 할 수 있을 것

11 이시하라 신타로(石原愼太郎, 1922~): 효고현 출신. 작가, 도쿄지사. 히토바시(一橋) 대학 재학중에 『太陽の季節』(新潮社 1957)로 아쿠타가와상을 수상했다. 저서로 『亡國の徒に問う』(文藝春秋 1999) 등이 있다.

12 전쟁터에서 장병들을 성적(性的)으로 상대하는 일을 떠맡았던 여성. 중일전쟁부터 태평양전쟁 시기 일본군에 의해 장병들의 성적 대상이 될 것을 강요당했던 여성들을 종군위안부(從軍慰安婦)라고 한다. 그 대부분은 강제연행된 조선인 여성들이었다.

13 1945년 이후 점령통치하에서 주로 주둔 미군을 상대로 했던 매춘부들을 멸시해서 가리키는 말. 우리말의 양공주에 해당한다 — 옮긴이.

14 야마구치 요시코(山口淑子): 국제적인 가수이자 여배우, 정치가. 전전과 전후 홍콩의 영화계에서는 리샹란(李香蘭)이라는 이름으로 크게 활약했다. 종전을 상하이에서 맞은 그녀는 친일행적으로 재판에 소환되지만 일본인이라는 사실이 밝혀져 국외추방 명령을 받고 귀국했다. 귀국 후에도 일본의 쇼비즈니스계를 주름잡았고, 1974년부터 92년까지는 참의원 의원을 지내기도 했다 — 옮긴이.

이다. 혹은 이 영화화라는 프로젝트 자체가 요시모토가 말하는, '전후 사회의 안정감'에 침식당했다고 평가한 내용을 뒷받침하고 있는 것인지도 모른다. 그러나 침식당해가는 그 과정에는 다케다와 요시모토가 말하는 그 이상의 것—냉전구조의 확립을 통해 규정된 '육체'와 그 '육체'를 둘러싼 복잡한 정치학(politics)—이 가로놓여 있는 것은 아닐까. 여기서 중요한 것은 그 침식당해가는 과정과 타락의 경위를 일단 빠짐없이 거슬러 올라가는 일일 것이다.

다무라 다이지로가 1947년에 쓴 『슌부텐』[15]은 위안부가 된 조선인 하루미(春美)와 그녀를 자신의 소유물로 삼으려는 부관 나리타(成田), 그리고 나리타의 부하인 미쓰우에(三上) 상병과의 교정(交情)이 주축이 된 전장 로맨스다. 하루미는 자신을 위안부로 만든 일본군을 원망하고 있지만, 자신을 차별하고 학대하는 병사를 향해 "갈보, 갈보라고 깔보는 거야. 천황폐하가 그런 말 하더냐구. 네놈들은 다 똑같아"라며 반사적으로 제국의 논리를 가져다 쓰며 반항하려 한다. 지금 읽어보면, 군대에서 배운 것이라고 여겨지는 하루미의 이 말투에는 사람을 깜짝 놀라게 하는 무언가가 있다. 그러나 실제로 일본 군국주의를 체현하는 인물인 부관 나리타는 하루미의 그와 같은 말을 전혀 상대하려 들지 않고, 갈보에게 '천황폐하'를 들먹거릴 자격이 있냐며 반격한다. 하루미가 관찰한 바에 의하면, 나리타는 도구적으로 '천황폐하'를 이용하기만 하는 인간인 반면, 그의 부하인 미쓰우에는 실

15 田村泰次郎, 『春婦伝』, 銀座出版 1947.

로 천황이 그의 육체에 깃들어 있는 듯한 인물이며 천황을 위해서 자신의 목숨을 내던지려 하기도 한다. 하루미는 자신을 첩으로 삼은 나리타에게 복수하기 위해 미쓰우에를 유혹하여 상관을 배신하게 만들려고 한다.

그러나 작품을 한번 읽어보면 알 수 있듯이 그와 같은 소위 반(反)군국주의 효과의 뒷면에 놓여 있는 것은, 이 작품이 과거 종군 경험을 가진 다무라라는 병사의 시선(필터)을 통해 구성된 판타지라는 점이다. 다시 말해, 이 작품은 전직 병사가 품었던 판타지를 통해서 조선인 위안부의 육체를 일본남성의 욕정을 돋우는 야성미와 일본남성에 대한 깊은 애정이 표출되어 있는 장치(오리엔탈리즘의 장치)로서 그려낸 작품이다. 그러한 의미에서 하루미(조선인 '위안부')의 '육체'는 처음에는 전장(위안소)에서, 그리고 두번째는 대중문학(시장)에서 소비되었다고 말해도 좋을 것이다. 다시 말해, 일본남성과 조선인 위안부의 관능적이고도 감상적인 사랑의 표현이 오락에 굶주린 전후의 대중(시장)에 손쉽게 침투했던 작품에 지나지 않는다고도 할 수 있다. 이 점에서 다케다의 '육체문학'에 대한 비판은 이미 반쯤은 과녁을 명중시킨 셈이지만, 그러나 문제는 더욱 복잡해진다.

이 『순부텐』은 앞에서 말한 대로 「새벽의 탈주」(東宝 1950)라는 제목으로 영화화되기에 이른다. 고생 끝에 산장(山莊)에 다다른 은행강도의 배신과 개심(改心)을 그린 「은령의 끝(銀嶺の果て)」이라는 작품으로 데뷔한 다니구치 센키치(谷口千吉)가 감독을 맡았고, 각본을 담당한 이는 구로사와 아키라(黒澤明)[16]였다. 그렇다면, 조선인 위안부의 '육체'는 이 영화화 작업을 통해 단순히 세 번에 걸쳐 소비되는 것일

까? 결과적으로는 그렇지 않았다. 주인공을 연기한 야마구치 요시코는 조선인이 아니라 일본인으로서 등장하는데다가 '위안부'가 아닌 위문가수라는 설정으로 변경되어 있다. 그리고 그 변경에 대한 대리 보상이기라도 한 셈인지, '위안부'는 별도의 시퀀스(sequence) 속으로 전이되어 회귀하게 된다. 많은 일본 병사들에 의해 마을이 점령되는 장면에서 "이렇게 사람이 많은데 위안소가 없다는 건 말도 안 돼"라는 대사가 나오고, 위문가수들이 "우리는 위안부가 아니야"라며 일본 병사들의 술자리를 거절하는 장면 등이 나온다. 다시 말해, 등장인물이 노골적으로 조선인이거나 혹은 위안부이거나 하는 것은 피하는 반면 그러한 존재 자체를 철저하게 소거시킬 수도 없었던 것이 아닐까.

물론 하나의 커다란 전제로, 이 시기 모든 영화필름에 대해 GHQ 산하의 CIE(민간정보교육국)[17]와 CDD(민간검열기관)[18]에 의한 이중검열이 존재했다는 사실이 있다. 『천황과 입맞춤(天皇と接吻)』의 저자인 히라노 교코(平野共余子)[19]에 의하면, 『순부텐』을 원작으로 한 「새벽의

16 구로사와 아키라(黑澤明, 1910~98): 도쿄 출신. 영화감독, 각본가. 「姿三四郎」라는 작품으로 감독으로 데뷔했다. 이후 「羅生門」, 「七人の侍」, 「生きる」 등 다수의 작품을 제작했다. 일본의 대표적인 영화감독.

17 GHQ 산하기관으로 미국 점령하 일본에서 문화정보의 수집과 행정지도, 교육제도 개혁 등을 실시했다.

18 점령하 일본에서 미국에 대한 좋은 이미지를 보급하기 위해 만들어진 GHQ 산하기관이다. 신문, 잡지, 서적, 방송, 영화 등을 검열하였고 사적인 편지를 개봉하고 전화를 감청하는 일 등도 행했다. 특히 원폭에 관한 이미지는 신경을 써서 다루었다.

19 히라노 교코(平野共余子, 1952~): 도쿄 출신. 뉴욕 · 저팬 · 소사이어티 영화부문 디렉터. 도쿄대학 대학원 인문학과 연구과 수료 후 뉴욕대학 영화연구과에 유학. 현재 미국

탈주」는 일곱 번에 걸쳐 각본을 고쳐쓰라는 명령을 받았다. 그리하여 주인공이 '위안부'에서 '위문가수'로 바뀌었을 뿐 아니라 주인공의 이름도 거듭 바뀌게 되었다. 그 결과 제작된 「새벽의 탈주」는 저자인 다무라 다이지로, 프로듀서 다나카 도모유키(田中友幸), 감독 다니구치 센키치, 각본 구로사와 아키라, 그리고 GHQ의 합작이 되었다. 히라노의 조사에 의하면, 당시 검열관의 코멘트에 대해 근거 있고 납득할 만하다는 다니구치의 발언이 있었던 것으로 보아 GHQ의 검열보다도 전쟁중 일본 군국주의하의 '검열'에 대한 불만과 분노가 컸다고 말하는 영화인의 반응이 주류를 이루고 있었다고 한다.[20]

그렇다면 그와 같은 '검열'을 통해 실현된 것은 결국 무엇이었을까. 당시 '검열'의 논리는 식민지의 상실과 더불어 열도 규모로 재출발해야 하는 운명에 놓인 일본인들에게 '반전(反戰)' 메시지를 심어주는 것이었다. 그리고 그와 같은 '반전'논리에 의하면, 식민지로부터 전시동원된 '육체'는 떳떳지 못한 것으로 기피되어야만 했다. 더욱이 떳떳지 못한 사실을 이처럼 회피함으로써, 당시 '반전' 언설의 이른바 무색투명함과 함께 식민지 동원을 실행한 책임주체의 망각이 가속화되었다고 말해도 좋을 것이다.

에서 일본영화를 소개하는 일에 종사하고 있다. 저서로 「天皇と接吻」(草思社 1998) 등이 있다.

20 平野共余子, 「天皇と接吻」, 草思社 1998, 144~157쪽. 「天皇と接吻」에서 서술 전체를 통해 드러나는 것은 집요하게 '민주화'를 관철하고자 하는 GHQ의 양태다. 당시 전시하 군국주의 및 비민주적 제도에 비교하자면, GHQ의 정책은 '검열'의 방향성까지 포함해서 거의 일본인들에게 납득되고 있었다는 점을 어렵지 않게 읽어낼 수 있다. 그리고 '민주주의'를 뿌리내리게 하기 위한 하나의 문화적 요소로서 키스 신(scene)의 장려, 거기에 당혹해하는 영화인들의 모습도 매우 흥미롭다.

여기에 덧붙여 1950년 시점에 결정적이었던 것은 실로 동아시아의 냉전체제 확립을 결정하는 한국전쟁이 발발했다는 점이다. 1945년으로부터 5년 후인 1950년, '위안부'의 존재 자체를 필름에서 완전히 삭제하는 것은 사회적으로 부자연스러운 일이었고, 그러한 까닭에 그들 존재의 흔적은 영화의 구석구석에서 나타나지 않을 수 없었다. 그러나 식민지로부터 전시동원된 생생한 '육체'(조선인)는 한국전쟁과의 관련 속에서 역시 은폐되지 않으면 안 되었던 것이 아닐까. 더욱이 1949년 신중국의 성립으로부터 한국전쟁에 이르는 시기에, 주지하다시피 GHQ는 천황의 퇴위론을 무효로 하면서 경찰예비대를 신설하는 등 급속하게 구일본제국의 유산을 리사이클하는 방향으로 키[舵]를 크게 전환하고 있었다. 1947년 『슌부텐』에서 하루미의 입을 통해 발설된 '천황'을 비판하는 말들은 1950년의 「새벽의 탈주」에서는 사라져야 할 운명이 되었다.

전체적으로 1940년대 후반부터 50년대 중반까지 냉전구조가 확립되는 시기에 일본인의 기억구조는 다음 두 가지 효과에 의해 결정되었다고 보아도 좋을 것이다. 첫번째는, 냉전구조를 확립하기 위해 사용된 폭력(한국전쟁)이 예전 식민지=전시동원의 기억(천황)을 은폐하는 것으로 귀착되는 효과다. 그리고 다른 하나는 식민지 제국기의 기억(천황)을 소거함으로써 존속(혹은 강화)된 천황제가 미일 합의 아래 전쟁체제를 지원하게 된 효과다. 그런데 이러한 식민지 '육체'를 소거하는 프로세스를 함께 걸어갔던 것이 일본영화의 거장이라 칭송되는 구로사와 아키라였다는 점, 이 점을 우리는 잊어서는 안 될 것이다. 설령 그것이 상황에 의해 강요된 것이었다 해도, 그 강요의 산물들은 무의식의 회로에 스며들어 흐르고 있을 것이 틀림없기 때문이다.

논의를 원점으로 돌려보자. 1958년 시점에 다케다 다이준은 이시하라 신타로의 『태양의 계절』에 나타난 '태양족' 문학의 번성과 관련하여 '육체문학'을 비판하고 있었다. 다케다의 논점에 오류는 없다고 하더라도, 전쟁 및 식민지(동원)의 기억과 함께 존재했던 외설스러운 '육체'(『순부텐』에는 있었으나 「새벽의 탈주」에서는 사라진 것)를 소거하지 않고서는 '태양족'에서 표현된, 현재의 그 활기찬 삶 위에 세워진 대중소비문화의 등장은 아마도 가능하지 않았을 것이다. 또한 전후문학의 변모를 '전후 사회의 안정감'이라고 해석한 요시모토의 경우를 보자. 실은 그 안정감이란 예전에는 동포이거나 이웃이었던 사람들이 전쟁에 동원된 사실을 망각함으로써 얻을 수 있었던 '안정감'이라는 사실, 요시모토는 그 사실을 무시하기로 작정했다고밖에 말할 수 없을 것이다.

요시모토가 말하는 '전후 사회의 안정감'이라는 것—실제로는 냉전구조에 의해 봉쇄되는 과정이었지만—이 눈에 보이는 가시적인 형식을 취하며 회귀하기 위해서 필요했던 조건은 냉전구조 해제라는 신호였다. 1991년, 냉전시기의 독재체제를 해제한 한국으로부터 발신된 예전 '위안부'들의 커밍아웃은, 잔혹한 식민지 동원 속에 방치되었던 이들의 '육체'를 다시 일본인들의 눈(과 귀)에 각인시키는 계기가 되었다. 작가 서경식[21]은 『난민과 다름없는 위치에서』[22]라는 책에

21 서경식(徐京植, 1951~): 교토 출신의 작가. 재일조선인. 와세다대학 문학부 졸업. 현재

서, 도호쿠(東北)지방에 거주하는 예전 '위안부'가 제기한 사죄 소송에 대한 '목소리'를 절절하게 기록하고 있다.[23] 서경식에 의해 기록된 그녀의 '목소리'는 원작 『순부텐』에 있던, 예의 군대식 말투였다. 서경식의 입장이 유린당해왔던 자기 어머니의 목소리로서 그 목소리를 듣는 것이라면, 일본인들은 서경식과는 다른 위치에서 그 목소리를 마주할 수밖에 없었을 것이다. 일본인들은 군대식 말투를 떠맡겼던 측에서 그 목소리를 듣는 입장에 놓일 수밖에 없기 때문이다.

어찌되었든, 일본 장교에게 반항하는 하루미의 '목소리'가 다름 아닌 군대에서 습득된 것이었다는 사실은 다무라 다이지로의 기억을 매개로 확실하게 텍스트에 각인된 바 있다. 그러나 그 사실은 영화 「새벽의 탈주」가 되는 순간 소거되지 않으면 안 되었다. 그러나 여기서 기묘한 감각이 발생한다. 『순부텐』이라는 텍스트의 원본은 다니구치·구로사와에 의해 영화화되어(고쳐쓰여진 부분도 있으며), 전후 시기를 통해 서서히 유통되기 어려운 골동품, 혹은 도서관의 서고에나 정리되는 아카이브(archive)가 되어가고 있다. 『순부텐』이 사회적으로 죽어가려는 순간, 거기에 등장하는 주인공과 꼭 같은진짜 '위안부'가 살아남아 군대에서 배운 말투로 일본정부에 대한 투쟁에 나선 것

도쿄게이자이대학(東京經濟大學) 조교수. 전공은 현대 아시아 사상. 저서로 『시대의 증언자 쁘리모 레비를 찾아서』(박광현 옮김, 창비 2006), 『사라지지 않는 사람들』(이목 옮김, 돌베개 2007) 등이 있다.

22 徐京植, 『半難民の位置から』, 影書房 2002.

23 같은 책, 17~36쪽. 서경식에 의하면, '위안부' 출신 송신도(宋神道)씨의 재판은 처음부터 금전에 의한 보상을 무용한 것으로 보고 사죄를 요청한 것이었지만, 일본의 법률에서 사죄의 요구만으로는 소송이 성립되지 않기 때문에 배상청구를 추가한 재판이었다.

이었다. 물론 센다이(仙臺)에 거주하는 그 여성은 이미 상당한 고령이다. 그 군대 말투도 언젠가 우리는 듣지 못하게 될 것이다. 그러나 그때 그 '목소리'는 어디를 방황하게 될 것인가. 또한 그 '목소리'는 어떻게 살아남을 것인가. 아니, 오히려 이렇게 말해야 될는지도 모른다. 그 '목소리'가 살아남기 위해 우리가 무엇을 하지 않으면 안 되는가라고.

60년대의 잠재적 방향전환: 스즈키 세이준의 양의성

『슌부텐』(1947)은 「새벽의 탈주」(1950)라는 제목으로 영화화된 이후, 한일기본조약[24]이 체결된 1965년에 한번 더 원래의 「슌부텐」이라는 제목으로 부활하여 영화화된다. 「새벽의 탈주」만큼 관객을 동원하지 못했던 그 영화를 제작한 것은 전후 굴지의 전위작가였던 스즈키 세이준(鈴木清順)이었다. 스즈키 버전의 「슌부텐」에서도 주인공 하루미는 일본인으로 설정되어 있지만, 「새벽의 탈주」에서와 같이 위안가수가 아니라 원작 그대로 '위안부'로 재설정되어 있다. 또한 주인공을 원작 그대로 조선인으로 설정하지는 못했지만, 부대 '위안소' 내부에 쓰유코라는 조선인 '위안부'를 등장시킨다. 쓰유코는 일본인 '위안부'에 비해 자신이 싼 시세에 흥정되는 상황에 대해 당당하게 불만을 토로하는 인물로, 영화 속에서 실로 이채를 발한다. 그리고 마지막

24 1965년 대한민국과 일본 사이에 조인된 기본관계에 관한 조약. 이 조약을 통해 일본은 대한민국을 한반도에서 유일한 합법정부로서 승인해 외교관계를 개설하였고 한국합병이 효력을 상실했음을 규정하였다.

장면에서 영화 전체의 기조를 전환하는 중요한 역할을 하게 된다. 이 부분에 대해서는 요모타 이누히코(四方田犬彦)[25]의 논문 「이향란과 조선인 위안부」가 흥미로운 견해를 제시하고 있다. 잠깐 그 해석을 따라가보자.

> 주인공 하루미와 애인인 미쓰우에가 수류탄으로 폭사한 직후의 마지막 장면, 이 장면은 팔로군이 주둔해 있던 거리가 공격당하고 일본군 부대가 떠나려고 하는 황야를 묘사하는 환상 장면이다. 쓰유코는 흰색 한복을 걸치고, 머리모양을 조선식으로 꾸미고 있다. 깊은 분노를 내면에 감춘 듯한 표정을 하고 그녀는 장승처럼 우뚝 서 있다. 그리고 그녀는 다음과 같이 독백한다. "일본사람들은 너무 쉽게 죽고 싶어해. 짓밟히고 발로 차이더라도 살아가지 않으면 안 돼. 살아남는 쪽이 훨씬 고통스러워. 죽는 일 따위는 비겁해."[26]

요모타에 의하면 다른 일본인 위안부가 몸을 전혀 움직이지 않는

25 요모타 이누히코(四方田犬彦, 1953~): 효고현 출신. 비교문학자, 영화사가. 메이지가쿠엔(明治學院)대학 문학부 교수. 같은 대학 언어문화연구소 소장. 전문분야는 영화사, 만화사, 문예평론, 기호학, 아시아 연구, 미국 현대소설, 팔레스타인 문제, 이탈리아 현대시, 멜로드라마론 등이다.

26 四方田犬彦, 「李香蘭と朝鮮人慰安婦」, 「李香蘭と東アジア」, 東京大學出版會 2001. 요모타는 야마구치 요시코(李香蘭)의 전전과 전후 영화활동을 주축으로 하여 서술을 진행하고 있다. 흥미로운 것은 야마구치 자신 '위안부'적인 존재이면서, 전후에 묘사된 '위안부' 표상으로부터는 오히려 멀어져왔다고 요모타가 지적하는 부분이다. 또한 비판적으로 거론되는 일이 많은 '아시아여성기금'이기는 하지만, 야마구치가 여기에 기여했다는 사실도 흥미롭다.

데 반해 쓰유코는 황야를 향해 걸어나가는데, 그 행선지가 팔로군 쪽을 향하는 것처럼 암시되고 있다. 이러한 해석은 과연 매력적이다.

여기서 내가 주목하고 싶은 것은 이때 쓰유코의 표정이다. 팔로군에 의한 공격 이후라는 설정도 그렇거니와 대사에 나오는 '살아가는 방식'이라는 문제설정을 넘어 그녀의 표정은 일본인에 대한 어떤 종류의 엄숙한 '재판'의 의지를 넌지시 비추고 있는 것처럼 느껴진다. 어쨌든 스즈키가 다니구치·구로사와가 만든 「새벽의 탈주」를 보았음에 틀림없으며, 그 작품과의 차별성을 꾀했다는 것은 분명하다. 한편, 또 하나의 초점이 되는 것은 하루미와 미쓰우에를 죽게 하는 방식이 다르다는 점이다. 「새벽의 탈주」에서는 하루미와 미쓰우에가 악역인 나리타 부관이 쏜 총에 맞아 죽어가는 대목이 클라이맥스로 설정되어 있다. 이 설정은 당시의 '반전' 모드와 합치되는 것이라고 할 수 있다. 이와 달리 스즈키 버전의 「슌부텐」에서는 하루미와 미쓰우에가 자살하는 것으로 되어 있는데, 그 자살과 대조적으로 배치되어 조선인 '위안부'가 카메라에 등을 돌린 채 황야를 향해 걸어나가는 장면이 클라이맥스로 설정되어 있다.

여기서 다시 한번 '전후 사회의 안정'과 더불어 불가피하게 변용된 전쟁에 대한 기억, 그리고 육체와 관련된 자장으로 되돌아가보고 싶다. 1940년대 후반부터 50년대 전반에 걸쳐서 GHQ의 검열하에 제작된 영화들에서는, 전쟁(반전)이라는 주제가 '육체'와 결부되는 일이 주의 깊게 제거되고 있었다. 그러나 50년대 후반엔 점령기의 종료와 함께 전쟁이라는 주제가 오히려 적극적으로 육체와 결부된다. (이는 다른 동아시아 지역들, 즉 중국·한반도·타이완 등과의 차이점으로 논의될 수도 있지만 여기서는 더 깊게 이야기하지 않겠다.) 먼저, 스즈키가 주인공 하루미를 육감적이고 야성미 넘치는 '위안부'로 재설정한 전략은 어떤 의미에서 대중소비사회의 욕망이라는 코드에 정확하게 대응하는 에로티즘, 혹은 타나톨로지(thanatology)[27]로 더욱 정련되었다고 할 수 있다. (상영 당시의 광고문안에는 "나의 전쟁, 그것은 병사들에게 몸을 열어주는 것"이라는 말이 여기저기에서 보인다.)

그리고 주인공 하루미를 원작대로 조선인으로 하지 않고 일본인으로 처리한 것에 대해 다시 한번 짚고 넘어가고 싶다. 여기서 돌이켜 생각해보고 싶은 것은 원작 『슌부텐』이 쓰여진 당시의 역사적인 자장의 문제다. 패전한 지 얼마 되지 않은 1947년이었기 때문이라고 단순화하는 것은 아니지만, 원작 『슌부텐』에서 하루미에 관한 묘사는 기본적으로 제국 내부 출신자로 처리되고 있어 결코 하루미를 네이션으로서의 조선(한국)에 결부시키고 있지 않다. 예를 들어 다무라는 위안부들에 대해, "어린 소녀일 때 고향을 떠나 일본인 고객만을 상대해온 그녀들의 기분이나 사고방식은 다분히 일본사람 같은 데가 있다. 자신이 일본사람 같다는 것에 대해 그녀들은 어떠한 부자연스러운 느낌도 자각하지 않았다"고 설명을 덧붙이고 있다.[28] 다시 말해, 제국 일본의 표상공간을 그대로 전후로 이행시키고 있다는 의미에서 보면, 그것은 오늘날의 정치적인 올바름(PC)[29]을 전혀 고려하지 않

27 죽음에 관한 학문. 자신의 죽음과 타인의 죽음을 어떻게 맞이할 것인가 하는 문제에 관한 학제적인 연구를 가리킨다.

28 田村泰次郎, 앞의 책, 5쪽.

29 Politically Correct의 약자. 정치적으로 올바름.

은 것이 된다. 한편, 스즈키 세이준의 경우 조선인 '위안부'를 등장시키지만 성적인 기호의 범주에는 넣지 않았다. 이는 명백히 다무라가 상상한 구제국의 지도가 아니라 한반도가 일본과는 별도의 네이션을 형성하고 있다는, 단순하게 말하면 일본을 비판하는 주체(타자)로서 이 인물을 취급하고 있다는 뜻이다.

이 대목에서 떠오르는 작품은 오시마 나기사(大島渚)[30]의 「니혼슌카코(日本春歌考)」(松竹 1967)다. 이 작품에는 재일조선인으로 등장하는 가네다 사치코(金田幸子, 요시다 히데코吉田日出子 분)가 일본인 학생에 의해 윤간당하는 장면이 나온다. 이 작품에서도 오시마는 적어도 표상의 차원에서는 가네다를 섹슈얼한 기호로 취급하지 않는다. 그리고 가네다의 태도 역시 명확한 발화를 수반한 분노는 아니지만, 스즈키 버전의 「슌부텐」의 라스트신에 나오는 것과 같은 '심판'에 가까운 뉘앙스를 풍긴다. 다만 「니혼슌카코」에서는, 고야마 아키코(小山明子)가 고대사적인 퍼스펙티브(perspective)로부터 일본과 한반도의 유연성(有緣性, 성적 우화)을 넌지시 암시하는 다른 장면이 나온다. 이처럼 다분히 약삭빠른 점에서 본다면, 스즈키의 담백함과 대조를 이룬다고 할 수 있을 것이다.

이제까지 살펴본 것으로 확인할 수 있는 점은 다음과 같다. 즉, 『슌부텐』이 두 개의 영화로 리메이크되는 과정을 따라가보면, 조선인 위안부의 육체가 일본제국의 내부로 인식되었던 원작을 거쳐 다니구치

30 오시마 나기사(大島渚, 1932~): 교토 출신의 영화감독. 교토대학 졸업. 감독한 작품으로 「青春残酷物語」, 「愛のコリーダ」 등이 있다(우리나라에서는 「청춘일기」, 「감각의 제국」이라는 제목으로 각각 개봉된 바 있다 — 옮긴이).

· 구로사와의 「새벽의 탈주」에서와 같이 일본의 외부로 방출되는 단계, 그리고 다시금 스즈키 버전의 「슌부텐」에서는 이 조선인의 '육체'가 일본인에 대한 심판을 암시하는 '타자'로 회귀하는 경로를 더듬어왔다는 점이다. 다만, 1965년에 촬영된 스즈키판의 「슌부텐」에 나오는 쓰유코의 표정이 한일기본조약의 체결에 대한 위화감을 나타낸 것인지 어떤지에 관해서는 이를 보강하는 자료가 더 필요할 것이다. 게다가 스즈키에 의해 미학적인 가치축의 중심으로 전환된 클라이맥스 장면 역시도 현재 관점에서 보면 논의의 여지가 꽤 있다. 이는 어이없게 자살해버린 하루미와 미쓰우에를 비겁하다고 비난하면서, 이와 대조적으로 살아남는 일의 고통스러움을 호소하는 조선인 쓰유코를 배치한 전략이다. 이러한 배치에는 '벚꽃처럼 미련 없이 깨끗하게 산화하는 일본인'/'납작 엎드려 살아남는 조선인'이라는 미학적인 이분법의 함정이 있는 듯하다. 그러한 구도가 1965년이라는 정치적인 획기점(劃期點)과 어떠한 대응관계를 가지는지에 관해서는 한층 더 연구가 필요하다고 본다.

그런데 다무라 다이지로는 『슌부텐』과 같은 해인 1947년에 대표작이라 할 수 있는 『육체의 문』을 세상에 내놓는다. 『육체의 문』은 점령하 일본에서 '육체'를 생업의 도구로 삼았던 일군의 여성들을 주제로 한 작품이다. 『슌부텐』의 조선인 '위안부'의 육체와 『육체의 문』에 등장하는 일본인 여성의 '육체'는 작가로서의 다무라 내부에서는 서로 맞닿아 있는 것으로 존재했던 셈이다.

『육체의 문』은 패전 후 불에 타다 남은 건물에서 자신의 육체를 생활의 양식으로 삼기로 약속한 몇명의 팡팡(매춘부) 이야기다. 그녀들은 서로의 단결을 지켜나가기 위해 일종의 계율을 두어 굳게 약속을 하고 있었다. 다름 아닌 돈을 받지 않는 '순수한 섹스'를 금지하기로 한 규칙이었다. 그러나 특공대에서 돌아온 이부키 신타로(伊吹新太郎)가 돌연 나타나 그 건물에 기거하게 되면서, 이 규칙이 흐트러지기 시작한다. 보르네오에서 오빠를 잃은 일 때문에 보루네오 마야라고 불리는 주인공이 앞서의 맹세를 배신하게 되고, 그런 이유로 마야는 마치 순교자와 같이 매달려 호된 닦달을 당하게 된다. 동료들에게 흠씬 두들겨맞은 마야는 마침내 다음과 같은 사무치는 감정을 품게 된다—"설령 지옥에 떨어진다 해도 난생처음 알게 된 이 육체의 기쁨을 저버리지는 않겠어라고 마야는 마음속으로 맹세했다. 점점 희미해져 가는 의식 속에서 마야는 지금 자신의 새로운 삶이 시작되고 있는 것을 느꼈다"고 작가는 쓰고 있다. 마야가 육체의 기쁨을 깨달을 수 있었던 것은 특공대 출신인 남자주인공 때문이었는데, 주인공 이부키는 죽은 오빠를 대신하는 존재가 되어 있었다. 이 작품에서 다무라의 서술이 목표했던 것은 1945년 이전 제국의 지도를 패전 후 일본에 겹치도록 접어놓는 것, 그렇게 하면서 일본여성을 '구제'하는 것이었다고 해도 좋다. 또한 마야의 '구제'가 이부키와의 정상적인 연애(혹은 결혼)를 통해서 이루어진다는 의미에서 보아도, 전후의 혼란기에서 '전후 안정기'로의 이행이라는 구도가 이미 선취되고 있었다고 말할 수 있다.

그러나 『육체의 문』의 가장 큰 문제는 점령군에 관한 표상이 철저하게 은폐되어 있다는 점이다. 어떤 의미에서 이는 점령하에서 '검열'이 수행된 결과일 터이다. 프로이트 역시 꿈과 현실세계의 관계를 기술하는 과정에서 '검열(zensur)'이라는 단어를 사용하고 있기는 하지만, 현실 속의 1947년이라는 시기—전란으로 불탄 거리를 점령군이 활보하던 시기—에 제작되어 대중들 사이에서 폭발적으로 소비된 바 있는 『육체의 문』에는 일본의 성인남성들이 꺼림칙하게 여길 만한 점령군이 완전히 제거된 그야말로 '꿈'의 세계가 등장하고 있는 것이다. 프로이트가 말하는 검열은 배제 및 억압과 연관된 저항의 표출일 수 있다는 사정 역시 이를 보충하고 있다. 『육체의 문』이라는 텍스트에는 점령군의 표상이 결여됨으로써 오히려 그 존재에 대한 저항감을 보다 강하게 뒷받침하고 있는 것처럼 읽힌다.

어찌되었든 『육체의 문』에는 점령군에 관한 어떠한 편린도 텍스트에 남아 있지 않다. 거기에 존재하는 것은 전쟁미망인과 전(前) 정신대원(挺身隊員)이 '타락한 여자'로 전락하는 과정이며, 제국의 단편(斷片)이 되어 산산이 부서진 '여성'이 전란으로 불탄 자리에서 구제되기를 기원하는 양상이었다. 프로이트는 꿈(기억)에서 행해지는 '검열'이라는 작업을 문제삼을 때, 거기에 수반되는 '압축(condensation)'과 '전치(displacement)'를 인정한 바 있다.[31] 일본인 남성의 정신적인 상실과 점령군(GHQ)에 대한 다무라의 원한(ressentiment)은 '타락한 여자'라는 표상으로 압축되며 급기야 그녀들에 대한 '구제'로 전치되었다

31 프로이트, 『꿈의 해석』, 김인순 옮김, 열린책들 1997. 압축, 전치는 각각 은유 및 환유와 연관관계를 가지지만 무의식적인 일차과정이라는 의미에서 보면 은유·환유와는 구별된다. 압축의 기능은 유일한 하나의 표상으로 집약된 것이 그것과 관련된 몇가지 잠재적 사고를 번역할 수 있도록 제시되는 것이라고 할 수 있다. 그러한 의미에서 압축은 항상 주체에게 뭔가 아쉽고 미흡한 감을 불러일으키게 된다. 그리고 전치는 연상의 과정에서 심적인 악센트의 이동이 발생한 것처럼 보이지만, 이는 항상 심적인 부하(負荷)가 강렬

고 생각해도 좋을 것이다.

한편 『육체의 문』 역시 대중소설로 성공해 수요가 폭발하자 『슌부텐』과 마찬가지로 영화화될 운명에 놓이게 된다. 영화화 작업을 맡게 된 것은 전위작가인 스즈키 세이준이었다. 『육체의 문』이 영화화된 것은 원작이 발표되고 나서 17년 만인 1964년의 일이었다. 스즈키판 「육체의 문」에서 가장 특징적인 것은, 원작과 달리 점령군의 존재가 두드러지게 돌출되어 있다는 점이다. 그리고 그것은 단순히 팡팡을 단속하는 등의 시대배경을 설명하기 위한 역할에 멈춰 있지 않다. 어떤 의미에서는 점령에 대한 원한을 숙명적으로 표현하고 있는 것이 아닐까 하는 생각이 들 정도로, 점령군이 일본인 여성을 덮치는 장면도 등장한다. 또한 이 영화는 영화의 흐름에 강렬한 임팩트를 미치는 이질적인 효과를 사용하는데, 가령 아메리카합중국의 국기가 화면 전체를 점거하는 장면도 영화의 몇군데인가 나온다.

그러나 스즈키가 채택한, 점령 원한을 처리하는 방식은 당시로서는 특별한 것이 아니었다. 주인공인 마야(노가와 유미코野川由美子 분)는 예전에 점령군에게 강간당한 복수로 점령군 소속의 기독교 선교사를 유혹하고, 결국 그 선교사로 하여금 정욕을 품게 하는 데 성공한다는 것이 이 영화의 줄거리다. 물론 이러한 줄거리는 전후 개혁의 추

하게 집중된 처음의 표상으로부터 긴장도가 약한 다른 표상으로 이행하는 현상이다. 전후 일본에서 점령군(GHQ)에 대한 원한(ressentiment)이 점령군 자체가 아니라 오히려 그들에게 성적으로 점령된 '타락한 여자'라는 표상에 압축 내지 전치된 사실이 바로 이러한 기제에 해당되는 것이 아닐까 생각한다. 그러나 이러한 심적인 처리는, 다른 동아시아(오키나와를 포함하는)에서 미국이라는 폭력장치가 편재하는 사실에 대해 유대감이 결여되는 상태로 이어진다고 보아도 좋을 것이다.

진자였던 점령군 혹은 일본 인민(人民)의 보호자를 자처하는 점령군의 위선을 폭로하는 전략으로 해석되기에 안성맞춤이라고 할 수 있을 것이다. 미일안보체제를 비판하는 1960년 반(反)안보투쟁의 맥락 속에, 스즈키 버전의 「육체의 문」이 등장했던 상황을 배치해볼 수도 있을 것이다. 그러나 반복해서 말하지만, 마야가 점령군에 복수하는 것이라고는 해도 그 복수가 선교사의 '육체'를 매개로 한, 유혹을 통해 달성된 것이었다는 점에서 이 영화 역시 대중소비사회의 욕망의 코드를 거역하는 것은 전혀 아니었다.

그렇다 할지라도 스즈키판 「육체의 문」은 점령군을 표상했던 같은 시기의 영화들과는 구분되며 확실히 획기적인 면모를 보여준다. 1961년 촬영된 다이에이(大映)의 프로그램 영화 「악명(悪名)」 시리즈의 세번째 작품 「신악명(新悪名)」에서는 주인공인 전쟁귀환병 아사키치(朝吉, 가쓰 신타로勝新太郎 분)가 GI에게 강간당할 뻔한 여성을 구출하는 장면이 나온다. 이와 같은 아사키치의 몸짓에서 보이는 것처럼 일본여성을 점령군으로부터 보호하려는 일본남성의 성적인 판타지가 이 영화 전편을 관통하고 있다. 반면에 「육체의 문」에 등장하는 특공대 출신 이부키 신타로는 점령군의 물품을 몰래 빼돌리는 일에 관계하는 인물로 묘사되는데, 이는 일본인 여성을 놓고 점령군(미국)과 쟁탈관계에 놓이는 구도와는 거리가 멀다. 점령군이 행하는 성적 폭력에 대한 복수는 오히려 당사자인 일본여성 마야에 의해 이루어진다. 그러한 의미에서 스즈키판 「육체의 문」은 점령군이 본토로부터 점차 철수하여 점령이 오로지 오키나와에 특화되어버린 (또한 한국에서 강화된) 60년대에 미군기지에 의한 폭력을 끌어안지 않을 수 없었던 다른 지역의 고뇌와 소통하는 몸짓을 생산하고 있었다고 말할 수 있지 않을까.

전후와 '타락한 여인'

60년대의 냉전기는 스탈린 비판을 계기로 본격적으로 진행되려던 동서 데탕트 무드가 쿠바 위기[32]를 맞이해 다시 한번 군비확대 쪽으로 방향을 전환하기 시작한 시기로 기억된다. 이러한 냉전구조의 한 복판에서 일본은 도쿄올림픽을 성공시키는 등 경제적인 성공을 내외에 각인시키는 데 안달이 나 있었다. 제2차 세계대전 결과 동아시아의 유일한 패전국이 된 일본이 아이러니하게도 비약적인 경제발전을 구가하는 국가가 되어버린 셈이다. 반복해서 하는 말이지만, 그렇게 된 데엔 크게 두 가지 사실이 관련되어 있다. 첫번째는, 중국혁명으로부터 한국전쟁을 거치는 과정에서 미국의 극동정책이 일본을 약체화하는 것에서 방향을 전환하여 일본을 중심으로 하는 경제적 분업체제를 지지하게 되었다는 점이다. 또 다른 한가지는, 냉전구조하 한반도와 중국, 타이완이 냉전 대립의 최전선에 놓임으로써 비정상적인 군사·첩보체제를 부설하지 않을 수 없었던 사정과는 대조적으로 일본은 냉전의 최전선으로부터 한발자국 물러난 위치를 점할

32 1962년 구소련이 쿠바에 미사일을 반입한 사실을 계기로 발생한 미·소의 대립관계. 핵전쟁의 위기를 초래했지만, 구소련의 미사일 철거로 해결되었다.

수 있었다는 점, 그리하여 '평화국가' '민주국가'를 유지할 수 있었다는 점이다.

이와 같은 특유의 냉전 자장 속에서 일본의 대중문화가 제국 통치 시기 및 점령기를 상기하는 방식은 항상 섹슈얼한 기호인 '여성'이 그 폭력의 흔적을 담당하는 것이었고, 이 기호는 항상 그런 방식으로 소비되어왔다고 할 수 있다. 그것은 정열적인 동시에 야성적이고 때로는 헌신적이기도 한 반면, 결정적으로 '타락'의 문자이면서 또한 그로부터 기대되는 구제의 이야기이기도 하다. 다시 말해 위안부, 팡팡, 전쟁미망인 등이 각인되어 있는 이야기라고도 할 수 있다. 그러한 포스트 워(post war) 혹은 포스트 콜로니얼(post colonial)한 자장에서 '타락한 여인'이라는 테마는, 일본의 경우 명백하게 전쟁에 패배하고 식민지를 상실한 위정자=남성의 '거세'를 부인하고 그것을 대리 보충하는 역할을 했다. 물론 앞에서 언급한 스즈키판 「슌부텐」에서는 정열적이거나 야성적이지도 않고 또한 헌신적이지도 않은 조선인 '위안부'를 등장시킴으로써, '타락한 여인'과 '거세당한 남성'이라고 하는 냉전하 일본의 대중문화의 '숨겨진 코드'에 저항했던 셈이다.

어찌되었든 점령기의 종언과 함께 이 '타락한 여인'의 표상은 수많은 전쟁영화들 속에서 대량으로 영화시장에 공급되었다. 이러한 영화산업의 '부흥' 자체가 한국전쟁이 자극이 되어 일본경제가 상승하는 과정에서 출현한 것이라는 점, 이 점을 잊어서는 안 된다. 그와중에 1959년부터 61년에 걸쳐 「인간의 조건(人間の條件)」(고바야시 마사키小林正樹 감독, 마쓰타케松竹 배급, 6부작)이라는 영화가 제작되었다. 「인간의 조건」은 홋카이도의 벌판이 구만주와 시베리아를 모방한 로케 촬영지로 활용되는 등, 거액의 예산을 쏟아붓는 전쟁영화의 효시가 되었다. 당시 「인간의 조건」 촬영이 시작되자, 도쿄와 교토에는 배우가 남아나지 않았다고 한다. 「인간의 조건」은 전후문학의 핵심이라고 할 전쟁비판 혹은 인류비판 등의 형이상학적인 물음을 내포한 것이었지만, 관동군이 패주하면서 고립된 개척촌의 여성들이 구소련군이나 일본의 패잔병들에게 어쩔 수 없이 '육체'를 제공하는 장면 등은 이미 '타락한 여인'이라는 테마를 수반하고 있었다.

전쟁영화의 '타락한 여인'이라는 테마에서 '타락한 여인'의 이미지를 전략적으로 반전시킨 작품으로는 마쓰무라 야스조(增村保造)의 「붉은 천사(赤い天使)」(大映 1966)를 들 수 있다. 이 영화는 요모타 이누히코를 비롯한 많은 평자들이 오늘날까지 언급하고 있는 작품이다. 뿐만 아니라 원작 『붉은 천사』(아리마 요리치카有馬賴義)와 같은 해, 즉 원작 집필과 동시 병행으로 제작되었다는 의미에서 흔히 말하는 미디어믹스의 선구가 되기도 한 작품이다. 영화의 주된 줄거리는 중국 전선에서 종군 간호사로 일하는 주인공 니시 사쿠라(西さくら, 와가오 아야코若尾文子 분)와 군의인 오카베(岡部, 아시다 신스케芦田伸介 분)의 사랑과 죽음 이야기다. 원작에서는 사쿠라도 오카베와 함께 황야에서 전사하지만, 영화에서는 총을 든 채 황야를 떠도는 장면으로 끝이 난다.

영화 초반에 사쿠라는 톈진(天津)의 병원(후방지역)에서 간호사로 일하던 중 환자들에게 강간을 당하고 만다. 간호부장에게 그 사실을 호소하지만 스스로 조심하지 않으면 안 된다는 주의를 들었을 뿐이다. 이 사건 이후로도 사쿠라는 간호일을 계속하는데, 나중엔 최전선의 야전병원에서 마치 전투상태를 방불케 하는 부상병의 응급처치를 처음부터 끝까지 돌보게 된다. 영화에서는 사쿠라가 날뛰는 부상병의 몸을 꽉 잡아 누르고 팔과 다리를 절단하거나 혹은 절단한 팔다리를 아무렇지도 않게 폐기하는 장면이 길게 묘사된다. 그런 사쿠라가 만나게 된 사람이 바로 모르핀에 절어 기계처럼 병사들의 팔과 다리를 절단하는 일을 계속할 수 있었던 니힐리스트 오카베 군의다. 오카베는 신경을 마비시키기 위해 모르핀을 사용해온 탓에 성적으로 '불능'이 되어 있었다. 이 두 사람은 어마어마한 양의 의료활동을 해나가는 한편, 오카베의 방에서 밀회를 이어갔다. 병원일이 가혹해질수록 두 사람의 결합도 마치 죽음을 내건 듯한 정열의 기운을 띠어간다.

이 영화가 나타내는 니시 사쿠라의 특징을 표현하자면, 행위의 수준에서는 그녀 역시 '타락한 여인'이다. 그렇지만 표상의 레벨에서 보면, 그녀에게는 일종의 헌신의 분위기와 노력하는 자신을 고집스럽게 지켜나가기 위한 때묻지 않은 고귀함의 기운마저 감돌고 있다. 텐진의 병원을 찾아온 사쿠라가 환자의 병상에서 강간당하는 장면 등도 사쿠라를 '위안부'의 대치물로 표상하는 것이지만, 마치 그것과 반비례라도 하듯이 집단강간에도 전혀 굴하지 않는 부자연스러울 정도로 강인한 그녀의 면모가 강조되어 있다. 즉, 전쟁의 과정에서 드러날 수밖에 없는 인간의 잔혹함과 무시무시함, 그리고 약한 모습 등은 모두 사쿠라와 관계하는 남성의 '육체' 편에 각인되어 이와 대조적인 관계에 놓인 사쿠라의 아우라는 한층 더 빛을 발하게 된다. 이러한 태도를 가장 잘 보여주는 예로, 양팔을 잃은 오리하라(折原) 일등병(가와즈 유스케川津佑介 분)을 사쿠라가 직접 병원 밖 호텔로 불러내 남성으로서의 느낌을 갖게 하여 행복한 자살을 할 수 있도록 하는 에피소드가 있다.

그렇다면 마쓰무라 감독의 표상전략은 대체 무엇이었는가. 물론 사쿠라의 표상 역시 대중적인 욕망의 코드를 따르는 것이었음은 말할 필요도 없다. 타락한 행위와 표상 차원의 고상함이라는 비현실적인 낙차, 그 자체가 관객(남성)의 속된 욕망을 조직화하는 역할을 했다는 것은 의심할 여지가 없다. 그러나 그렇게 생각한다 하더라도, 마쓰무라에 의해 만들어진 니시 사쿠라의 이미지에는 그같은 해석만으로는 채워지지 않는 무언가가 있다. 예를 들면 원작에서는 결말 부분에서 마치 함께 죽는 정사(情死)인 것처럼 사쿠라를 죽게 하는 데 반해, 영화의 경우 사쿠라를 살아남게 하는 연출이 상징하는 그 무엇이다. 총을 휴대한 채 살아남기 위해 황야를 떠도는 사쿠라의 몸짓은 스즈키판「슌부텐」의 마지막 장면에서 죽음을 서두르는 일본인을 꾸짖는 조선인 '위안부' 쓰유코의 모습과 겹쳐지는 데가 있다.「붉은 천사」의 마지막 장면에서, 전장에 끝까지 서 있는 사쿠라의 몸짓은 실로 쓰유코의 절규 —"일본사람들은 너무 쉽게 죽고 싶어해. 짓밟히고 발로 차이더라도 살아가지 않으면 안 돼. 살아남는 쪽이 훨씬 고통스러워. 죽는 일 따위는 비겁해"—와 공명관계에 있는 것처럼 보인다. 그렇지만 여기서도 미세하지만 결정적인 차이가 드러난다. 요모타가 지적한 것처럼 쓰유코의 발길에는 일본군 쪽으로 다시 합류하지 않고 팔로군 쪽으로 향하는 듯한 예감이 느껴지지만, 만약 연인 오카베 군의의 시체를 발견하게 된다면 사쿠라의 발길은 그곳에 웅크리고 주저앉을 수밖에 없을 것이다. 따라서 오카베의 시체를 발견한 사쿠라가 향해야 하는 장소라면 역시 죽음밖에는 없을지도 모른다. 혹은 쓰라린 기억을 품은 채 어떻게든 일본으로 귀환하는 길밖에는 없을 것이다. 스즈키판 「슌부텐」에서의 쓰유코와 마쓰무라판 「붉은 천사」에서의 사쿠라. 이 두 사람은 전쟁에서 살아남은 여성의 표상으로서 등장했지만 그 생존의 방향은 결정적으로 갈려나가게 되리라는 것을 예감하게 한다.

동아시아 냉전에서의 '육체'의 행방

지금까지 '육체' 혹은 '타락한 여인'이라는 테마를 통해 냉전기에 형성된 일본문화의 구조를 검증해보았다. 단지 제시하는 것으로 그치겠지만, 이 대목에서 다른 각도에서 재고(再考)해볼 수 있는 가능성을 이야기하고 싶다. 중국, 타이완, 한반도에서 만들어진 전쟁문학(영화)을 보면 명확하게 국가의 위기의식 그 자체와 연동하고 있으며 그런 의미에서 이들 영화는 이미 (준)총력전체제의 불가결한 일부를 이루고 있다. 물론 일본문학(영화)도 미일 전쟁체제와 연관되어 있고, 혹은 예의 은폐라는 회로를 통해 전쟁과 연결되어 있을 것이다. 그러나 다른 동아시아 지역의 전쟁문학(영화)이 '육체'에 대해 대체로 금욕적인 태도를 취하지 않으면 안 되었다는 점과 더불어 일본에서는 다양한 '검열'을 매개로 하면서도 육체가 계속 노출되어왔다는 점을 어떻게 받아들일 것인가 하는 문제는 여전히 남아 있다.

글의 첫머리에서 '육체문학' 및 '태양족'에 대한 다케다 다이준의 거의 직감적이라고도 할 수 있는 위화감—'벌거벗은 육체의 아름다움과 강인함이 과도하게 칭송되었다'—을 확인한 바 있지만 그것은 실로 동아시아의 지평(미합중국의 정치, 문화, 경제에 관련된 효과도 포함하여)에서 재고되지 않으면 안 된다. 일본과 다른 동아시아 지역들의 전쟁문학(영화)에서 '육체'와 관련해 어떤 차이(contrast)가 존재한다는 사실 자체가 어떤 의미에서는 냉전구조가 각 지역에서 초래한 비대칭성이라고 할 수 있다. 게다가 그 비대칭성이라는 것이 어떠한 형식으로든 계속 남아 있음으로써 예기치 않은 프로세스를 거쳐 서로 호응해나가는 식의 구도가 부상(浮上)하지 않으리란 법도 없다. 예를 들어 「붉은 천사」의 사쿠라에 관해 마쓰무라는 "중국에서 살인, 강도, 폭행, 강간을 일삼는 짐승 같은 일본인들이 아니라…… 상쾌하고 결백하게 살아가는 일본인의 심벌입니다"라고 말한다. 결국 마쓰무라는 원작에 반(反)하여 사쿠라를 황야 속에서 살려냈다. 사쿠라의 저 몸짓과 표정은 「슌부텐」의 쓰유코의 몸짓 혹은 다른 동아시아 지역에서의 전쟁영화나 혁명영화의 주인공과의 대조를 통해 해독해야 하는 성질은 아닐까. 중국과 한반도, 그리고 타이완과 마찬가지로 동아시아 냉전구조 속에 일본이 자리하고 있다는 것은 명백하다 하더라도 저마다 어떠한 형태와 관련을 가지면서 자신의 문화(물론 유동적으로 계속 변용되어가는 구조)를 구축해왔는가 하는 문제는 여전히 풀기 어려운 공백지대로 잠재해 있다.

4

회귀하는 아시아, 여백의 아시아

그리고 수년 후, 나는 예전에 방문했던 '원향(原鄕)'으로부터
수킬로미터 떨어진 곳에서 이 환영(幻影)과도 같은 풍경을 발견하고
놀라 꼼짝 못하고 서 있었습니다. 나이드신 어머니들 중 한분은
손가락을 헤아리며, 그 경치는 아무개의 장례식 풍경일 거야.
누군가에게 업혀서 보았던 게지 하고 말했습니다. 고백하지만,
이 사건 이후 나는 조금 뻔뻔스러워져서 '공동체'와 같은 말을
무심결에 입에 올리게 되었습니다.

다니가와 간, 『북쪽이 없다면 일본은 삼각형』 중에서

'아시아' 회귀?

일본 전쟁문학의 제일인자로, 종군작가로서 전쟁중에 다수의 작품을 남긴 히노 아시헤이(火野葦平)[1]의 이름을 떠올릴 수 있다. 그러나 히노의 작가생활의 범위가 종군작가라는 범주를 초월해 있다는 것은 다시 한번 강조해두어야 할 사정이다. 예를 들어 전전만 보더라도, 이른바 병정 3부작인 『보리와 병정(麥と兵隊)』, 『흙과 병정(土と兵隊)』, 『꽃과 병정(花と兵隊)』 등이 쓰여지기 이전에 이미 제6회 아쿠타가와상을 수상했던 수작 『분뇨담(糞尿譚)』(1938)이 쓰여졌으며, 이 『분뇨담』과의 연속선상에서 이들 작품들에 묘사되어 있는 민중으로서의 '일본 병사'의 상(像)을 정립할 필요가 있다.

히노를 그와 같이 이해할 수 있는 근거로, 이케다 히로시(池田浩士)[2]의 『히노 아시헤이론』[3]을 보자. 이케다 히로시는 히노의 문학을 국책문학으로 일괄하는 것은 문학자로서의 히노의 존재를 단순화할 위험이 있다고 말한다. 종군작가가 되기 전, 히노는 고향 규슈(九州)의 와카마쓰(若松)에서 가업인 토건업을 이어받은 젊은 사장이었다. 이렇듯 그는 경영자의 위치이면서 또한 노동자의 해방을 꿈꾸는 듯한 사

1 히노 아시헤이(火野葦平, 1907~60): 후쿠오카현 출신. 소설가. 와세다대학 중퇴. 종군중에 쓴 『糞尿譚』(芥川賞全集第二巻, 文藝春秋 1981)으로 아쿠타가와상 수상. 『麥と兵隊』 이하 3부작은 전쟁문학의 대표작이다. 1960년에 수면제를 마시고 자살했다. 저서로 『土と兵隊 · 麥と兵隊』(新潮文庫 1953), 『花と龍』(上下巻, 講談社 1996) 등이 있다.

2 이케다 히로시(池田浩士, 1940~): 시가(滋賀)현 출신. 게이오대학 대학원 박사과정 수료. 교토대학 교수를 거쳐 현재 교토 세이카(精華)대학 교수. 저서로 『闇の文化史』(インパクト出版會 2004), 『虚構のナチズム』(人文書院 2004) 등이 있다.

3 池田浩士, 『火野葦平論』, インパクト出版會 2000.

람이었다고 한다. 히노는 프롤레타리아 작가와는 별개의 계보에 서 있었지만, 지역에 뿌리를 내린 토착적인 우두머리 기질의 시선으로 나름의 독자적인 민중상을 보유한 작가였다. 이케다도 주목하고 있듯이 히노의 작가생활에서 가장 문제가 된 것은 패전 직후 귀환병사들로 넘쳐나는 내지에서 붓을 꺾기로 결의하고 쓴 에세이 「슬픈 병정」[4]이었다. 이 에세이를 관통하고 있는 것은 병사들의 죽음을 '개죽음'으로 취급하는 '전후 민주주의'에 대한 강렬한 저주인데, 이와 같은 감회는 전후 민주주의체제의 각박함에 대해 병사들이 느끼는 민중적 감정으로 몇차례나 확인되었고 현재까지 남아 있는 것이기도 하다. 히노는 한차례 절필을 선언하기는 했지만 『꽃과 용(花と龍)』, 『혁명전야(革命前夜)』 등 전후에도 '이름조차 없는 사람들'을 포함하여 자전적인 작품을 써나간다. 그러한 가운데 히노는 전쟁과 관련된 사실에 대해 역사적 책임을 갖고 그것을 해명하는 데 자신의 '삶'을 바치고자 했던 것이 틀림없다.

그렇지만 그는 전후 일본의 양상—한국전쟁으로 인해 호경기를 누리게 된 또 하나의 '현실'—과는 각투를 벌이려고 하지 않았다. 그래서일까, 이케다가 지적하는 것처럼 전후 히노 작품의 질은 그야말로 '사소설'이라고밖에는 말할 수 없다. 그러한 의미에서도 히노의 전후문학적인 영위는 역사에 대한 참여를 회피하고 있다고도 할 수 있으며, 또한 그것은 전후 일본인의 '삶'의 한 단면을 대표하는 것이 되고 있다.

4 「悲しき兵隊(上)」, 『朝日新聞』 1945. 9. 11; 「悲しき兵隊(下)」, 『朝日新聞』 1945. 9. 13.

그런 점에서 보면, 전후 전쟁문학의 금자탑이라고 불리는 오오카 쇼헤이의 작품들 역시 전후 일본의 정치·경제적인 포지션에 의해 규정되어 있다. 예를 들어 『포로기(俘虜記)』[5]나 『들불(野火)』[6]만 해도, 실질적으로는 1951년에 체결되어 52년에 발효된 샌프란시스코 강화조약 체결을 향한 시공간에서 쓰인 작품이다. 이 사실이 의미하는 것은 오오카의 주관과는 별개로 이 작품들이 여전히 전쟁의 시간과 잇닿아 있는 것으로 존재한다는 점이다. 특히 『포로기』나 『들불』은 필리핀 사람들의 입장에서 보면 일본과의 적대상태가 지속되는 것을 의미하지만, 이 작품은 오히려 현지 주민의 존재를 거의 시야에 넣고 있지 않다. 다시 말해, 전쟁에 대한 회고라기보다는 포로로 묘사된 주인공의 신분을 통해 미국 점령하 일본인의 운명을 은유적으로 표현해보겠다는 배후 사정이 두 작품 속에 강하게 각인되어 있다.

지금 기술한 것과 부합하는지 여부는 판단할 수 없지만, 두 작품을 쓴 이후 오오카는 필리핀에 대한 기억과 다시금 마주하게 되어 각투를 벌이기 시작한다. 그리고 그것이 표면화된 작품이 1969년의 『민도로섬에 다시 한번』[7]과 1972년의 『레이테전기(レイテ戦記)』다. 50년대 중반부터 60년대에 걸쳐 전쟁과 관련된 서술을 보류해왔던 오오카에게 필리핀은 작품 속에서 다시 한번 새롭게 만나야 할 땅이 되어 있었다. 요컨대 전전(전중)의 기억을 간직하고 있는 작가들은 50년대부터 60년대에 걸친 일련의 양상을 다시 문제화하지 않으면 안 되었다.

5 오오카 쇼헤이, 『포로기』, 허호 옮김, 웅진출판 1995.

6 오오카 쇼헤이, 『들불』, 이재성 옮김, 小花 1998.

7 大岡昇平, 『ミンドロ島ふたたび』, 中央文庫 1968.

그러한 의미에서 보면, 히노와 오오카처럼 현재까지 계속 읽히는 작가들과 거의 동년배에 속하면서도 그 기간 동안 전혀 상이한 경험을 했던 전전 출생(그리고 전쟁을 체험했던) 작가들의 존재를 다시 생각해볼 필요도 있을 것이다.

한 예로 식민지에서 성장한 작가로 50년대 일본공산당의 내부 항쟁을 주제로 『단층지대』[8]를 썼던 고바야시 마사루(小林勝)[9] 같은 이는 80년대 이후 전혀 읽히지 않게 되었다. 50년대에 쓰여진 고바야시의 이 책은 당과 개인의 유대와 불화를 묘사했다는 의미에서 70년대 학생운동 내부의 폭력에 대한 아날로지(analogy)로 읽힌 흔적도 있다. 그리고 전중에 내지의 소학생이었던 고사명(高史明)[10]의 처녀작 『밤이 시간의 발걸음을 어둡게 할 때』[11] 같은 경우도 당시 독자와의 관계에서 보면, 1970년 화청투(華青闘) 고발[12] 이후 50년대 일본공산당과 재일조선인 지식인 사이의 갈등을 재일조선인 입장에서 그리는 구조를 취하고 있다.

이처럼 신중국의 성립과 한국전쟁을 분수령으로 하는 50년대의

8 小林勝, 『斷層地帶』, 書肆パトリア 1958.

9 고바야시 마사루(小林勝, 1927~71): 조선 출신. 와세다대학 러시아문학과 중퇴. 화염투쟁에 참가하여 실형 판결을 받고 옥중생활을 했다. 신일본문학회(新日本文學會)에 속하여 작품을 발표했다. 저서로 『斷層地帶』 등이 있다.

10 고사명(高史明, 1932~): 야마구치현 출신 작가로 재일조선인이다. 고등소학교 중퇴. 다양한 직업을 거쳐 독학했고 작가생활에 입문했다. 저서로 『生きることの意味』(ちくま文庫 1986), 『闇を喰む』(角川文庫 2004) 등이 있다.

11 高史明, 『夜がときの歩みを暗くするとき』, 筑摩書房 1971.

12 1970년 7월 7일, 화청투(화교청년투쟁위원회)는 집회에서 일본 신좌익도 제국주의라고 고발했다.

정치(문학)는 70년대까지 주로 '운동'진영 쪽에서 하나의 참조틀로 삼아왔다. 그리고 좀더 거슬러 올라가면, 50년대까지의 정치(문학)는 전전(전중)에 태어나서 전쟁을 체험한 작가들이 담당하고 있었다. 어찌되었든 전후 일본에서 '아시아'적인 것으로 다시 회귀하는 현상은 동아시아에서 격화된 냉전이 일본에 열도 규모로 반사된 결과 나타난 것이었다. 그리하여 거기서 발생한 굴절과 비틀림이라는 것이 이른바 전전(전중)의 기억을 취급하는 문학적인 활동에 어떠한 영향을 끼쳤는가 혹은 (반대로) 영향을 끼치지 않았는가 하는 점을 해석할 필요가 생긴다.

반복해서 하는 말이 되겠지만, 말할 것도 없이 50년대는 일본의 '부활'이 아시아의 '굴욕'으로 기억되는 기간이었다. 그 이후 세계적으로는 냉전이 교착상태에 들어간 60년대에 과연 일본은 어떠한 방식으로 아시아라는 문제(적) 기제와 관련을 맺고 있었을까. 이제 다른 루트에서 살펴보고 싶다.

60년대 혹은 다케우치 요시미

50년대 후반부터 60년대까지의 시간성을 '아시아'와의 연관 속에서 고찰할 때 60년대 안보조약 개정 반대운동의 고조를 잠정적인 기점으로, 그리고 정부 주도로 이루어진 메이지 100주년 기념식전의 개최(1968)를 그 귀착점으로 생각해보려 한다. 이 양극단을 잠정적인 프레임워크(framework)로 삼는 것은 다케우치 요시미의 존재가 그 양극단을 잇고 있기 때문이라고도 할 수 있다. 다케우치는 안보조약 개정 반대운동이 점점 더 흥미진진한 국면이 되려 하던 1960년 5월, 다가올 메이지유신 100주년을 내다보고 '메이지유신 백년제(明治維新百年祭)'를 제창했다.[13]

그러나 근대 일본을 총괄할 계획이었던 다케우치의 '메이지유신 백년제' 주장은 도야마 시게키(遠山茂樹)[14]로부터 그 "현대적 의의가 어디에 있는가"라고 비판받는 등 좌익진영의 지지를 얻지 못했다. 뿐만 아니라, 1968년이 다가오면서 정부 주도로 '메이지백년 기념식전'이 추진됨에 따라 결과적으로 다케우치 본인의 언동도 한풀 꺾일 수밖에 없게 되었다. 다케우치는 1966년에 가진 인터뷰 「예견과 착오(豫見と錯誤)」에서, 자신이 '메이지유신 백년제'를 제창한 것은 결코 회고 취미에서가 아닐뿐더러 도야마가 말하는 것처럼 '현대적 의의'가 아닌 '미래적 의의'를 지니는 전략적 발안이었다는 것, 그리고 그 제안은 일본정부와 '문화'를 둘러싸고 이루어진 구체적인 교섭(협상)이었

13 「豫見と錯誤」, 『竹內好全集 第九卷』, 415~417쪽 참조. 이러한 주장을 처음 펼친 것은 1966년 6월 6일 『日本讀書新聞』에서였다. 다케우치는 이 글에서 메이지 100주년에 대해 다음과 같이 서술하고 있다. "나의 제안은 메이지유신 100주년을 기념해야만 하는 것인가 그렇지 않은가 연구해 볼 만하지 않을까 하는 것이었습니다. 그런데 『사상의 과학(思想の科學)』이 그 문제를 다루었다는 이유만으로 그 제안은 특히 좌익으로부터는 묵살되었습니다. 하지만 지금에 와서는 정부가 주도권을 쥐고 어떻게든 해보자는 것이겠지요. 그런 점은 저는 절대 반대입니다. 정부가 주재하는 문화영역에 끼어들어서는 안 된다고 생각합니다."

14 도야마 시게키(遠山茂樹, 1914~): 도쿄대 출신. 도쿄제국대학 문학부 졸업. 문부성 유신사학 편찬사무국, 도쿄대학 사료편찬소를 거쳐 요코하마 시립대학 교수를 지냈다. 전공은 일본근대사. 저서로 『明治維新』(岩波現代文庫 2000), 『近代天皇制の成立』(岩波書店 1987) 등이 있다.

다는 점을 강조했다.

결론적으로 메이지 100주년이라는 회귀적이고도 미래적인 시간성이란 다케우치 내부에서 보면, 60년대 안보조약 개정 반대운동에 대한 실천적인 참여(commit)에서 촉발된 발상이었다고 해도 좋을 것이다. 다만, 다케우치가 60년 안보투쟁에서 했던 발언은 「민주인가 독재인가」[15]라는 시사성 있는 글에서 집중적으로 드러났는데, 이것이 이후 공산주의자동맹인 분트(ブント, Bund)[16] 등에 의해 안보와 민주주의의 문제를 분리시킨 것처럼 받아들여졌다는 인상도 있다.[17] 그러나 다케우치가 안보투쟁에 참여한 것은 그가 이 운동과 큰 축을 공유했던 여러 가지를 실천하고 있었다는 사실을 내포한다. 예를 들면, 다케우치는 청원활동에도 적극적이어서 당시 수상이었던 기시 노부스케(岸信介)와 면담을 하였으며,[18] 신안보조약이 자연승인되는 시점

15 竹内浩, 「民主か獨裁か」, 『図書新聞』 1960. 6. 4.

16 1958년 공산주의 급진세력으로 결성되었다. 60년에는 전학련(全學連)을 지휘하고 안보투쟁을 전개했으나 이후 분열을 거듭하게 된다. 현재는 여러 가지 사상을 받아들여 인권, 반전, 환경 활동을 펼치고 있다.

17 1960년대 운동과정에서 쓰여진 「민주인가 독재인가」와 강연록 「네 개의 제안(四つの提案)」은 거의 동일한 내용이라고 말할 수 있다. 그러나 다케우치가 말하는 운동과 관련된 프로그램 지향이라는 문제를 놓고, 당시 전학련 주류파(분트파)와 요시모토 다카아키 그룹은 차이를 보여주고 있어 매우 흥미롭다. 전집 9권에 실려 있는 「개제(改題)」라는 글에서도 5월 말에 있었던 회합에 초대된 다케우치가 요시모토와 격론을 벌였다고 기록되어 있다(「竹內好全集 第九巻」, 502~503쪽).

18 다케우치는 1960년의 안보개정운동이 한창일 때 당시 수장이었던 기시 노부스케를 만나게 된다. 국회에서 신안보조약의 비준이 강행 체결되었던 5월 19일 바로 전날이었다. 당시 일기와 메모를 근거로 집필된 에세이 「대사건과 소사건(大事件と小事件)」에는 이렇게 기록되어 있다. "나는 이렇게 발언했다. 만약 말을 하게 된다면 이것밖에는 말할 것이 없다고 미리 생각해두었던 발언이었다. '총리는 역사를 만드는 사람이다. 나는 역사

을 기해서는 도쿄도립대학을 사임하는 등의 행동을 실천하였다. 다케우치의 그와 같은 행동 하나하나가 지니는 전략적 의의를 논하는 일도 가능하겠지만, 각각의 전략과는 별개로 60년대 안보투쟁을 통해서 다케우치가 염두에 두고 있었던 문제는 역시 아시아, 특히 중국과의 관계였다고 할 수 있다.

반복해서 하는 말이 되겠지만, 최대한 강조해두어야 하는 것은 샌프란시스코 강화조약에는 중국(타이완의 중화민국도 포함해서)과 한반도의 대표자가 참석하지 않았다는 사실이다. 이듬해인 1952년에도 일본은 타이완의 중화민국과 개별적으로 일화평화조약을 체결하게 되지만, 그것은 이른바 일본의 '독립'을 우선적으로 미합중국의 승인을 통해 일반화시킨 후에 그 '독립'의 토대 위에서 새로이 아시아와 교섭하려는 전략이었다. 이미 '독립'을 달성해버린 일본은 중화민국 정부의 '독립'을 승인하는 조건으로 타이완에 대한 배상청구를 봉쇄했다. (비슷한 일이 1965년 한일기본조약을 통해 한국과의 사이에서도 벌어지게 된

를 쓰는 인간이다. 역사를 쓰는 인간으로서 한마디 말씀드리고 싶다. 인물에 대한 역사의 평가는 보통 최후의 행위로 결정된다. 총리가 이제 일대 용맹심을 발휘하실 수 있게 되기를 희망한다.' 우리들은 '안보비판모임(安保批判の會)'에서 작성한 총리의 사직권고 결의를 지참하고 있었다. 이야기를 그쪽으로 돌리지 않으면 안 된다는 초조감 속에서, 나는 있는 힘을 다해 겨우 이것밖에는 말할 수 없었다. '총리'라는 단어에 저항감이 있었지만, 적당한 호칭으로 다른 것을 생각할 수도 없었다. 이것도 미리 준비해둔 것이었다. 후에 이날의 회견을 생각해보면, 상대의 술책에 걸려들었다는 느낌도 없지는 않았다. 우리들은 순진했다. 그러나 달리 어떻게 할 수 있었을까. 파시스트의 혀는 긴 법이다. 정부에 대한 우리들의 소박한 진정(陳情)에도 어쨌든 귀를 기울였던, 혹은 기울이는 체 할 수 있었던 상대의 아량을 칭찬해주어도 좋을 것이다. 그 이후 학교에 가서 두 번 수업을 했다."

다.) 이 단계에서 중국(인민공화국)과의 관계를 보면, 1971년 중일 국교 정상화에 이를 때까지 일본은 중국과 루거우차오(盧構橋) 사건[19]을 시발점으로 하여 8년 동안이나 전쟁상태에 놓여 있었다. 요컨대 다케우치는 전쟁상태가 고정화되는 냉전상태에 대해 아시아의 입장(그리고 일본 민족의 입장)에서 이의를 제기한 것이 바로 안보조약 반대운동이라고 보았고, 이 점을 가장 강조했다. 따라서 그것은 일본이 아시아에 대해 자신의 정치적 '독립'성을 드러낼 수 있을까 어떨까 하는 문제와 관련된, 민족의 기개가 걸린 문제이기도 했다. 그러한 의미에서 보면, 다케우치에게 있어 신안보조약이 비준되느냐의 여부는 사실상 부차적인 문제였다고도 할 수 있다.

만약 신안보조약 반대운동의 궁극적 목적이 조약의 체결 여부 자체였다고 한다면, 시미즈 이쿠타로(清水幾太郎)[20] 같은 실용주의자의 입장에서 볼 때 이 운동은 패배한 운동이 된다. 반대로 마루야마 마사오(丸山眞男)나 히다카 로쿠로(日高六郎) 등 전후 민주주의를 체현하는 지식인들의 입장에서 볼 때는, 조직동원에 의존하지 않는 시민의 주체적인 참여를 불러일으켰다는 의미에서 민주주의적 주체 성숙이라는 방향에서 평가되고 있었다.

19 1937년 7월 7일에 중국 베이징 교외의 루거우차오(盧溝橋) 부근에서 연습중에 총격을 받은 일본군이 그 다음날 중국군을 공격했다. 중일전쟁의 계기가 된 사건이다.

20 시미즈 이쿠타로(清水幾太郎, 1907~88): 도쿄 출신. 사회학자, 평론가. 도쿄대학 문학부 졸업. 『요미우리(讀賣)신문』 논설위원을 거쳐 가큐슈인(學習院)대학 교수를 지냈다. 60년 안보투쟁에서는 안보투쟁을 '패배'로 평가하고 전향했다. 저서로 『オーギュスト・コント』(岩波書店 1995), 역서로는 E. H. 카의 『歴史とは何か』(岩波新書 1962) 등이 있다.

이와 같은 언론계의 여러 조류를 주시하면서 다케우치는 안보 소동이 안정기로 접어든 수개월 후, 「물에 빠진 개는 때려야 한다(水に落ちた犬は打つべし)」(1960. 9. 13)[21]라는 강연에서 다음과 같은 사실을 재확인했다. 즉, 오히려 그는 일본의 '독립'을 처음부터 다시 시작해보자는 시도 속에서 안보를 위해 투쟁했다는 점이다. 다케우치가 지향했던 것은 '국민문학' 논쟁을 거치며 사유되어온 일본의 '독립'—점령기로부터의 일본의 '독립'—을 어떻게 아시아·아프리카 제국에서의 '독립' 조류에 근접하게 할 것인가 하는 문제였으며, 이는 어떤 의미에서 실현 불가능한 과제였다. 다케우치에게 반(反)안보운동이란 실로 이 '독립'을 단련하여 완성해가는 과정이었다. 그러한 의미에서도 다케우치는 확실히 내셔널리스트였으며 거기서부터 바로 내셔널리즘의 '처녀성'을 상실한 근대 일본의 내셔널리즘의 성격을 어떻게 처리할 것인가 하는 문제, 즉 마루야마에 의해 제기된 바 있는 일본 내셔널리즘의 성격규정이라는 아포리아가 형성된다. 실제로 그 연상선상에서 1968년 메이지 100주년이라는 역사적 사이클이 호출되었으며, 60년 안보투쟁 이후 다케우치는 『일본과 아시아』(1961)를 집필하고 더 나아가 『일본의 아시아주의』(1963)를 쓰게 된다.

『일본과 아시아』는 당시 국제적인 긴장관계의 양상을 기반으로 후쿠자와 유키치(福澤諭吉)[22]의 「탈아론(脫亞論)」[23]을 다시 읽으려는 시

21 '물에 빠진 개는 때려야 한다'는 말은 루쉰의 글에 등장하는 표현으로, 군벌 잔재와 반개혁 세력에 대한 화해를 주장하는 사람들을 반대하면서 썼던 문구다—옮긴이.

22 후쿠자와 유키치(副澤諭吉): 오사카 출신. 사상가, 정치가. 오가타 코안(緒方洪庵)으로부터 난학(蘭學, 네델란드의 학문—옮긴이)을 배운 뒤, 에도에 란가큐주크(蘭學塾, 훗

도였다. 더 나아가 『일본의 아시아주의』에서 논의된 것은 일본 아시아주의자들의 아시아에 대한 입장 및 그 입장에 입각한 연대 그리고 객관적 실태로 존재했던 침략 사이의 관계였다. 1960년에 이미 '메이지유신 백년제'를 염두에 두고 있었다면, 이 저작들은 실상 용의주도한 프로그램 위에 성립된 것일지도 모른다. 그러나 그 프로그램이란 고정된 정치목표를 향해 있는 것이 아니라 넓은 의미에서의 문화적인 프로그램이라 할 수 있는 것이었다. 그도 그럴 것이 다케우치는 자신이 제안한 '메이지유신 백년제'가 정부 주도의 '메이지 백년제'가 되어버린 것에 대해 이를 '문화'분야에 대한 정부의 개입으로 여기고 불쾌감을 표시했다. 그러나 여기서 말하는 '문화'가 '정치'에 대한 도피처로서의 모라토리엄(moratorium)의 영역이 아닌 것은 자명할 터이다. 이때의 문학이란 '정치'와 대결하는 가운데 자신을 새롭게 선별하는 작업으로, 이는 어디까지나 다케우치식의 '문화정치'였다.

한편, 탐색의 성과로서 『일본과 아시아』나 『일본의 아시아주의』를 발표하는 이외에도 다케우치 내부에서는 다양한 프로그램이 준비되고 있었다. 한가지 예를 들면, 그는 이 시기 『사상의 과학(思想の科學)』[24] 동인으로 활동하는 가운데 좌담회라는 형식을 통해 언론에

날의 게이오대학)를 개설했다. 막부의 사절로 3차례 구미를 시찰했다. 그후 민간에서 교육과 계몽활동에 전념했다. 저서로 『학문의 권장』(남상영·사사가와 고이치 옮김, 小花 2003), 『新訂 福翁自伝』(岩波文庫 1978) 등이 있다.

23 1885년 『時事新報』에서 후쿠자와 유키치가 발표한 논설. 아시아를 탈피하여 구미(歐美)가 될 것을 주장했다.

개입했다. 그중에서 눈에 띄는 것은 쓰루미 슌스케(鶴見俊輔)[25]와 하시카와 분조(橋川文三)[26] 같은 이들과 함께 한 좌담회 '대동아공영권의 이념과 현실'[27]과, 하야시 후사오(林房雄)[28]와 우에야마 슌페이(上山春平)[29] 등과 함께 한 좌담회 '대동아전쟁을 왜 다시 보아야 하는가'[30]등이 있다. 다케우치는 이 두 번의 좌담회에 거의 조직책(organizor)에 가

24 1946년 창간된 잡지. 창간 동인으로 마루야마 마사오(丸山眞男), 다케타니 미쓰오(武谷三男), 쓰루 시게토(都留重人), 와타나베 사토시(渡辺慧), 쓰루미 슌스케(鶴見俊輔), 쓰루미 가즈코(鶴見和子), 다케다 기요코(武田淸子) 등이 있다. 새로운 사상의 확립과 철학의 재생을 목표로 했다. 96년 휴간되었다.

25 쓰루미 슌스케(鶴見俊輔, 1922~): 도쿄 출신. 철학자, 평론가. 하버드대학 철학과 졸업. 교토대학 조교수를 거쳐 도쿄공업대학 교수를 역임했고, 60년에는 안보조약에 항의하여 같은 대학 교수직을 물러났다. 그후 도지샤(同志社)대학 교수가 되지만, 70년의 대학 분쟁으로 교수직을 다시 물러났다. 전후 논단에서 지도적인 인물로, 저서에 『전향: 쓰루미 슌스케의 전시기 일본 정신사 강의 1931~1945』(최영호 옮김, 논형 2005), 『전후 일본의 대중문화』(김문환 옮김, 小花 1996) 등이 있다.

26 하시카와 분조(橋川文三, 1922~83): 나가사키(長崎)현 출신. 도쿄제국대학 법학부 졸업. 출판사에 근무한 바 있고 메이지대학 교수를 지냈다. 전공은 일본정치사상사. 일본낭만파 미학의 분석을 통해서 쇼와(昭和)정신사 연구의 새로운 관점을 제공했다. 저서로 『日本浪漫派批判序說』(講談社 文芸文庫 1998), 『日本近代政治思想の諸相』(未來社 1995) 등이 있다.

27 竹內 · 鶴見 · 橋川, 「大東亞共榮圈の理念と現實」, 『思想の科學』 1963. 12.

28 하야시 후사오(林房雄, 1903~75): 오이타(大分)현 출신. 소설가. 도쿄제국대학 재학중에 나카노 시게루(中野重治) 등과 마르크스주의 예술연구회에 관계했다. 프롤레타리아 작가로서 출발하였으나 후에 낭만주의에 경도된다. 대동아전쟁을 긍정하는 등 물의를 빚었다. 저서로 『西鄉隆盛』(德間書店), 『大東亞戰爭肯定論』(夏目書房 2001) 등이 있다.

29 우에야마 슌페이(上山春平, 1921~): 와가야마(和歌山)현 출신. 철학자. 도쿄제국대학 문학부 철학과 졸업. 도쿄대학 명예교수. 저서로 『照葉樹林文化』(中公新書 1969) 등이 있다.

30 竹內 · 鶴見 · 橋川, 「大東亞戰爭を何故見直すのか」, 『潮』 1964. 1.

까운 입장에서 참가하였다고 보아도 좋을 것이다. 그런데 이 두 좌담회의 공통적인 요소를 찾자면, 일견 '대동아'라는 단어가 표면에 드러나게 된다. 그 전쟁(대동아전쟁), 그 사상(대동아공영권)[31]을 이야기할 경우에는 당시와 동일한 호칭으로 부르는 데서부터 시작하지 않으면 안 된다는 식이었던 듯하다. 전쟁체험자인 우에야마는 이 좌담회가 있기 전에 「대동아전쟁의 사상사적 의의」[32]라는 글에서 이렇게 서술하고 있다.

> 우리들은 처음에 그 전쟁을 '대동아전쟁'이라고 불렀다. 그러나 언제부터인가 점령군이 부르는 방식을 본떠 '태평양전쟁'이라고 부르는 습관이 들어버렸다. 그와 함께 전쟁에 대한 평가에도 변화가 생겼다. 즉, 그것은 '황국일본'이 '파시즘'으로, '귀축미영(鬼畜米英)'이 '민주주의'로, 그리고 '대동아 신질서 건설'이 '식민지 침략'으로 대치되는 과정에서 여러 차례 평가가 역전되었다.

점령기가 종료된 시점에 이러한 이의제기가 나왔다는 것은 어떤 의미에서는 당연한 것일지도 모른다. 그러나 '대동아'라는 단어를 다시금 사용하는 것 자체는 단지 무대설정에 지나지 않는다. 1938년 12월 고노에 성명[33]에서 발효된 '동아신질서'가 '대동아공영권'으로 기

31 태평양전쟁하에서 아시아에 대한 지배를 정당화하기 위해 일본이 제창했던 슬로건. 아시아로부터 구미를 배제하고, 일본을 중심으로 하는 동아시아의 여러 민족이 공존공영을 수립할 것을 주장했다.

32 上山春平, 「大東亞戰爭の思想史的意義」, 『中央公論』 1961년 1월호.

울어가기 시작한 표식으로, 1941년 12월 8일(진주만 공격)의 의미를 어떻게 생각할 것인가 하는 문제가 특히 전자의 좌담회('대동아공영권의 이념과 현실')에서 중심 테마가 되었다. 먼저, 다케우치는 만주사변[34]이라는 대(對)중국 침략전쟁의 벡터가 미영이라는 반제국주의 전쟁으로 옮겨가면서 전쟁의 질이 바뀐 것처럼 생각했던 '착각'에 대해 이야기했다. 그러나 하시카와의 경우에는 세계대전에서 독일이 취했던 세계전략에 일본이 휘말려 들어간 과정으로서 이를 규정하였으며, 오늘날의 관점에서 보면 심판이라고 할 수 있는 논리를 내세우고자 했다. 한편, 쓰루미는 전선이 남방으로 연장됨에 따라 그것이 동남아시아에서는 독립운동의 계기가 되었다는 사실을 역사적으로 어떻게 평가할 것인가 하는 문제를 제기하였다. 그리하여 최대의 문제는, 실태와는 별도로 이념으로서의 '대동아공영권'이라는 것이 존재했고, 또한 거기에 네이션으로서의 일본이 해체·흡수되어갔다고 상상된 그 사태를 어떻게 평가할 것인가 하는 점이었다.

그러나 현실로서의 '공영권'은 전혀 그러한 성질의 것이 아니었고, 일본은 물론 지도적 지위를 내놓지 않았다. 그리고 그 '공영권'이라는 것 자체가 임시변통의 즉흥적인 것이어서 이것이 주체성을 결여

33 중일전쟁 시기에 고노에 내각이 3차에 걸쳐 발표했던 대(對)중국 정책성명. 제1차에서는 중화민국 국민정부와의 국교 단절을 선언, 제2차에서는 중화민국 국민정부에 대해 화평을 호소했다(동아신질서 성명). 3차에서는 고노에 3원칙(近衛三原則)으로 불렸던 일본과 중화민국 사이의 화평 조건을 제시했다.

34 1931년 9월에 중국 동북의 류탸오거우(柳條湖) 부근에서 폭발 사건이 있었다(柳條湖事件). 이 사건을 장쉐량(張學良) 등의 중국군에 의한 파괴공작으로 판정한 관동군은 독단으로 이 지역을 점령해 침략을 개시했고, 1932년 3월에는 만주국을 건국하기에 이른다.

한 확대 그 자체였다는 사실은 부정할 수 없다. 그 좌담에서 하시카와가 내린 맺음말—"결국 일본이라는 국가가 무너졌다. 전쟁이 끝난 순간에만 대동아공영권이 존재했다"—은 역사의 우스꽝스러움에 도달한 견해라고 할 수 있다.

대체로 좌담자 전원이 당사자라는 사실에서 보면 실천 불가능했던 역사의 가능성을 말하고 있었다고도 할 수 있다. 예를 들어 다케우치가 '본토결전(本土決戰)'에서 말하는 또 다른 (식의) 전개 가능성에 대한 언급 등은 오늘날의 관점에서 보면 역사의 게임화라는 비난을 면하기 어려울 정도로 온당하지 않은 발언이며, 이러한 발언이 여기저기에서 보인다. 이 시기 다케우치는 『근대의 초극』(1959)에서 시도한 바 있는 "불 속에서 밤을 줍는" 감각으로 아시아와 다시 한번 마주하는 길을 줄곧 찾고 있었다고 생각된다.

그러한 의미에서도 다케우치는 후자의 좌담회 '대동아전쟁을 왜 다시 보아야 하는가'에서 오늘날 언론계의 구도에서라면 결코 있을 수 없는 하야시 후사오와의 만남을 준비하고 있었다. 하야시는 이미 '대동아전쟁 긍정론'을 잡지에 발표하여 다른 좌담자들에게 조롱을 받고 있었지만, 일본 내셔널리즘이 침략으로 향하게 된 과정을 '숙명'으로 옹호하는 하야시의 논법은 조금도 흔들림이 없었다. 어떤 의미에서 그 사상성의 깊이는 얕은 반면 감정적인 기억은 완강하다는 인상을 주었던 하야시의 대응은 전후 시기 예의 '숙명'론을 변경하고 나서, 오히려 호전적인 기세가 완전히 약화되어 '일본은거론(日本隱居論)'[35]으로 수렴되었다.

일본은 이미 전쟁은 불가능하다는 하야시의 견해는 아이러니하게도 하야시가 혐오하는 전후 민주진영의 평화론에도 동조하는 듯했다(한편으로 이는 이시하라 간지石原莞爾[36]의 '세계최종전쟁'론의 음화陰畫인 듯도 하다). 그러나 그와 같은 인상이 생겨난 것은 하야시의 100년 전쟁 사관이 미일을 축으로 해서 구성된 결과다. 바로 그렇기 때문에 그 논리적인 귀결로서 전후 점령을 당한 시점에 일본의 내셔널리즘은 이미 끝났다는 것이다. 이와 같은 의미에서 하야시의 '일본은거론'은 역사에의 참가를 포기한다는 형식을 통해 성립된 전후 일본 냉전구조하의 포지션을 뒷받침하였고, 어떻게든 안간힘을 썼던 다케우치와는 대조를 이루고 있었다.

한편으로, 다케우치에게 냉전상황이란 중일전쟁이 계속된 결과였으며, 그는 이와 같은 좌담회를 조직하는 소위 역사적 순간에도 실천의 가능성을 놓치지 않으려 했다. 하야시의 '숙명'론에 대해서 다케우치는 단적으로 이렇게 응답하고 있다.

> 나도 숙명론에 가깝지요. 해결의 가능성은 있었지만 잘 해낼 수 없었던 까닭에 실패했다고 할 수 있습니다. 그런 이유에서 전쟁은 아직 끝나지 않았다고 생각합니다. 다시 말해서, 태평양전쟁에 돌입하기 전 지나사변을 일으켜 그 전쟁이 (아직) 해결 불가능인 상태에서 태평양

35 1964년 당시 하야시 후사오의 현상인식에 의하면, 일본은 재차 국제제국주의로 향할 가능성도, 그것에 대한 의식도 완전히 잃어버렸다는 것을 뜻한다.

36 이시하라 간지(石原莞爾, 1889~1949): 야마가타현 출신. 육군 중위. 관동군 참모로서 만주사변에 관계했고, 만주국 건설을 추진했다. 도조 히데키와 대립하여 군복을 벗었다. 중일 제휴이론인 동아연맹의 지도자. 저서로『最終戰爭論』(中央公論社 2001) 등이 있다.

전쟁이 되었습니다. 그러나 태평양전쟁의 소용돌이 속에서 지나사변을 해결하지 않았지요. 현재까지도 상황은 지나사변 그대로, 최초에 군부가 애를 먹었던 그대로 남아 있습니다. 이 문제가 해결될 때까지는 전쟁이 끝났다고 보기 어렵습니다. 이 전쟁을 끝내는 것이 나를 포함한 우리 세대의 책임이고 이후 계속 이어질 과제라고 생각합니다.[37]

다케우치의 실천을 구동하는 상념의 핵심은 다분히 '중국'(아시아)이었다고 할 수 있다. 그렇기 때문에 다케우치가 보여주었던 실천 사이클은 1978년의 중일평화우호조약이 조인되면서 사실상 종결된 것처럼 보였다. 그러나 그것이 실제로 끝이 아니었다는 것은 다케우치 사후인 1982년 '역사교과서 문제' 이후 중일간에 역사인식의 충돌이 있을 때마다 상기된다. 다케우치가 말한 것처럼, 전쟁책임의 문제는 그것을 회피하는 행동 자체가 전쟁책임의 포로가 되지 않을 수 없다는 것을 의미한다는 점에서 간단히 해소되지는 않는 것이다.

냉전, 기억, 고도성장

60년대 안보투쟁에서부터 '메이지백년 기념식전'까지 다케우치 요시미는 이 냉전하에서 어떻게 아시아와 마주할 것인가 하는 과제

37 「北京通信(一)」, 『竹内好全集 第14巻』(筑摩書房 1981). 최초의 원고는 『中國文學月報』 제33호, 1937.

를 자신에게 부과하고 있었다. 그러나 이 시기에 행해진 60년대 안보투쟁에 대한 반성과 평가 과정에서 대두된 지식인의 태도는 요시모토 다카아키에게서 더욱 '심화'된다. 요시모토 다카아키는 전후 일본 내셔널리즘의 변모를 대중사회의 융성과 연결시켜 이 시기에 이미 『대중·이미지론』[38]과 『하이(high)·이미지론』[39] 등 80년대 그의 결실의 서곡을 연주하고 있었다. 대표적인 에세이 「일본의 내셔널리즘에 관해」[40]에 따르면, 확실히 60년대 안보투쟁은 이전부터 내려오던 동원정치를 극복한 '대중'의 등장에 의해 촉발된 것이었다. 요시모토는 이 논문에서 상부 자연(自然)인 천황제와 하부 자연인 민중이라는 수직적인 자장으로 성립된 전전형 내셔널리즘이 이미 전후 대중사회의 흥성과 더불어 수평형으로 대치되었다는 대체적인 윤곽을 그리고 있다. 그러나 이는 바야흐로 기시 노부스케의 퇴진이 받아들여진 후 수상이 된 이케다 하야토의 '소득배가계획' 노선을 재빠르게 통찰한 결과물로서 저널리스틱한 작문으로도 읽혀진다. 그러한 의미에서도, 요시모토는 사전에 미리 프로그램을 가지고 있던 지식인이 아니었다. 그러나 바로 그렇기 때문이라고 말해야 하는 것일까. 80년대까지 계속되는 일본 자본주의의 보기 드문 성장 모드에 뒷받침되어 요시모토가 언론계에서 장악했던 패권은 확고부동한 것이 되었다.

그후 요시모토가 끌어들인 수로를 따라 다양한 언설이 흘러들었고, 60년대에 대한 반성의 하나로 마쓰모토 겐이치(松本健一)[41]의

38 吉本隆明,『マス・イメージ論』, 福武文庫 1988.
39 吉本隆明,『ハイ・イメージ論』, ちくま學芸文庫 2003.
40 吉本隆明,「日本のナショナリズムについて」,『思想』1962년 4월호.

'1964년 사회전환설'이 나오게 된다. 1984년에 출판된 『죽은 말의 장난』[42]에 실린 에세이 「풍경의 변용—1964년 사회전환설(風景の變容—1964年社會轉換說)」은 실로 80년대의 포스트모던 붐을 사회론을 통해 저지하려는 것이었다. 그것은 근대 일본의 문화구조의 전환을 묘사하려는 의도와는 모순되게 '전전' 혹은 '아시아'와의 결별을 제시하고 있다. 그 글에서 그는 최근 '아시아'라는 제목이 달린 도서와 문헌의 증가가 오히려 일본사회가 '아시아'로부터 이탈하는 사실을 이야기하고 있다고 말하는데, 이와 같은 마쓰모토의 지적은 대단히 흥미롭다. 그같은 사실 자체는 아마도 정확한 지적일 수 있지만, 마쓰모토는 도쿄올림픽 개최를 계기로 한 풍경과 사회관계의 변화에 대해 이야기하면서도 한일기본조약(1965)과 하나의 쌍이 된 신식민주의의 신장에 대해서는 언급하지 않았다. 설령 그러한 부분을 감안한다 하더라도, 마쓰모토의 사회전환설은 다니가와 간(谷川雁)[43]이 주장한 코뮌론—아시아와 사회적 기반을 공유하는 '공동체'를 저항의 근거로 삼는—의 '패배'를 추인하는 것이었으며, 더욱이 아시아와의 단

41 마쓰모토 겐이치(松本健一, 1946~): 군마(群馬)현 출신. 평론가. 도쿄대학 경제학부 졸업. 현재 레이타쿠(麗澤)대학 교수. 전공은 근·현대 일본정신사, 아시아 문화론. 저서로 『近代アジア精神史の試み』(中公叢書 1994), 『北一輝論』(講談社 學術文庫 1998) 등이 있다.

42 松本健一, 『死語の戱れ』, 筑摩書房 1985.

43 다니가와 간(谷川雁, 1923~95): 구마모토현 출신. 시인, 평론가. 도쿄제국대학 문학부 졸업. 『니시니혼(西日本)신문』 기자 시절에 일본공산당에 입당했다. 모리자키 가즈에(森崎和江), 우에노 에이신(上野英信)과 함께 『서클촌』을 창간했다. 60년 안보투쟁을 계기로 공산당을 탈당했다. 혁명의 원점을 모색하는 『原点が存在する』와 『工作者宣言』 등의 평론은 60년대 신좌익에 사상적 영향을 끼쳤다.

절을 은폐·미봉하는 기능을 했던 셈이다.

마쓰모토의 지적에서 활용할 수 있는 점이 있다면, 60년대에 확대·가속화된 '아시아'의 소비 모드를 어떻게 계보적으로 독해할 것인가 하는 과제를 짊어지는 한에서일 터이다. 이는 앞서 예를 든 60년대의 히노 아시헤이와 오오카 쇼헤이를 독해하는 데도 유효한 문제인데, 이른바 (순)문학의 경우 무풍지대에 가까울 만큼 예전의 전쟁(15년전쟁)을 주제화한 작품이 드문 한편, 대중문학 혹은 상업영화로서의 전쟁영화는 폭발적인 소비를 불러오고 있었다. 50년대 전반까지 지속되었던 점령·검열체제가 해소된 측면도 있는 까닭에, 60년대 전쟁영화는 '반전·평화' 모드를 이탈하여 대중소비 모드에 영합하는 스펙터클한 성격을 더하고 있었다.

앞장에서 다루었던 것처럼, 1957년부터 61년까지 촬영되었던 고바야시 마사키의 「인간의 조건」(전 6부)과 같은 '진지한' 영화에서도 귀환의 와중에 남겨진 개척촌의 여성들이 구소련이나 일본 병사에게 몸을 팔지 않으면 안 되는 장면 등을 볼 수 있다. 이는 이미 전쟁영화에 '성(性)'이라는 모드가 삽입된 사실을 나타내는 증거였다. 한편으로 같은 시기에 촬영된 오카모토 기하치(岡本喜八)의 「독립우연대」 시리즈(東宝[44] 1959~60)는 전쟁을 서부극화한 작품으로서 찬반양론을 불러일으키고 있었다.

특히 흥미로운 것은 두번째 작품인 「독립우연대 서쪽으로」(1960)

44 도호(東宝, Toho Co. Ltd.). 영화 연극의 제작 배급 및 흥행회사. 일반적으로는 영화회사로 알려져 있다 — 옮긴이.

라는 작품에서 본대로부터 이탈한 독립우연대가 팔로군과 '우호'약정을 맺는 장면이다. 이 장면에서는 팔로군의 우두머리로 등장한 프랭키 사카이가 유창한 중국어로 이야기하는 등 어딘지 모르게 목가적인 분위기마저 감돈다. 이와 같은 설정은, 냉전체제하 일본 지식인에게 환상과 같은 존재가 된 '중국'을 연상시키는 것이었다. 또한 '중국'을 서부극에나 나올 법한 남자들끼리의 만남의 구도 속으로 편입시키는 등 그 특이한 픽션 설정은 특별히 주목할 만한 필요가 있다. 그러나 당연한 것이기는 하지만, 그와 같은 영화 안에서 '죽(竹)의 장막' 저편에 있는 현실의 중국과 접점을 찾을 수는 없었다는 점에서 이들 영화는 말하자면 대리보충으로 생산된 이미지였다. 결국 이들 영화가 냉전구조에 의해 규정된 이미지 생산이었다는 점을 다시 한 번 확인하지 않을 수 없다.

그리고 이 시기 스펙터클한 성격이 강한 전쟁영화에 대해 생각해 보면, 어쨌든 '전후'적인 입장에서 여과된 전쟁관 혹은 패전관이라고 말할 수 있는 것이 영화에 정착되는 사태에도 주목할 필요가 있다. 예를 들어 종군체험을 겪은 아리마 요리치카의 원작 『병정 야쿠자』(1964)를 영화화한 「병정 야쿠자」 시리즈(大映 1965~68)가 있다. 기념할 만한 그 첫번째 작품은 다이에이(大映)영화사의 제일인자인 마쓰무라 야스조에 의해 만들어졌다. 시리즈의 첫번째 작품인 「병정 야쿠자」에서 주인공 오미야 기사부로 (大宮貴三郎, 가쓰 신타로 분)와 상등병 '나'(다무라 다카히로田村高廣 분) 콤비는 군대의 규율 바깥으로 도주하며 전쟁을 혐오하는 민중 주체인데, 오히려 이들의 행동에서 발견할 수 있는 것은 전후 직후 일본민중이 지녔던 감정의 흔적들이다.

영화 속 두 사람의 캐릭터를 통해 전후 사상의 확립과 그러한 확립으로 인해 주변화된 '잔여' 부분을 읽어내는 것도 가능하다. 인텔리 출신의 '나'는 병역만기로 일본에 귀환할 날을 손꼽아 기다리고 있지만, 태평양전쟁의 여파로 병력의 여유가 없어지자 제대가 연기되어 버리고 만다. 귀환을 간절히 소망하는 '나'의 태도는 패전으로 제국의 지도가 열도 규모로 줄어드는 운명을 마치 예측하고 있는 듯하다. '나'의 인텔리로서의 세련된 풍모와 상황판단에는 전전 좌익의 '그림자'마저 아른거린다. 그러나 다른 한편으로, '나'를 '야쿠자'의 길로 끌어들이려는 오미야는 ('나'와) 함께 부대를 탈출했을 뿐만 아니라 그 후 일본군과 일본군이 지배하는 지역의 성(性)노동인력 사이에서 '위안소' 경영에도 관여하는 인물이다. 오미야에게는 내지로 돌아가려는 의욕이 그다지 없다. 그것은 그가 내지에서 범죄를 저지른 인물이라는 설정에 의한 것이기도 하지만, 오미야의 태도에는 외지에서 계속해서 머무르는 것, 다시 말해 일본인이 '아시아'로 해소되어가는 것을 욕망하는 것은 아닌가 하는 느낌도 있다. 물론 오미야의 '위안소' 경영은 일본군의 하청이라는 점에서 '일본'으로부터 전혀 해방되지 못한 것이다. 그러한 의미에서도, 오미야라는 대행업자(agency)는 예전 아시아주의자의 풍모와 비슷한 점이 있다. 이 아시아주의적인 '욕망'의 수신처는 전후 일본의 주류(main stream)에서는 결코 공적인 것으로 인지되지 못한 채 계속 방치되어오다가, 그것이 대중영화 속으로 회귀했다고 말할 수 있지 않을까.

이러한 역사의 회귀성을 생각해보는 데 있어서는, 역시 전후 직후의 마루야마 마사오가 일정한 참조틀이 될 수 있다. 마루야마는 패전 직후의 일본인의 정신상태에 대해서 "패전은 오히려 내셔널리즘의 불길을 부채질하고 있었음에도 불구하고 (…) 일본의 경우에는 앞서 서술한 바와 같이 다른 나라 사람들을 깜짝 놀라게 할 정도로 침체되어 있었고, 오히려 허탈감이 상당 기간 지배하고 있었다"고 기록하고 있다.[45] 마루야마에 따르면, 근대 일본이 1945년 8월 15일까지 수차례에 걸친 전쟁에서 승전을 거듭한 사실, 다시 말해 전쟁에서 계속 승리를 거두어왔던 일회성/예외성이 일본 내셔널리즘의 원동력으로 작용해왔지만, 그것이 패전에 의해 무너지면서 거대한 아파시(apathy, 정치적 무관심)를 초래했다는 것이다. 기본적으로는 60년대까지의 전쟁영화도 마루야마의 이와 같은 소급적 분석이 규정하는 범위 안에 존재한다고 말할 수 있다.

그러나 그와 같은 마루야마의 명석함에도 오히려 상실된 무엇인가가 있는 것은 아닌가 생각된다. 마루야마는 이러한 논리를 전개하는 역사적 전제를 서술하면서, "한때는 중국의 절반과 동남아시아 및 서남태평양을 거의 제압했던 대일본제국은 패전으로 순식간에 메이지유신 당시의 아득한 섬나라로 수축되었다"고 담백한 어조로 이야기한다. 패전을 통해 메이지유신 전으로 되돌아갔다고 하는 마루야마의 역사인식은 동아 100년 전쟁사관[46]의 종착점으로 '8·15'를 배치하려는 하야시 후사오의 역사인식과 거의 일치하는 것이라고 할 수

45 丸山眞男, 「日本におけるナショナリズム」, 「現代政治の思想と行動」, 未來社 1964, 164~165쪽. 처음 출판된 것은 「中央公論」 1951년 신년호.

46 하야시는 흑선(黑船)이 일본에 내항한 이래 태평양을 사이에 두고 100년에 걸쳐 미국과 일본이 헤게모니 투쟁을 벌인 과정으로 일본의 전쟁 동인과 배경을 묘사하고 있다.

있다. 이때 마루야마가 말하는 '아득한 섬나라'라는 일본의 이미지는 예컨대 하야시의 '일본은거론'으로 그대로 이어지는 것이기도 하다.

전전의 제국 상태를 서술하는 마루야마의 이 담백함은, 결과적으로는 편리할 대로 '아시아'를 망각하는 전후적 경향을 조장하게 된 것은 아닐까. 「병정 야쿠자」에는 60년대 전쟁영화의 일면으로서, 마루야마가 무시하려고 했던 '아시아'를 회귀시키려고 했던 부분이 있다고 말할 수 있을지도 모르겠다. 그리고 그것은 「병정 야쿠자」에서 오미야에게 깃들어 있던 그 무엇이었던 것은 아닐까. 한편 마쓰무라는 「병정 야쿠자」(제1탄) 이외에도 야심적인 쾌작 「육군 나카노 학교(陸軍中野學校)」(大映 1966)를 제작한다. (이후에 시리즈화된다.) 나카노 학교에서 훈련을 받은 정보장교들을 분발하게 만든 정열은, 다분히 아시아주의적인 심정을 배태한 것이었다. 그러한 의미에서도 마루야마적인 전후관이 배제하지 않으면 안 되었던, 예전의 제국이 지녔던 '야쿠자'와 같은 떳떳지 못한 정서가 대중문학, 상업영화라고 하는 수맥에서 담보되어왔다는 사실은 다시 한번 주목할 필요가 있는 현상이라고 할 수 있다.

냉전, 노스탤지어, 신식민주의

1945년부터 51년까지 미합중국이 일본을 실질적으로 점령한 이래 일본은 동아시아 냉전구조 안에서 정치·경제 측면에서 독특한 포지션을 할당받고 있었다. 다시 말해 정치적으로는 서방측에 배치되어 있으면서도, 냉전(열전)의 최전선이 아니라 그 후방에 놓이게 되었다. 그리하여 동아시아 분업경제체제의 중심적인 위치에 서서 한국, 타이완 등 동남아시아를 종속적인 입장에 놓는 데 성공했다. 반복되는 말이지만, 이와 같은 배치가 완성되었다는 표식이 되었던 것은 1951년의 일화평화조약[47]과 1965년의 한일기본조약이다. 또한 이 조약들은 서방측의 단결을 유지하기 위해 일본이 마땅히 수행해야 할 배상문제를 방기한 증거문서가 되기도 했다. 그러한 의미에서 50년대 이후부터 현재에 이르는 일본인의 동아시아 인식은 1950년 이전 제국의 지도 위에 냉전구조가 덧씌워짐으로써 성립한 것이라고 말할 수 있다.

이렇게 형성된 냉전체제하 일본에서의 아시아 이미지를 생각해 보면, 두 가지 요소를 염두에 두지 않을 수 없다. 그 하나는 냉전체제하, 즉 열전까지 포함하는 격렬한 대립상황에서 일본이 그 임팩트를 어떻게 받아들였는가 하는 점이다. 또 하나는, 간신히 전전의 기억을 남긴 세대에 속하는 일본 문화인들이 예전 식민지배의 시간을 어떻게 기억하고 있는가 혹은 재기억화하려 했는가 하는 점이다. 구식민지인 타이완을 무대로 60년대에 촬영된 두 편의 영화를 소재로 하여 논의를 진행해보자. 이 두 편의 영화 역시 대중적인 소비를 우선적인 목표로 하여 제작되었는데, 개인적으로는 이 영화가 정치의식을 가지고 있지 않은 작품이라고 생각한다. 그렇기는 하지만, 이 영화에는

47 1952년에 일본과 타이완의 국민정부 사이에 맺어진 조약으로 전쟁 종결을 목적으로 했다. 그러나 1972년 중일 공동성명으로 일본이 중화인민공화국 정부를 중국 유일의 합법정부로 승인했기 때문에 이 조약은 효력을 상실했다.

당시 일본인이 놓인 포스트 콜로니얼한 역사상황, 그리고 냉전구조에서 획득된 독특한 포지션이 구석구석에서 배어나오고 있다.

우선 이시하라 유지로(石原裕次郎)가 주연한 「금문도에 걸린 다리(金門島にかける橋)」(日活 1962)라는 러브·로망스 영화를 살펴보자. 이 영화는 한국전쟁에서 부상당한 병사들이 일본으로 이송되는 장면에서 시작되고 있어 한국전쟁의 파동이 일본에도 영향을 미치고 있었다는 점을 증언하고 있다.[48] 그러나 일본인이 어디에 가담하고 있는지에 관해서는 애매한 채로 남아 있다. 주인공 다케이 이치로(武井一郎, 이시하라 유지로 분)는 선의(船醫)의 신분으로 세계를 여행하는데, 한국전쟁 당시 도쿄에서 만났던 타이완 여성과 국공충돌이 한창인 금문도에서 재회하게 된다. 다케이에게 국공내전은 일본이 현재 가담하고 있는 동아시아 냉전구조로서 인식되지 않으며, 일본인이라는 그의 입장은 무색투명한 것이라는 인상을 부여받는다. 그러나 다케이가 금문도에서 벌인 활약은 명백하게 중화민국(국민당)측에 서 있는 것이다. 이 영화에서 벌어지는 전투장면이 전적으로 국민당군의 협력에 의해 촬영되었다는 사실도 이러한 점을 보충하고 있다고 할 수 있다. 더욱이 다케이와 주인공 타이완 여성의 결합은, 냉전체제하에서 발전한 경제분업체제로서의 일본과 타이완 사이의 포스트 콜로니

48 1949년 금문도에서 국공내전의 마지막 국면의 성격을 갖는 내전이 벌어졌다. 금문도는 북쪽의 중국대륙과 9km 정도밖에 떨어져 있지 않지만, 타이완 본토로부터는 상당히 멀리 떨어져 있는 도서지역이다. 중화인민공화국은 대륙에서 승승장구했던 것과는 대조적으로 이 금문도 해전에서는 고전을 면치 못하고 장제스 정권에 패한다. 금문도가 최후의 보루라는 인식과 함께 기상조건과 자연환경이 장제스 정권에게 유리하게 작용했다는 평가를 받는다—옮긴이.

얼한 주종관계를 상징하는 것일 따름이다.

「금문도에 걸린 다리」 이후 4년 뒤에 촬영된 「별의 플라멩코(星のフラメンコ)」(日活 1966. 각본은 구라모토 소倉本聰)는 금문도를 중심으로 한 전투가 일정 정도 소강상태에 접어든 시기에 촬영되었다. 그러한 까닭에 내전이라는 색채는 희미해진 대신 이번에는 농후한 식민지 노스탤지어가 영화 전반에 차오르게 된다. 영화의 전편에 걸쳐, 근대화가 진행된 일본과 농업과 관광이 근간인 타이완이 대립구도를 이루며 묘사되고 있다. 바나나를 싣고 일본으로 향하는 배[船] 같은 것 역시 상징적이다. 주인공 사이조 에이지(西條榮司, 사이고 데루히코西鄕輝彦 분)는 어머니를 찾기 위해 타이완으로 향하는데, 그의 어머니는 전후에도 계속 일본국적을 가지고 있는 타이완인으로 설정되어 있다. 그의 어머니는 영화가 끝날 때까지 모습을 드러내지 않는데, 이로써 오히려 그 존재감이 두드러지게 된다. 이 모친의 정체성(identity), 그리고 그녀가 음악교사라는 설정은 식민지 노스탤지어를 효과적으로 환기하고 동시에 그것을 대중들의 영화소비 행동으로 연결시키는 데도 성공하고 있다.[49]

주인공 사이조는 어머니의 무덤과 어머니가 남긴 편지를 통해 그녀가 일본의 노래를 타이완에 전해준 사람이라는 것을 확인한다. 그리고 그 편지의 문면에는 노골적으로 전후 일본의 역사관이 배어 있

49 「별의 플라멩코」에서 흥미로운 장면은 타이완의 소학생이 교실에서 「고추잠자리(赤とんぼ)」(중국어판)를 부르는 것을 주인공 사이조가 들여다보는 장면이다. 단지 우연에 지나지 않을 수도 있지만, (우연이 필연으로 느껴질 수 있다는 의미에서도) 1989년에 개봉된 후샤오시엔(侯孝賢)의 영화 「비정성시(悲情城市)」에도 일본 통치시대를 회상하는 장면에서 선생님이 어린이에게 「고추잠자리」를 부르게 하는 장면이 있다.

다. 그의 어머니는 일본인의 입장에서 중국대륙에서 일어난 전쟁에 대해 느끼는 죄책감을 토로하고 있지만, 이는 일본인이 가져 마땅한 죄책감을 타이완인에게 대신 전가하는 책략이라고 할 수 있다. 이와 같이 식민지배에 대한 부인(否認)을 기반으로 설정된 역사관이란, 실로 냉전구조에 기생하는 신식민주의 바로 그것일 따름이다. 일본 자본주의의 입장에서 기술하자면, 냉전체제란 예전에는 일본의 시장이었던 중국대륙을 자신의 경제활동의 범위에서 제외하지 않으면 안 되었던 시기다. '중국'이 응당 담당했던 시장과 노동력, 원료 공급지는 전후에는 주로 한국, 타이완, 그리고 동남아시아가 대행해서 담당하게 되었다. 다시 말해, 이들 지역은 모두 냉전체제의 서방측으로 자리매김된 지역이지만, 바로 그러한 바탕 위에서 일본의 영화인은 특히 타이완에 대해 식민지 노스탤지어를 '재'생산하고 있었다는 것, 그리고 이를 주저 없이 실행할 수 있었던 사정을 짐작할 수 있다.

물론 역사를 이처럼 노스탤지어화하는 경향이란 것도 어떤 의미에서는 60년대 상업영화 일반의 유행이라는 차원에서 이야기할 수 있을 것이다. 그러나 이는 단순히 냉전을 매개로 이루어진, '아시아'와 관련된 포스트 콜로니얼리즘에만 적용되는 것이 아니었다. 그것은 일본이라는 냉전 한복판에 존재하는 사회에서 오히려 고정된 형태로 존재하는 '냉전'에도 적용되었다. 다시 말해, 그것은 냉전 그 자체마저도 노스탤지어화하는 경향을 가지고 있었다.

이러한 경향은 예를 들어 다음과 같은 것이기도 하다. 앞에서도 언급한 바 있는 야마다 요지(山田洋次)[50]의 「바보가 전차를 타고 온다」(松竹 1964)라는 작품은 전차를 헛간에 숨겨온 소년 전차병 출신 주인

공 사부로(하나 하지메ハナ肇 분)를 등장시켜, 토지를 빼앗으려 하는 지주에게 분노를 폭발하게 하고 예의 전차로 마을을 파괴하도록 하는 우스꽝스러운 희극이다. 이 영화에 대한 일반적인 관점은, 머리가 살짝 이상해진 사부로의 행동을 전쟁중의 광기에서 유래한 것으로 보는 것이다. 그의 행동의 원천을 전적으로 1945년 이전의 군국주의에서 찾으려고 하는 셈이다. 그러나 영화에서 사부로가 보이는 분노의 행동이 실은 전후 토지개혁을 둘러싼 지주와의 투쟁에 대한 은유라는 점은 명백하다.

그리고 이와 같은 점을 보충이라도 하듯, 영화는 '적색'분자가 마을에 침투하는 것에 공포를 느끼는 주재(駐在) 경찰관의 여러 양태들을 묘사하고 있다. 즉, 「바보가 전차를 타고 온다」는 1946년부터 51년까지 GHQ가 주도한 토지개혁 과정에서 토지수용위원회와 지주 사이에 벌어진 투쟁, 혹은 무장공산당들이 산촌공작[51]에 실패하기까지의 역사를 배경으로 하고 있으면서도 오히려 이러한 사실을 노스탤지어화하고 있다.

사부로가 난폭하게 날뛰는 동안 지적 장애가 있는 그의 동생은 화재감시용 망대에서 떨어져 죽고 마는데, 슬픔의 충격에 휩싸인 사부로 역시 전차를 통째로 몰고 바다에 가라앉는 것으로 영화는 끝을

50 야마다 요지(山田洋次, 1931~): 오사카 출신. 영화감독. 1969년부터 시작된 「남자는 괴로워(男はつらいよ)」 시리즈가 대히트했다. 이 시리즈는 96년 제48회까지 계속되었다. 주요 작품으로는 「幸福の黄色いハンカチ」, 「學校」, 「たそがれ清兵衛」 등이 있다.

51 1950년대 일본공산당 내 비공식적 조직활동으로, 산간지역을 대상으로 한 무장투쟁을 지향했다. 마오쩌둥의 중국공산당이 농촌을 거점으로 활동한 것에 영향을 받아 이를 모델로 삼은 활동이었지만, 결과적으로는 실패했다 — 옮긴이.

맺는다. 한편, 이 영화는 바다 속에 전차와 함께 가라앉은 사부로에 대한 애도의 내레이션으로 시작된다. 이때 애도의 내레이션이 말하는 '지금'은 이 영화가 촬영된 64년이라는 냉전의 최전성기인 현재를 말한다. 다시 말해, 이 영화에서 시험되었던 것은 전후 일본 정치·경제체제의 근간이며 40년대 후반부터 50년대 초반에 걸쳐 부설된 냉전구조를 위해 소비되었던 '폭력'에 대한 레퀴엠(requiem)이다. 40년대 후반부터 50년대 전반에 걸친 '토지개혁'의 석권, 그리고 그 뒤를 잇는 '산촌공작대'의 출현은, 명백하게도 중국혁명의 글로벌화가 굴절되고 비틀린 형식으로 '열도'에 파급된 사건이기 때문이다. 「바보가 전차를 타고 온다」는 전전과 관련된 노스탤지어가 아니라 오히려 냉전의 '폭력'으로부터 유래한 자신들의 활동의 궤적(그 한가운데 있음에도 불구하고)을 노스탤지어화하는 시도였던 셈이다.

이 영화를 촬영한 야마다 요지나 「별의 플라멩코」의 각본을 쓴 구라모토 소는 모두 전후 일본을 대표하는 영화작가로서 일본의 문화구조 그 자체를 만들어내는 데 오늘날까지 상당한 영향력을 남겨온 인물들이다. 이들의 영상창조의 '기원' 속에, 명백하게 '냉전'과 관련된 역사의 노스탤지어화가 끼워져 있다는 사실을 상기하지 않으면 안 된다.

'일본의 장소'란 무엇인가?

냉전질서하에서 냉전 이전 제국 일본의 역사뿐만 아니라 '냉전' 바로 그것조차 노스탤지어로서 취급한다는 것은, 냉전체제를 구동하고 있으면서도 그 사실을 계속 부인해온 '일본'의 입장이 갖는 확신범(確信犯)적 성격을 상징한다. 단순화를 무릅쓰고 말하자면, 일본의 냉전체제란 일본이 '아시아'와 다시 만나지 않고 넘어가기 위한 일종의 '거울'과도 같은 장치였다. 그리하여 그것은 2002년 9월 17일 북일 수뇌회담[52] 이래 좀더 활기를 띠어갔던 북·일교섭조차 물거품으로 만들어버리려는 히스테리컬한 미디어의 태도로도 이어지는 문제였다. 물론 북일교섭은 고이즈미 정권이 계획한 정치쇼 그 자체이기도 했다. 돌이켜보건대, 70년대까지 냉전하 한반도와 중국(타이완) 등지에서는 정치권력에 의한 '납치' 등이 일상적인 것이었다고 할 수 있다. 일본만이 특권적으로 그러한 냉전의 적대관계로부터 벗어나 있는 것 같은 착각이야말로, 일본에서의 '냉전'효과 그 자체였다고 할 수 있다. 더욱이 현재의 일본인은 50년대 초반에 있었던 무장공산당의 활동에 대한 기억이라든지 혹은 70년대 전반에 집중되었던 좌익 각 당파에 의한 '내부 실력투쟁' 같은 '폭력'에 관련된 현상들이 냉전상황으로 인해 일본에 굴절되고 비틀린 형태로 파급된 것이었다는 사실을 망각하고 있다.

그러나 현재, 국경의 저편으로부터 냉전의 '폭력'이 순진무구한 일본=영토에 진입해 들어왔다는 착각이 미디어를 온통 에워싸고 있

52 2002년 9월 17일 고이즈미 수상이 북한을 방문해 평양에서 김정일 총서기와 수뇌회담을 가졌다. 같은 날 발표된 선언(평양선언)에서는 일본과 북한의 국교교섭 재개, 경제협력 방식에 의한 식민지배 청산, 납치와 공작선 문제 등에 관한 사죄와 재발 방지, 6자회담의 합의 등이 다루어졌다.

다. (따라서 오키나와의 미군기지는 이와 같은 착각의 이면에 들러붙어 있는 최대의 문제이기도 하다.) 역시 이 지점에서도, 다케우치가 60년대에 반복해서 주장했던 것이 우리들에게 힘차게 되돌아온다. 60년대의 다케우치는 중일전쟁(1937)에서 시작된 중국과의 전쟁상태가 계속되고 있다고 거듭 말했다. 조선민주주의인민공화국과의 화해를 의미하는 북일교섭이라는 것 역시 북한사람들에게는(한국도 물론 마찬가지로) 한국병합에서 시작되어 세계 도처에 흩어진 조선인 전체의 문제로 의식되고 있다. 다시 말해, 1910년 한국병합 이후의 식민지배가 초래한 적대성이 냉전구조에 의해 계속되고 있는 것이다.

동아시아의 냉전체제는 끝나지 않았다. 더욱이 그것은 일본사회에 가장 심각한 문화구조의 문제로서 잔존하고 있다. 1998년 어느 대학에서 학생들에게 만주사변에 관해 앙케이트 조사를 했다고 한다. 227명의 학생 중 단 한명만이 만주사변이 일어난 날짜를 정확하게 대답할 수 있었다. 물론 이미 중국과 국교를 회복해 평화우호조약도 체결하고 있는 오늘날이다. 그러나 우리들은 오히려 이렇게 생각해야만 할 것이다 — 중일평화우호조약하의 신(新)냉전 상태에서 일본인은 만주사변을 계속해서 망각하는 것이 가능하게 되었다고. '아시아'는 공백인 채다. 바로 그렇기 때문에 '아시아'는 '냉전'과 더불어 몇번이라도 회귀해서 돌아온다.

5

한국전쟁이라는 겁화*

* 겁화(劫火)는 불교용어로, 세상이 파멸할 때 난다고 하는 큰 불, 대재앙을 일컫는다—옮긴이.

별것 아니여

조선놈 피 먹고 피는 국화꽃이여

빼앗아간 쇠그릇 녹여버린 일본도란 말이여

(중략)

네 죽음은 식민지에

주리고 병들어 묶인 채 외치며 불타는 식민지의

죽음들 위에 내리는 비여

역사의 죽음 부르는

옛 군가여 별거 아니여

벌거벗은 여군이 벌거벗은 갈보들 틈에 우뚝 서

제멋대로 불러대는 미친 군가여

김지하, 「아주까리 신풍(神風): 미시마 유키오(三島由紀夫)에게」

한국전쟁에 대한 대응

하기와라 료(萩原遼)[1]라는 저널리스트가 있다. 2002년 9월 17일 평양선언 이후 '납치' 보도가 만연한 가운데, 『아카하타(赤旗)』의 전(前) 특파원이었던 하기와라는 언론의 '북한 때리기'의 근거를 강화하는 저널리스트로 이름을 날리게 되었다. 잘 알려진 보수평론가 후카다 류스케(深田祐介)[2]와 짝이 되어 만든 르포 『북한, 광기의 정체(正体)』[3] 등이 그의 이름을 '반북(反北)'의 기치로 물들였다는 점은 상상하기 어렵지 않다. 그러나 하기와라의 다른 저서 『북한으로 사라진 친구와 나의 이야기』[4]를 읽어보면, 그가 북한을 비판하기 시작한 근저에 고등학교 시절의 친구가 1959년 이후의 귀국운동[5]에 휩쓸려 소식불명

1 하기와라 료(萩原遼, 1937~): 고치(高知)현 출신. 저널리스트. 오사카 외국어대학 조선어과 졸업. 『아카하타』 기자 시절인 1972년부터 73년까지 특파원으로 평양에 체류했다. 저서로 『淫教のメシア · 文鮮明伝』(晩聲社), 『金正日隠された戦争』(文藝春秋 2004) 등이 있다.

2 후카다 류스케(深田祐介, 1931~): 도쿄 출신. 소설가, 평론가. 와세다대학 졸업. 일본항공 직원을 거쳐 작가생활을 시작했다. 저서로 『炎熱商人』(上下巻, 文春文庫 1984), 『新東洋事情』(文春文庫 2001) 등이 있다.

3 萩原遼 · 深田祐介, 『北朝鮮 狂氣の正体』, 扶桑社 2003.

4 萩原遼, 『北朝鮮に消えた友と私の物語』, 文春文庫 2001.

5 재일동포 86,000명과 일본인 가족 6,800명이 북한으로 이주한 북송사업(북한에서는 귀국사업으로 불림). 귀국운동은 냉전기 재외동포의 역사에서 매우 중요한 사건이었다. 북한과 조총련은 1958년부터 '사회주의 조국건설'에 재일동포들이 '자발적으로 참여'할 것을 권유하였다. 1959년부터 60년대 초반까지 8만여명의 재일동포를 북한으로 '귀국'시켰으며, 이 사업은 1984년까지 계속되었다. 일본은 적십자사를 통해 인적 · 재정적으로 이 사업을 지원하였으며, 이에 대해 민단과 대한민국은 반대운동을 전개하였다—옮긴이.

이 되는 등 원체험이 잠재해 있다는 것을 알 수 있다. 그렇게 조망해 보면, 하기와라의 이같은 동향은 '현대코리아연구소'[6] 소장인 사토 가쓰미(佐藤勝巳)[7] 등 예전에는 열심히 귀국운동을 선도했던 사람들의 계보와 어렵지 않게 겹쳐진다.[8]

그러나 이때 나의 마음에 가장 걸리는 것은 하기와라든 사토든 그들이 60년대에 한국의 독재정권을 비판하는 논리를 펼쳤던 역사적 사실을 어떻게 평가할 것인가 하는 문제다. 하기와라는 한때 시부야 센타로(澁谷仙太郎)라는 필명으로 김지하[9]의 시집 『황토』를 일본에 소개하는 등(『기나긴 어둠의 저편에(長い暗闇の彼方に)』), 한일 연대운동의 하나인 문화교류 무대의 선두에 선 적이 있기 때문이다. 현재 그들 나름으로는 '남'쪽의 독재를 넘어뜨렸으므로 이제는 '북'쪽이다라는 정도의 결론을 가지고 있는지도 모르겠다. 그러나 그 사상적 이행과 관련된 지식인의 문제는 간단하게 해결될 수 있는 것이 아닐 것이다.

6 1961년 남한과 북한의 정치, 경제, 사회, 문화 및 재일한국인과 재일조선인(북한) 문제 등을 연구하기 위해 설립되었다. 『현대코리아(現代コリア)』 발행

7 사토 가쓰미(佐藤勝巳, 1929~): 니가타현 출신. 1958년부터 1964년까지 재일조선인의 북한 귀국운동에 협력하였다. 현재 현대코리아연구소 소장. 저서로 『在日韓國・朝鮮人に問う』(亞紀書房 1991), 『日本外交はなぜ朝鮮半島に弱いのか』(草思社 2002) 등이 있다.

8 이 부근의 경위에 대해서는 오타 마사쿠니(太田昌國)의 『'납치'에 관한 다른 논리: 넘쳐나는 '일본인의 이야기'에서 벗어나서('拉致'異論: あふれ出る'日本人の物語'から離れて)』(太田出版 2003)가 상세하게 다루고 있기 때문에, 이 책에서는 마사쿠니의 책 이상으로 진전된 논의를 전개하지는 않겠다.

9 김지하(1941~): 한국 목포시 출신. 시인. 박정희 대통령의 군사정권하에서 민주화운동을 주도했다. 사형판결을 받았지만 국제적인 구제활동으로 석방되었다. 일본어로 번역된 저서는 『상처자국에 핀 꽃(傷跡に咲いた花)』(金丙鎭 譯, 毎日新聞社 2004) 등이 있다.

이와 같은 이행(혹은 전향)의 문제는 일본의 전후 사상을 반성·평가하고 상대화하는 데도 중요한 작업일 테지만, 여기서는 또 다른 측면으로부터 우회하여 논의를 시작해보고 싶다.[10]

에피그램에서 제시한「아주까리 신풍—미시마 유키오에게」는 시부야 센타로와 하기와라가 번역한『기나긴 어둠의 저편에』의 일부다. 김지하가 어떠한 경위에서 미시마의 '자결'에 대해 일종의 '응답'을 하려 했는가 하는 문제는 알 길이 없다.[11] 당시 김지하 앞으로는 체포영장이 나와 있는 상태였고(그후 체포된다), 그의 시를 일본에 소개하는 일 자체가 어떤 의미에서는 비합법적인 활동이기도 했다.[12] 그리고 미시마(일본문학)에 대한 평가가 아시아(한국)로부터 건너왔다는 충격도 있었을 것이다(그것을 위해 사용된 언어의 틀이 아무리 교조적으로 들렸다고는 해도). 김지하는 동시에 '히로시마'를 기점으로 해서 세계평화의 구상을 이야기하는 오에 겐자부로(大江健三郎)[13]를 비판하였는데 그 선구

10 '현대코리아연구소'의 사토 가쓰미의 사상 이행의 문제에 대해서는 오타 마사쿠니의『'拉致'異論』이외에도 모리 요시오(森宣雄)의「'拉致'問題をめぐる私たちの背中合わせの共同体」(『インパクション』No. 137, 2003) 참조.

11 『금각사』의 작가로 유명한 미시마 유키오는 1970년 11월 25일, 전쟁 전 일본 육군사관학교 자리인 도쿄의 육상자위대 동부지부 2층 발코니에서 "너희들은 사무라이들이다. 자신을 부정하는 헌법을 왜 지키고 있단 말인가. 나를 따를 사람은 없는가"라는 요지의 내용으로 자위대원들의 궐기를 촉구했다. 자위대원들이 이에 대해 야유를 보내자, 그는 "천황폐하 만세"를 외치고 사령관실로 들어가 할복자살했다. 이 사건은 일본 국내뿐 아니라 전세계적으로도 충격을 주며 시대착오적인 망동으로 거세게 비판받았지만, 한편으로는 전후 고도성장을 가속화하던 일본사회 저류(低流)에 흐르던 군국주의를 응집시켰고, 뚜렷한 구심점이 없던 보수우익들의 운동 거점이 되었다—옮긴이.

12 萩原遼(澁谷仙太郎),「譯者後記」,『長い暗闇の彼方に』, 中央公論社 1971, 270~273쪽.

13 오에 겐자부로(大江健三郎, 1935~): 에히메(愛媛)현 출신. 소설가. 도쿄대학 불문과

성 역시 놀랄 만하다.[14]

『기나긴 어둠의 저편에』가 출판되었던 시기의 상황을 보충하자면, 당시는 1965년 한일기본조약에 의해 제공된 엔(円) 차관이 신식민주의라는 점에서 거센 비판의 대상이 되던 시기였다. 이 시기 일본의 공적인 지식의 장(場)에서 예전 식민지 문제가 현재진행형의 신식민주의로 문제화되기 시작한 것은, 1970년 7월 7일 '화청투' 고발이 발단이 되었다. 이 점은 (화청투의 화교) 유학생 그룹이 신좌익 분파에 대해 근본적인 비판을 가했던 데서도 명확해지고 있다.[15]

졸업. 재학중에 학생 작가로 데뷔했다. 소설『만연원년의 풋볼』(박유하 옮김, 웅진 지식하우스 2007)와 평론집으로『ヒロシマノート』(岩波新書 1965) 등이 있다.

14 오에는「세계는 히로시마를 기억하고 있는가」라는 텔레비전 프로그램에서 김지하와 인터뷰를 했다. 그때 김지하는 "이 제목은 잘못되었다. 세계에 대해서 히로시마를 기억하고 있는가라고 호소하기 전에 일본 자신의 도덕적인 청산, 역사적인 청산을 수행한다고 하는 일본인들의 운동이 필요하다"고 대답했다(『日本の'私'からの手紙』, 岩波新書 1996, 52~54쪽).

15 藏田計成,『新左翼運動全史』, 流動出版 1978, 262~264쪽 참조. 또한 스가 히데미의『革命的な, あまりに革命的な』(作品社 2003)은 '화청투쟁' 고발을 일본 좌익운동에서의 '타자(他者)'와의 만남으로 서술하고 있다. 오늘날의 관점에서 보면, 당시 화청투의 멤버는 타이완 출신 중심으로 이루어졌고 그중 몇몇은 중국공산당과 접촉을 가지고 있었다. 당시 입관(入管)투쟁을 했던 류차이핀(劉彩品) 등은 실제로 대륙 중국을 향한 여행길에 올랐다(입관투쟁은 1970년대 들어 신좌익의 여러 당파들에 의해 일어난 출입국관리 및 난민인정법을 둘러싼 투쟁을 말한다. 구체적으로 1969년의 '출입국법안' 폐기운동을 말하는데, 이 법안은 재일외국인에 대해 활동범위의 한정, 강제퇴거에 해당하는 외국인에 대한 위법행위 조사 등으로 재일외국인의 인권을 제약하는 것이었다 — 옮긴이). 다시 말해, 그/그녀들의 투쟁은 예전의 식민지배와 현재진형형의 신식민주의를 관통하는 투쟁으로 읽혀져야 할 필연성을 가지고 있을 뿐만 아니라 냉전구조라는 조건의 영향을 강하게 받고 있었다. 이와 같은 부분을 의식하는 일 없이 동아시아 지식인들의 교통공간을 논하는 일은 아마 가능하지 않을 것이다(이 책 4장「회귀하는 아시아, 여백의 아시아」의 화청투 고발에 대한 12번 각주 참조 — 옮긴이).

이러한 비판의 분위기가 한창 고조된 가운데 쓰여진 김지하의 시집 『황토』는 전란과 식민지배에 의해 피폐해진 대지를 모티브로 삼고 있다. 그 대지는 그의 부친 세대가 일본 식민지통치 시대에 흘린 피의 흔적 위에 한국전쟁으로 흘린 피가 덧씌워진 땅이며, 다시금 그 위에 박정희[16]의 개발독재가 덧씌워진 땅이다. 『황토』는 그와 같은 세대 계승의 서사시로서 성립되었다. 그의 시작(詩作) 동기는 한반도에 잠재하는 '동학(東學)'[17]의 이념과 조직을 재발견하는 데 있는 등 전근대적인 민족의 표지가 강하게 도드라진다. 70년대 후반 이래 한국 반체제운동의 적지 않은 세력이 주체사상[18]을 지지하고 있었다는 것은 주지의 사실이지만, 그와 같은 주체사상파에 대해서도 김지하는 비판을 계속하였다.[19] 그러나 그 비판의 태도는 하기와라(시부야) 등 김지하 작품의 소개자들처럼 남(南)의 독재를 비판한 후에는 북(北)의 독재를 타도하는 것이 목표가 되는 식의 태도가 아니다. 여기에서야말로 결정적인 차이가 생겨난다. 단순화하면, 이는 한국전쟁을 당사자(민족) 입장에서 살아남았는가 어떤가 하는 이야기가 되겠지만 말이다.

16 박정희(朴正熙, 1917~79): 한국의 군인, 정치가. 1963년부터 16년간 대통령으로서 개발독재를 추진했다. 1979년에 측근에 의해 암살되었다.

17 조선에서 19세기 중반에 융성했던 신(新)종교. 민간신앙에 유교·불교·도교의 세 종교를 절충하여 서학(크리스트교)에 대항하려 했던 종교로서 최제우가 창시자다.

18 조선민주주의인민공화국의 김일성 주석이 제창한 사상. 정치, 경제, 사상, 군사의 모든 것에 있어서 자유와 자립을 관철하는 것을 국가의 지도이념으로 삼았다.

19 1991년 4월 데모중에 한 명의 대학생이 사복경찰관의 쇠파이프 습격으로 사망했다. 그 후 10명이 넘는 활동가들의 항의 분신자살이 계속되었다. 그 대부분은 주체사상파 활동가들이었지만, 운동의 지도부는 자살자를 '열사'로 명명하여 대규모의 장례식을 조직하였다. 이에 대해 김지하는 『조선일보』 지상에 '생명의 가치'를 내세워 비판을 전개했다.

하기와라 등은 일찍이 가장 열성적인 귀국운동[20]의 찬동자였으며 분명 '북'의 체제를 지지하는 사람들이었다. 그러나 냉전(열전)에 대해 국외자로 행동해버리는 무자각적인 측면에 있어서는 냉전구조에 누구보다도 사로잡힌 태도를 보였다고 할 수 있다. 경제분석의 각도에서 귀국운동을 촉구한 북한측의 의도를 고찰하자면, 한국전쟁에 의해 유실된 방대한 노동인구의 결원을 벌충하기 위한 조치였던 것으로 알려져 있다. 상징적으로 이야기하면, 한국전쟁에서 죽은 수많은 사람들의 '공백'을 보충이라도 하듯이 귀국자운동이 전개되었다.

다른 한편 일본정부가 이 사업을 지원한 데는 한국전쟁에 의한 '원초적인 축적'에도 불구하고 그 혜택을 입지 못한 방대한 생활보호수급 계층을 일본 열도의 바깥으로 배제하려는 의도가 있었다. 하기와라가 '전향'을 결심하게 된 큰 이유가 북한을 향해 떠난 친구에 대한 개인적인 그리움에서였다는 이야기에는 상당한 진실성이 있다고 생각한다. 그러나 하기와라 등은 분명 한국전쟁의 임팩트를 포착하는 데 실패했다. 그들 '전향'의 뿌리는 바로 한국전쟁과 관련된 인식구조에서 잉태되고 있었다.

20 1959년 8월 일본과 북한의 적십자사 사이에 맺어진 '재일조선인 귀환협정'에 기반하여 같은 해 12월부터 67년까지 약 89,000명의 재일조선인이 니가타항에서 귀국 전용선(專用船)을 타고 북한에 집단 영주귀국했다. 귀국의 배경에는 빈곤과 차별로부터의 탈출을 희망하는 재일조선인 사회의 실정이 있었는데, 그에 더해 북한의 국가건설에 대한 참여라는 민족적인 애국심도 작용했던 것으로 보인다. 당시 조선총련은 북한을 '지상의 낙원'으로 선전하면서 귀국을 장려했다.

한국전쟁을 둘러싼 투쟁

'북한 때리기'가 멈추지 않고 확대되어가는 오늘날 가장 필요한 물음은 한반도 및 일본(혹은 중국)에 거주하는 사람들, 다시 말해 동아시아의 사람들이 어떻게 한국전쟁이라고 하는 운명의 불에 농락당했는가 하는 것으로, 이 문제를 여러 각도에서 명백하게 밝히는 작업이 필요하다. (그러나 나는 한반도 내부 및 중국의 사정에 대해서는 충분히 전개할 능력을 가지고 있지 않다.)[21]

우선 한국전쟁을 당사자로서 살아낸 하나의 모델 케이스에서 시작하고 싶다. 그 모델은 일본 통치시대부터 일본어로 집필활동을 해온 작가로, 아쿠타가와상 후보작이 된 『빛 속으로』를 통해 식민지 출신 인텔리의 고뇌를 묘사했던 김사량[22]이다. 전전의 김사량은 황민화 운동이 격심해지자 '위장'전향을 선택해 탈출의 기회를 찾고 있었던 듯하다. 1945년 2월, 그는 국민총력조선연맹 병사후원부를 통해 중국에 파견되는 기회를 이용해 봉쇄선을 돌파한다. 전부터 연안으로 탈출하기로 약속했던 친구를 찾아가기 위해 그는 난징(南京)과 쉬저우(徐州)로 갔다가 다시 베이징에서 투숙한 후에 화북조선독립동맹(華北朝鮮獨立同盟)[23]의 근거지인 타이항산(太行山)에 이르게 된다.

21 일본 통치시대와의 연관 속에서 해방 후 친일파 문학자의 동향에 관한 책으로는 김석범(金石範)의 『轉向と親日派』(岩波書店 1993)가 좋은 길잡이가 될 것이다.

22 김사량(金史良, 1914~50?): 조선 평양 출신. 작가. 일본으로 건너가 도쿄제국대학을 졸업할 즈음 집필했던 『빛 속으로』(오근영 옮김, 소담출판사 2002)가 아쿠타가와상 후보에 올랐다.

23 1942년 조선인들에 의해 결성된 항일조직. 조선의용군을 편성하여 일본군에 대한 게릴

해방 후 김사량은 공화국의 문화정책을 담당하게 된다. 이후 한국전쟁이 발발하자 종군하여 몇개의 종군기를 남기는데 그것이 일본에 소개된 바 있다. 그 하나인 「바다가 보인다」는 공화국군이 우세했던 시기 공화국 군대가 남하하는 형세를 기록하고 있는 작품으로 일본 통치시대의 친구였던 김달수[24]에 의해 소개되었다. 그러나 김사량 자신은 미군의 인천상륙작전으로 철수할 당시 지병인 심장병이 원인이 되어 강원도 원주 부근에서 낙오된 이후 오늘날까지 생사를 알 수 없게 되었다.

그런데 「바다가 보인다」의 필치는 김일성 장군을 찬양하는 상투적인 문투가 여기저기 보이는 등 어떤 의미에서는 전형적인 프로파간다 바로 그것이라고 할 수 있다. 이 작품에 대해서는 전전의 문학 동료였던 평론가 이시가미 미노루(石上稔)[25]가 위화감을 표명했을 뿐만 아니라, 이 작품을 번역한 친구 김달수 역시 사료로서의 가치만을 지닐 뿐이라는 해설을 붙이고 있다.[26] 김사량의 「바다가 보인다」를 '문학'적인 가치 측면에서 읽는다면, 그러한 반응도 당연할 것이다. 그러나 그가 종군했다는 사실은 내지(일본) 유학을 했던 엘리트가 조국에 대해 '자기극복'의 증거를 세우기 위한 행위였다는 점을 예상할 수 있

라전을 개시했다.

24 김달수(金達壽, 1919~97): 조선 경상남도 출신. 작가, 고대사 연구자. 1930년에 도일. 니혼(日本)대학 예술과를 졸업했다. 저서로 『わがアリランの歌』(中公新書 1977), 『日本の中の朝鮮文化』(講談社文庫) 등이 있다.

25 이시가미 미노루(石上稔): 전전 시절부터 김사량과 교우관계를 가진 인물로 전후에는 『文芸首都』 등에서 활약했다.

26 金達壽, 「金史良 · 人と作品」, 『金史良作品集』, 理論社 1972.

다. 한국전쟁 종군은 일본제국에 얽매여 있던 것에 대한 보상이었을지도 모른다.

예전의 총동원체제부터 헤아리면, 결국 김사량에게 전쟁은 일본의 '전중' 시기부터 '전후'에 걸친 십수년간의 전쟁경험으로 지속되온 셈이다. 구식민지 출신자에게 이 십수년간의 전쟁은 물론 '문학'적 가치를 훌쩍 뛰어넘는 것이다. 다분히 특수한 경우일지는 모르겠지만, 이러한 김사량의 행동은 한국전쟁의 당사자성을 재구성하고자 한다면 반드시 파악해두지 않으면 안 될 한쪽의 극일 터이다.

여기서 한쪽 극이라고 말하는 것은 김사량의 경우를 특수한 역사적 위상에 묶어두고자 해서가 아니다. 물론 그가 1945년 시점에 중국으로 건너갔다는 것은 희귀한 사례이기는 하지만, 만약 김사량과 같은 조건에 처해 있었다면 당시 조선 지식인들이 그와 동일한 운명을 밟고자 했으리라는 것은 상상하기 어려운 일이 아니다. 실제로 김사량이 한국전쟁에 종군하려 했던 시기, 일본에 거주하던 일반적인 재일 지식청년들은 어떠한 역사적 변전을 경험하고 있었던 것일까. 이에 대해 다소나마 언급해두지 않으면 안 될 것이다.

많은 재일조선인(당시에는 잔류 조선인이라고도 불렸다)들은 전후 직후에 발족한 '조련(朝連)'[27]에 참가하고 있었다. 이 '조련'의 활동가들은 과감하게 민족학교 설립 운동을 전개하였으나, 1948년 4월에 점령군

27 재일조선인연맹. 1945년에 결성된 재일조선인 조직. 정부에 의해 1949년 해산되었고 학교폐쇄령이 내려져 조직의 재산이 몰수되었다. 후계 단체로 조직된 재일조선통일민주전선이 발전적으로 해소되어 1955년에 재일조선인총연합회(조선총련)가 결성되었다.

지배하의 일본경찰과 충돌하여(오사카·한신 사건) 그 이듬해 9월 GHQ에 의해 해산되었다. 그 이후 재일조선인 중 급진적인 이들의 투쟁은 일본공산당 산하 민족대책부 및 그 간접적인 영향 아래 있던 조국방위위원회로 이어진다. 그리고 이들의 투쟁은 한국전쟁을 선취하기라도 하는 것처럼, 한반도의 남측에서 파르티잔 투쟁을 지원하고 이승만 정권의 무기수송을 저지하는 행동으로 이어졌다.[28] 그리고 한국전쟁이 진전되어가는 과정에서 많은 재일청년들은 1951년 부활한 재일조선인 독자조직인 '민전(民戰, 재일조선인통일민주전선)'에 합류하였다. 그러나 1953년 한국전쟁의 정전(停戰)과 더불어 시작된 조선민주주의인민공화국 내부의 숙청을 분수령으로 해서 조직의 성격이 변화하게 되었다. 그후 1955년에 '민전'은 '조선총련'으로 개편되는데 바로 거기에서 강고한 '북' 편향의 문화정책이 강화되었다.[29]

이 시기 많은 재일조선인이 일본공산당을 떠나가는데, 동시에 김시종[30]과 같이 '총련' 문화정책에도 위화감을 가져 오랜 기간 침묵할 수밖에 없게 된 지식인도 나오게 되었다. 다시 말해, '총련' 성립 이전까지는 재일조선인의 대중조직이 사실상 일본공산당의 지도하에 있

28 이 시기 재일조선인에 의한 무기수송 저지투쟁에 관해서는 니시무라 히데키(西村秀樹)의 『大阪で闘った朝鮮戰争』(岩波書店 2004)이 구술 기록을 포함하여 상세한 실증을 행하고 있는 저작이다.

29 이 부근과 관련된 역사적 맥락은 양영후(梁永厚)의 『戰後·大阪の朝鮮人運動 1945~1965』(未來社 1994) 참조.

30 김시종(金時鐘, 1929~): 조선 원산 출신. 시인. 오랫동안 고등학교와 대학의 교직에 종사하였다. 1953년 시 동인지 『진달래』를 창간. 현재 오사카 문학학교 특별 고문. 저서로 『'在日'のはざまで』(平凡社ライブラリー 2001), 『わが生と詩』(岩波書店 2004) 등이 있다.

었고 김시종의 활동은 좋든 싫든 그 범위 안에 있었지만, '총련' 성립 이후에는 '총련' 쪽으로도 갈 수 없다는 소위 이중의 족쇄에 김시종은 괴로워하게 되었다. 대체로 '북'의 체제에 대한 위화감의 발언이라는 점에서 보면, 김시종은 앞에서 언급한 하기와라나 사토 등보다 시기적으로 훨씬 앞서 있다.[31] 김시종이나 양석일[32] 등을 중심으로 한 오사카의 문학자그룹은 한국전쟁 정전 직후부터 이미 '북'측 체제에 대한 비판의식을 가지고 있었다.[33]

이에 반해 스탈린을 비판한 신좌익 그룹의 북한에 대한 이미지 전환은 60년대에 시작되었다. 다만 지극히 일반적인 인식 차원에서 귀국운동이 부정적인 것으로 비치기 시작한 것은 한국의 고도성장으로 인해 북과 남의 경제경쟁에서 역전이 생기기 시작한 70년대에 들어서부터다. 그러한 의미에서 보면, 하기와라의 변절은 결정적으로 뒤늦은 것이었다. 한편, 김사량과 김시종은 세대도 다를뿐더러 한국전쟁 당시의 포지션 역시 대칭적이다. 그러나 두 사람의 행동의 궤적은 대칭적인 동시에 하나의 프로세스 안에 존재하는 듯이 보인다. 그것은 두 사람의 삶이 모두 식민지 지배(중일전쟁)로부터 한국전쟁에 이

31 그러한 경위는 예를 들어 양석일의 『終りなき始まり』(朝日出版社 2002)에도 자세히 서술되어 있다.

32 양석일(梁石日, 1936~): 오사카 출신. 다카쓰(高津)고등학교 정시제 졸업. 사업에 실패해 각지를 방랑하였다. 택시기사의 체험을 『택시 광조곡(狂躁曲)』(인간과예술사 1994)으로 써내면서 작가로 데뷔했다. 저서로 『피와 뼈』(자유포럼 1998) 등이 있다.

33 金時鐘, 「'拉致', お互いを見つめなおす契機」, 『インパクション』 No. 137, 2003 참조. 김시종이 '북'의 체제에 의문을 가지기 시작한 것은 한국전쟁 휴전협정 당시 남조선노동당 당수였던 박헌영이 월북하자 곧 처형당한 사건, 그리고 '인민항쟁가'의 작사자인 임화가 처형된 사건이 계기가 되었다고 한다.

르기까지 십수년간의 전쟁에 휩쓸린 인생이라는 점에서, 그리고 구식민지 출신자가 자신의 피식민자성(被植民者性)을 극복하는 과정이었다는 의미에서 그러하다.

일본인, 재일조선인을 불문하고 비판적 지식인으로 간주되는 이들이 쓴, 한국전쟁을 배경으로 한 문학작품을 검증하는 것으로 이 책의 논의를 한정하고자 한다. 지면이 한정되어 있는 까닭에, 그중에서도 적어도 한국전쟁을 강 건너 불 보듯이 바라보지 않았던 이들의 활동에 한정해서 논의를 진행하겠다. 지금부터 분석의 대상으로 삼고자 하는 것은 다음 네 작품이다.

- 이노우에 미쓰하루(井上光晴)[34]의 「병든 부분(病める部分)」[35]
- 김달수의 「일본의 겨울(日本の冬)」[36]
- 고바야시 마사루의 『단층지대』[37]
- 고사명의 『밤이 시간의 발걸음을 어둡게 할 때』[38]

34 이노우에 미쓰하루(井上光晴, 1926~92): 나가사키현 출신. 소설가, 시인. 전파병기기술양성소 졸업. 1945년 공산당에 입당하였고 규슈지방 상임위원 등을 지냈다. 1953년에 탈당, 신일본문학회(新日本文學會)에 참가했으나 69년에 탈퇴한다. 주간지 기자를 거쳐 요시모토 다카아키와 오쿠노 다케오(奥野健男) 등과 함께 『現代批評』을 창간하였다. 그후 한국전쟁과 천황, 원폭, 탄광 등에 관한 작품을 정력적으로 집필하였다. 저서로 『地の群れ』(河出文庫 1992), 『新編, ガダルカナル戰詩集』(朝日文庫 1991) 등이 있다.

35 井上光晴, 『書かれざる一章』, 近代生活社 1959. 초판은 1951년이지만 출판사 불명.

36 『アカハタ』 1956. 8. 18~12. 31.

37 小林勝, 『断層地帶』(제1부~5부), 書肆パトリア 1958.

38 高史明, 『夜がときの歩みを暗くするとき』, 築摩書房 1971. 초판은 『人間として』 1호~4호, 1970

이들 네 작품의 공통항은 당시 일본공산당의 무장노선 및 당조직의 분열 문제를 테마로 하고 있다는 것이다. 왜 그러한 테마를 다룬 작품들을 여기서 취급하지 않으면 안 되는가. 그 이유는 일본공산당의 지도하에 한국전쟁에 반대하는 조직적인 실력행사가 전개되었고, 많은 지식청년들이 여기에 관련된 사실이 있음에도 불구하고 그에 대한 평가가 충분하게 이루어지지 않았기 때문이다. (그 원인은 일본공산당이 이 시기를 극좌모험주의에 의해 조직이 접수당했던 기간으로 처리하고 있기 때문일 것이다.) 위와 같은 공통분모를 고정하고, 각각의 작품이 한국전쟁이라는 미증유의 사건에 어떻게 대응하고 있는지 그 차이를 확인하는 가운데 무엇인가를 끄집어낼 수 있지 않을까 생각한다. 각각의 작품을 탄생시킨 역사의 자장에 참가하는 일은 바로 일본의 공론장이 아직까지도 탈냉전화되지 못한 핵심에 다가서는 일이다.

한국전쟁과 '일본'

이노우에 미쓰하루의 「병든 부분」은 그 직전에 쓰여진 『쓰이지 않는 1장(書かれざる一章)』과 함께 읽어야 하는 작품이다. 전후 첫 작품이라고도 할 수 있는 『쓰이지 않는 1장』에는 규슈지방 상임위원이었던 작가 자신의 시점에서 주로 지구당원의 극빈생활이 그려져 있다. 그 작품에서 작가는 당비 상납에 따른 고충과 함께 당의 첨예한 방침이 일반대중의 요구와 합치하지 않는 데서 오는 고민 등을 고백하고 있다. 그리고 다음 작품인 「병든 부분」에서는 1950년을 전후로 하여 당

의 분열 문제가 파급되어 지방이 혼란에 빠진 여러 양상을 주인공의 가족생활과 함께 그려내는 방식으로 제시하고 있다.

그렇지만 여기에서도 당원과 당중앙이 잠재적인 독자로 상정된 듯한 '내부 모드'가 유지되고 있다. 이노우에가 탈당한 때가 1953년의 일이고, 이 작품이 세상에 나온 것은 그 이전인 1951년이라는 사실도 그러한 인상(印象)에 대한 보충설명일 수 있다.

오늘날의 관점에서 보면, 「병든 부분」이라는 작품은 한국전쟁의 병참기지가 된 사세보항(港)을 끼고 있는 공산당 지부의 활동이 어떻게 한국전쟁과 관련을 맺고 있는가 하는 문제에 관심을 집중하고 있다. (당연히 정치방침으로서는 '반대'였음에 틀림없지만.) 하나의 에피소드를 들자면, 어느 날 세포[39]회의 자리에서 1948년 발생한 제주도 사태에서 유추하여 규슈 산악지대에서 벌이는 게릴라전의 가능성을 공상하는 장면이 등장한다. 그러나 여기에는 당연히 예상되는 재일조선인 당원은 그림자조차 찾아볼 수 없다. 또 하나 흥미로운 에피소드로, 한반도에서 떠내려온 미군 병사의 시체를 씻는 아르바이트가 H도(아마도 히라도섬[40]인 듯)에 있다는 소문에 이끌려 주인공 시마키 게이스케(島木圭介)가 직업소개소를 찾아가는 장면이 나온다. 당활동과는 아무런 관계가 없는 생활의 필요 때문에 전쟁으로부터 파생된 사이클(그 수요로부터 생겨난 시체씻기 노동)에 편입될 수밖에 없는 '생활자'

39 공산당원 말단조직을 예전에는 세포라고 불렀다. 직장과 지역 등을 단위로 해서 만들어졌다.

40 나가사키현 히라도시(平戸市) 내 히라도세토(平戸瀬戸)를 사이에 두고 본토를 향해 융기해 있는 지형의 섬. 귤과 진주 재배로 유명하다 — 옮긴이.

의 비애가 묘사되어 있는 것이다. 요컨대 반전운동이 아니라 오히려 '생활'의 차원에서 한국전쟁과 관련되어버린다. 이 장면에서 주인공의 이름이 시마키라는 점으로 미루어보면, 이 작품은 혹시 전전의 전향문학[41](시마키 겐사쿠島木健作[42])의 패러디가 아닐까 하는 의구심마저 생긴다.

당연한 일이지만, 이노우에의 『쓰이지 않는 1장』과 「병든 부분」의 배경이 규슈의 나가사키라는 점, 다시 말해 지리적으로 한국전쟁의 현장에 가장 가까운 위치라는 점은 결정적이다. 그렇지만 이 텍스트는 코민포름(및 중국공산당)으로부터 일본공산당 중앙, 그리고 그 분파항쟁의 영향을 받는 지방의 세포 등 당시 국제공산주의 운동의 계층 공간을 그려내는 작품이 아니었다. 한국전쟁의 실재가 불거져나오는 것은 지식인(활동가)으로서가 아니라, 오히려 '생활자'로서 전쟁경제에 편입되어가는 양상을 통해서다.

반복되는 이야기지만, 이 시기를 소재로 한 이노우에의 서술은 대체로 공산당원을 잠재적인 독자로 하는 것이었다. 1956년에 「병든 부분」을 제1부로 실은 『쓰이지 않는 1장』의 단행본이 나왔을 때 그 책의 「후기」에는 스물한 통의 발송인 불명의 협박장이 소개되었다. '협박장'이라고는 해도 아마도 당관계자에 의해 작성된 것이라고 쉽게

41 쇼와 초기에 권력의 강압으로 공산주의를 포기한 작가들이 쓴, 전향을 주제로 한 작품군을 일컫는다.

42 시마키 겐사쿠(島木健作, 1903~45): 홋카이도 출신. 소설가. 도호쿠(東北)대학 중퇴. 농민운동에 참가했으나 검거되어 전향하였다. 저서로 『癩』(國書刊行會, 『島木健作全集 第一卷』 게재), 『赤蛙』(新潮文庫) 등이 있다.

예상된다. 그런데 당을 떠난 이후 이노우에의 작품세계는 1960년에 출판된 『허구의 크레인』[43] 등에서 알 수 있듯이 대상이 되는 시기를 전전이나 전중으로, 말하자면 보다 이전으로 옮겨간다. 그리고 전중을 다룬 소설에서 조선인의 그림자가 전혀 보이지 않는 작품을 찾는 편이 더 어려울 정도로 이노우에의 작품에는 빈번하게 조선인이 등장한다.

단적인 예로 단행본 『쓰이지 않는 1장』에 수록된 「나가구쓰지마(長靴島)」(1953)가 있다. 탄광에서 일하는 재일조선인의 가혹한 전말을 그린 이 작품도 대상이 되는 시기는 전중이다. 하나의 가설로서 이야기할 수 있는 것은, 이노우에가 탈당한 1953년을 계기로 문단에서 이노우에의 위치는 제1차 전후파에 의해 전쟁서술이 하나의 정점(peak)을 넘어선 이후에도 여전히 전쟁서술을 계속하는 레일 위에 설정되어 있다는 점이다. 그후 이노우에의 서술은 오히려 '전후'의 혼란을 기피하는 것처럼 읽히기도 한다.

다음으로 이노우에의 이 위치라고 하는 것, 그 민족적인 포지션이 안고 있는 문제성을 검토하기 위해서도 김달수의 작품 「일본의 겨울」을 하나의 참조틀로 소개하고 싶다. 김달수의 장편 대작 『현해탄』[44]과 『태백산맥』[45] 등은 모두 서울을 무대의 중심으로 하여 조선인의 생활과 저항을 그린 작품이지만, 그의 작품에는 항상 이동(밀항)이 숨

43 井上光晴, 『虚構のクレーン』, 新潮文庫.
44 金達壽, 『玄海灘』(上下巻, 青木書店 1977)이 최초 게재된 것은 『新日本文學』 1952년 1월호~1953년 11월호다.
45 金達壽, 『太白山脈』, 築摩書房 1969.

겨진 모티브가 되고 있다. 대표적인 작품으로 한반도에서 탈출해 체포와 도주의 인생을 살게 되는 청년들을 그린 「밀항자(密航者)」를 들 수 있다. 하지만 여기에서는 50년대 전반의 당활동과 법무부 특별심사국(特別審査局)의 스파이 활동을 주제로 한 「일본의 겨울」을 다루어 보고자 한다.

「일본의 겨울」이 쓰여진 것은 1956년으로, 이른바 1955년의 '로쿠젠쿄(六全協)' 대회로 당내 분열 문제가 해결된 이후 『아카하타』 지면에 실리게 된다. 이 시기 김달수의 정치적 포지션은 '총련'과는 계속 거리를 두면서도 나카노 시게하루(中野重治) 등과의 친분으로 『신니혼분가쿠(新日本文學)』[46]에 참가하고 있던 시기에 해당한다. 이러한 때 김달수가 『아카하타』에 글을 썼다는 사실에서 짐작할 수 있는 것은, 1955년의 '로쿠젠쿄' 대회로부터 나카노 시게하루 등이 제명되는 1964년까지는 『신니혼분가쿠』가 당과 협조관계에 있었다는 점이다. 다시 말해, 「일본의 겨울」은 '로쿠젠쿄' 대회의 수복(修復)노선의 결실을 전시하려는 전략을 가지고 있었다는 점을 알 수 있다.

작품의 주요 등장인물은 일본인 청년 야마키 게이스케(八巻啓介)와 재일조선인 활동가 신삼식(辛三植)으로, 일본인 청년 야마키 게이스케는 일본공산당을 감시하는 법무부 특별심사국에서 민족조직에 파견한 스파이이다. 그리고 이 청년에 의해 감시당하는 이가 신삼식이다. 작품의 주된 축은 당중앙의 분열이 민족조직의 분열로 확대되어가는 과정인데, 주인공 신은 일관해서 분열을 피하려는 모습으로 그려

46 1948년 '新日本文學會'에 의해 창간된 문예잡지.

진다. 다른 한편, 특별심사국에서 파견된 야마키는 작품의 클라이맥스에 이르러 스파이 활동을 후회하게 되는데, 말하자면 그는 현실에서는 존재하기 어려운 역할을 연출하고 있다. 야마키가 후회하는 이 장면은 '로쿠젠쿄' 대회에서 있었던 공산당의 '자기비판' 및 '투항'과 다소 오버랩되는 듯하다. 게다가 당시의 문맥을 자세히 살펴보면, '정치'적 알레고리의 냄새가 나지 않는 것도 아니다. 단행본으로 출간된 『일본의 겨울』의 「후기」(1957)에서 김달수가 『아카하타』 편집국과 작자인 자신 사이에 특별히 갈등은 없었다고 굳이 해명하고 있는 것도 실은 미심쩍은 부분이다.

그러나 여기에서 나의 전략은 이 「일본의 겨울」을 분열 직후 일본 공산당의 수복노선에 끼워맞추어 해석하려는 것이 아니다. 이노우에 미쓰하루 등 '로쿠젠쿄' 대회 이전에 제명 혹은 탈당한 사람의 입장에서 보면 「일본의 겨울」은 부자연스러운 타협의 산물로밖에 보이지 않는 작품이지만, 그럼에도 '민족'이라는 문제설정이 『아카하타』 지면에서 다루어질 수 있었다는 것은 이후 일본공산당의 모양새로 보았을 때 의외라는 느낌을 지우기 어렵다. 1949년 '조련'의 해산 이후 김달수와 같은 재일조선인 지식청년은 일본공산당의 지도범위에 머무르는 것 이외에는 활로를 찾을 수 없었고, 또한 이후에 설립된 '총련'의 문화정책에도 익숙해지지 못한 채 그후의 귀국운동에도 동참하지 못했다고 추측된다. 더욱이 재일조선인들에게 있어 표현의 장(場)이란 소규모의 자비(自費) 미디어를 제외하고는 『신니혼분가쿠』 등 일본의 문화좌익 세력밖에는 없었다는 전제가 있다.

일본공산당이 50년대 후반부터 70년대에 걸쳐 시민에게 사랑받는 '애국자당'으로서 의회정당의 길로 전진해갈 때도 몇개의 단층이 존재했다. 이후 이야기되는 것처럼, 1955년의 '로쿠젠쿄' 대회를 기점으로 재일조선인 지식인이 일거에 민족문제를 계기로 분리되어나온 것도 아니다. 방관자적으로 서술할 수밖에 없는 입장이지만, 재일조선인 대중들에게는 일본사회의 차별구조와 연동해서 당시의 '북한' 사회가 좋든 싫든 아름답게 보였을 것이다. 그것과 나란히 '북한'에 대해 위화감을 품고 있던 일부 지식인층의 경우 일본의 공론장에서 스스로 발언권을 확보하기 위해서도 어느 정도의 유보가 시험되지 않을 수 없었는데, 이와 같은 재일조선인들의 고뇌의 흔적을 이 작품에서 엿볼 수 있는 셈이다.

전후에 독립적인 발언의 장을 확보하려는 재일조선인의 노력 이면에는, 당연한 일이기도 하지만 포스트 제국적인 조건을 내재화한 일본사회에 대한 투쟁과 더불어 조국과 그들 사이에 늘상 존재하는 긴장관계가 내포되어 있다. 게다가 이러한 고뇌의 흔적이 명백하게도 한국전쟁 후의 사회상태인 일본의 '부흥'과 한반도의 '피폐'라는 분기(分岐)에서 기인한다는 사실은 반복해서 강조되지 않으면 안 된다. 더욱이 김달수는 평생 민족적인 관점을 버리지 않았던 작가이기도 하다. 그러한 의미에서도 「일본의 겨울」이라는 제목에서 '일본의'라는 구절은 한국전쟁하 '동아시아'라는 지정학적 배치를 염두에 둔 것이었다는 점을 깨달을 수 있다.

「일본의 겨울」에서 주인공 신삼식은 처음부터 끝까지 한국전쟁의 동향에 따라 행동한다. 신삼식에게 전쟁은 한반도의 정세에 연동하는 조직활동을 통해 구현되며 신삼식이 살고 있는 조선인 '부락'은 일본의 '부흥'으로부터 상대적으로 낙오된 장소이자 살기 위한 전장(戰場)이 된 곳이기도 했다. 당시 주인공 신삼식과 그의 아버지의 수입원은 쓰레기 줍기였는데, 그 '쓰레기장'의 권익이 당조직 분열 소동의 영향을 받아 그 여파로 쓰레기장은 분쟁의 장소가 되어간다. 「일본의 겨울」은 재일조선인 '부락'이야말로 전장이었다는 점, 그리고 거기에서 벗어나려 했기에 그후 귀국운동이 활발하게 전개되지 않을 수 없었을 것이라는 예감을 전달하는 작품이 되었다.

두 개의 공간

앞서 소개한 이노우에 미쓰하루 등 '로쿠젠쿄' 대회 이전에 당을 떠난 이들의 반대편에는 '로쿠젠쿄' 대회 이후에도 당에 남아 있었다고 생각되는 일본 작가들이 있다. 이들의 작품들 중 1950년 전반 한국전쟁하 당활동을 묘사한 작품으로, 고바야시 마사루의 『단층지대』를 떠올릴 수 있다. 이 작품이 세상에 나온 것은 1958년의 일이다.

이 작품은 당시 신니혼분가쿠카이(新日本文學會)에 모인 신진작가가 필자의 대부분이었던 파트리아 서사(書肆)의 '신예작가총서'(이중에는 가이코 다케시開高健[47]와 시마오 도시오島尾敏雄[48] 등의 이름도 보인다) 안

47 가이코 다케시(開高健, 1930~89): 오사카 출신의 작가. 오사카 시립대학 법문학부 법학과 졸업. "서정을 배제한 농밀함, 파괴력 있는 풍부한 문체로 강고한 허구의 세계를 구축"했다는 평가를 받는다(코지엔廣辭苑 대사전 중에서). 저서로 『パニック·裸の王様』(新潮文庫 1984), 『ベトナム戰記』(朝日文庫 1990) 등이 있다.

에 들어 있다. 이 작품은 '로쿠젠쿄' 대회 이후 수복노선을 따른 것이라는 의미에서 김달수의 「일본의 겨울」의 일본 작가 버전이 될 수도 있는데, 1700매에 달하는 이 대작은 결코 간단히 논하기 어려운 작품이다.

그럼에도 불구하고 여기서는 소설의 마지막 페이지에서 분파투쟁과 비합법활동으로 피폐해진 와중에 주인공 기타하라가 재기를 결심하는 장면을 보자. "수없이 과오를 거듭하여 동지를 죽음으로 몰아간 그 오점은 일생 지워지지 않을 것이다. 하지만 지금이야말로 타인으로부터 할당받은 것이 아닌, 일본공산당의 한 사람의 세포로 다시 탄생한 것이다." 아주 상징적인 대목이다. 이후 기타하라 등의 세포들은 제멋대로 행동했던 과거 자신들의 활동을 반성하면서, 극빈지구에 진료소를 설치하는 세틀먼트(settlement) 운동[49]에 매진하게 된다. 이 에피소드 역시 이 시기 공산당의 노선전환을 생생하게 보여준다. 뿐만 아니라 극빈지구에서 행해지는 원조활동이 이후 일본사회에 찾아오게 되는 경제성장의 전조라는 점, 또한 60년대부터 일본공산당이 의회정당으로 약진하게 되는 것을 예감이라도 하는 듯이 읽힌다는 점에서 이 작품은 예감에 가득 차 있다.

화제를 되돌려서, 다시 『단층지대』라는 작품을 한국전쟁(및 남북한)

48 시마오 도시오(島尾敏雄, 1917~86): 가나카와현 출신. 전쟁체험과 아픈 처와의 생활을 사소설 형식으로 그린 전후파 작가 중 한 사람. 저서로 『出孤島記』(新潮文庫 1978), 『死の棘』(新潮文庫 1981) 등이 있다(한국어로 번역된 그의 작품으로는 『섬의 끝』(김현희 옮김, 소화 1998)이 있다 — 옮긴이).

49 학생 및 종교가들이 도시의 빈곤지구에 정착하여 지역주민의 생활 향상을 도모하는 사회사업 혹은 그 시설 및 단체. 인보(隣保)사업이라고도 한다.

과의 관련 속에서 살펴보자. 저자인 고바야시 마사루는 1927년생으로 조선에서 자랐는데, 주인공 기타하라 역시 고바야시의 반생을 되풀이라도 하는 양 패전은 내지의 육군사관학교에서 맞이하지만 청년기의 대부분을 조선에서 보낸 것으로 되어 있다. 기타하라는 한국전쟁하 비합법활동이 한창인 와중에서 전장으로 변해가는 옛 '고향'(조선)의 풍경을 떠올린다. 그리고 그곳에서 조선인 주민들이 자신에게 보냈던 증오의 시선을 상기한다. 그후 그는 비합법활동을 벌이다 유치장에 갇히고, 그곳에서 조선인 활동가 미결수들과 접촉하게 된다. 기타하라는 그중 한 사람인 이(李)에게서 제주도 4·3항쟁[50] 이후의 학살에 관해 듣게 된다. 그리고 주인공은 송(宋)이라는 다른 인물에게서 조선인 활동가들이 재일조선인 정치범과 밀항자를 수용하는 오무라수용소(나가사키)에 보내지는 것은 아닐까 몹시 두려워한다는 이야기를 듣게 된다.[51] 그러나 이야기를 듣게 되는 상황 그 자체가 오늘날의 관점에서 보면 문제적이다.

50 1948년 4월 3일, 한국의 단독선거에 반대해서 남조선노동당이 제주도에서 무장봉기를 일으켰다. 1954년까지 계속된 충돌과 진압으로 3만명 이상의 희생자를 냈다. 그러나 정부는 이 사건의 진상을 전혀 공표하지 않아 오랫동안 한국사회의 터부가 되었다. 2003년 10월에 노무현 대통령이 제주도를 방문하여 공식적으로 사죄하였다.

51 전후 재일조선인 활동가와 그 가족들에게 오무라수용소는 실로 공포의 다른 이름이었다. 1950년 오무라수용소가 설립된 사실이야말로 일본의 패전으로 조선인이 전승국측 일원으로 대우받은 시기가 끝나버렸다는 점을 상징한다. 이곳에 갇힌 정치범은 백색테러가 난무하는 한국으로 송환되었다. 오무라수용소에 수감된 재일조선인들의 저항에 대해서는 양석일의 『밤을 걸고』(태동출판사 2001)라는 작품이 소설 형식을 취해 자세히 서술하고 있다.

"동무. 혹시 당신이 말이야. 연락할 수 있는 때가 되면, 밖의 사람들에게 나에 대해 전해주게. 내 노래를 전해주게."

"그렇게 하구말구."

기타하라에게 다른 어떤 대답이 가능했을까. 오무라수용소에 송환되는 도중 탈주를 시도해 성공한 사람은 없었다. 낮으면서도, 앳된 목소리가 흘러나왔다.

"삼년의 감옥생활을 끝내고 나온 나를 또 기다리는 건, 신식 수갑의 광채."

기타하라는 소리를 내어 반복했다. 종이도 없고, 연필도 없다. 그렇지만 그는 결코 이것을 잊지 않을 것이라고 생각했다. 어쩌면 평생 잊지 못할지도 모른다. 일본에서 태어나 일본에서 자란 조선인이 죽음이 기다리고 있는 고국 조선으로 돌아가기 직전 불렀던 그 노래를. 그리고 일본인은 잠자코 하나의 작은 죽음을 떠나보내려 하고 있다. 조선에서 태어나 조선에서 자란 일본인인 기타하라가 그 최후의 증인이며 그 역시 텅 빈 손을 늘어뜨린 채 떠나보내려 하고 있는 것이다. 나는, 평생 이 노래를 잊지 못할 거야. 기타하라는 생각했다.[52]

여기에는 식민지 제국 시기를 살아온 일본인(조선인)이 지닌 문화관의 양의성(兩義性)이 상징적으로 드러나 있다. '일본에서 자란 조선인'과 '조선에서 자란 일본인'의 만남을 강렬하게 각인시키고자 하는 이

52 小林勝, 앞의 책.

작품의 정열의 원천은, 실은 식민지 제국이라고 하는 과거의 기반이다. 그러나 그 조선인과의 만남을 기념하는 '노래'가 일본노래라는 점(일본노래일 수밖에 없는 점)에 관해 적어도 작품 내부에서 유의하고 있는 흔적은 없다. 일찍이 패전 직후 나카노 시게하루가 '서울'을 '게이조(京城)'라고 표기해 비판받은 후에 이를 받아들였던 정황도 참조가 될 만하다. '죽음이 기다리고 있는 고국으로' 조선인을 돌려보내는 조치가 한국전쟁을 대하는 일본의 당사자성을 표현하고 있는 것이라면, '잠자코 하나의 작은 죽음을 떠나보내는' 일은 일본이 한국전쟁에 관여하는 것을 반대해왔던 일련의 운동이 패배했다는 사실을 뜻한다. '패배'가 이 작품을 관통하는 기조라면, 이때 한국전쟁을 저지하지 못한 데서 느끼는 '패배'와 당의 무모한 지령으로 체포·구류되어 상처받는 가운데 느끼는 '패배'는 과연 어떤 식으로 정리될 것인가. 그러나 작품의 전체적인 인상은 그 부분을 회피하고 있는 느낌이다.

그런 식으로, 이 작품의 클라이맥스에 나오는 회생(回生)의 결의는 전적으로 후자의 패배(당의 무모한 지령에 의해 상처받은 것)를 넘어서기 위해서만 사용된다. 물론 당시 실질적으로 존재했던 일본의 국내운동 가운데 미일동맹이 한반도에 관여하는 사태를 저지할 수 있을 정도로 유효하고 결정적인 프로그램이 있었다고는 생각되지 않는다. 그러나 그렇다고 하더라도, 그 '패배'의 의미는 사상적으로 어떻게 처리되었을까. 한국전쟁하에서 당활동의 최전선을 담당했을 사람들(일본인)로부터 이에 대해 어떤 명확한 윤곽을 가진 대답을 들을 기회는 그리 많지 않다.[53]

다시 한번 『단층지대』의 클라이맥스로 돌아가보면, 이는 명확하게 '로쿠젠쿄' 노선에 편승하는 것인 동시에 전전의 전향 현상에서 볼 수 있었던 '민중'의 발견과 '일상생활'로의 회귀를 반복하는 것이 된다. 그리하여 '민중'과 '일상생활'은 의회정당의 복지정책으로 보완되어 결과적으로는 한국전쟁의 '원초적 축적'에 의한 '부흥', 나아가 '고도성장'에 접합되기에 이른다.

고사명의 작품 『밤이 시간의 발걸음을 어둡게 할 때』는 1970년에 발표되었다. 앞에서 서술한 것처럼, 1950년 초반의 전말을 이야기하기 위해서 고사명은 20년의 시간을 기다려야 했던 것이다. 고사명은 1932년 야마구치(山口)현에서 태어난 재일조선인 2세다(바다 저편으로 한반도가 보인다 할지라도). 아이러니하게도 그는 고바야시 마사루와 달리, 한반도의 풍경을 '고향'으로 생각하는 일이 거의 없다. 고사명의 이 작품 『밤이 시간의 발걸음을 어둡게 할 때』는, 어떤 의미에서 고바야시가 수행한 테마 —'조선 출생의 일본인'과 '일본 출생의 조선인'의 만남이라는—를 한층 심화시킨 것이라고 할 수 있다.

이 작품의 주인공은 사카이 미치오(境道夫)라는 일본인이다. 작품

53 구리하라 사치오(栗原幸夫)는 「그 시절의 동지여(あの日々の同士よ)」(『インパクション』 No. 137, 2003)라는 글에서 비합법활동 당시 일본인과 재일조선인 활동가 사이에 존재했던 연대를 회상했다. 그는 재일조선인들이 일본인들로 구성된 당에 의해 단순히 끌려다녔다는 관점에 이의를 제기하고 있다. 그 책은 (재일조선인들의) 주체적인 의사가 있었고, 잠깐 동안 목표를 동일시한 연대의 계기가 있었다고 말하고 있다. 구리하라는 예전에 알고 지낸 활동가가 그후 조선으로 귀국했다는 사실을 다른 사람에게서 전해 듣게 된다. 구리하라에게 한반도를 둘러싼 상황은 그러한 사람들과의 재회를 꿈꾸는 희망의 모습으로 보인다.

안에는 재일조선인 활동가도 여러 명 등장하는데, 민족의 입장에서 당시 당조직이 '민족'문제를 다루는 태도를 비판하는 서술이 작품 곳곳에 드러나 있다. (혹은 단순하게 민족적 입장에 서지 못하는 복잡한 감정도 드러나 있다.) '민족'문제에 관련된 이와 같은 디테일은 물론 한국전쟁 당시(혹은 그 이후)의 인생경험 속에서 고사명이 보고 들은 사건을 재료로 하는 것임에 틀림이 없다. 그러나 기묘하게도 이 작품의 주인공은 일본인이다. 그리고 주인공 사카이 미치오가 경험하는 당활동에서 생기는 고뇌의 주된 원천은 의외로 당 내부에서 벌어지는 연애문제이기도 하다. (물론 여기에 빈곤과 가정 문제가 중첩되어 있기는 하다.)

실제로 예전의 당조직에서는 개별 활동가의 연애관계까지도 당에 대한 충성을 표시하는 척도였다고 이야기된다. 연애와 당활동에 관련된 에피소드는 고바야시의 『단층지대』에서도 큰 무게를 차지하는 테마이기도 했다. 그렇지만 『단층지대』의 연애 에피소드에서는 주인공과 카페 여성의 관계가 '불결한 것'으로 판정되는 데 반해, 『밤이 시간의 발걸음을 어둡게 할 때』에서는 상대 여성의 아버지가 당원으로 등장한다. 이같은 설정에서 알 수 있듯이 이 작품에서 '연애'는 당조직의 존립기반과 관련된 스캔들로 다루어지게 된다. 게다가 주인공 사카이의 연인이 사카이의 '아이'를 임신함으로써 이 '연애'는 비극적인 결말을 맞이할 것으로 예상된다. 소설의 첫머리에는 이야기의 순서를 역행해 사카이의 연인 모토코(泉子)가 죽고, 그후 병실에 수용된 사카이의 머리맡에 공안형사가 서 있는 장면이 묘사되어 있다. 사카이는 당에서 금지하는 '연애'에 빠져들어 배신자의 낙인이 찍히게 된 셈이지만, 이 장면이 암시하는 것은 여기에 더해 그가 진짜 배신에 손을 담그게 될지도 모른다는 것이다. 이러한 사카이에 대해 마지막까지 원조를 아끼지 않는 사람은 김일룡(金一龍)이라는 재일조선인 활동가다.

이 작품이 집필된 시기는 60년대를 거치면서 일본공산당의 권위 자체가 상대화되었던 시기로, '민족'문제와 '연애'문제 등이 상징적인 방식으로 처리되고 있다. 주인공 사카이가 '연애'문제로 인해 당의 상부로부터 지탄을 받을 때, 그는 '들개(野良犬)'라 불리며 모욕을 당한다. 이 '들개'는 당연히 〈배신자〉의 의미를 포함하고 있을 것이다. '개'는 또 다른 장면에도 등장한다. 김일룡과 백태식 사이에서 개를 먹는 '조선인'이 증인으로 내세워졌을 때인데, 이 경우에는 민족을 나타내는 기호 역할을 수행하고 있다.

다시 말해, 당내 분파문제와 남녀문제, 그리고 민족문제는 '개'라는 상상적인 쿠션(cushion)을 통해 접합되고 있는 셈이다. 그렇다 할지라도 고사명이 일본인을 주인공으로 내세운 의도는 헤아리기 쉽지 않다. 이 이해하기 어려운 사실을 설명하는 데 단서가 될 만한 것으로, 지쿠마(筑摩)출판사에서 펴낸 단행본의 「후기」를 살펴보자.

> 나는 분열된 인간이다. 그것도 두 개로 나누어진 것이 아니고, 세 개 네 개로 나누어진 인간이다. 나는 조선인이지만, 나의 조선은 두 개로 분리되어 있으며, 게다가 내가 인간이라는 증표로서 말을 하고 사물을 생각하는 언어는 일본어이다. (…) 따라서, 내가 나 자신에게 제기하지 않으면 안 되는 테마는 지극히 분명하다고 말할 수 있을 것이다. 찢겨진 나 자신의 통일을 회복하는 것, 그것이다. 조선의 통일이

회복되고 그리고 조선과 일본의 관계가 인간의 자유와 행복을 기초로 정상화되는 때, 나는 분명 나 자신의 삶의 방식을 다시 한번 선택할 수 있을 것이다. 그러나 그때까지는 이 분열된 나를 계속 전시함으로써, 불가능하다고 각인된 스스로의 통일을 향해 계속 나아가게 될 것이다.

결국 작가 고사명이 선택한 길은 한국전쟁으로부터 촉발된 여러 가지 문제를 상징적인 차원으로 전화시키고, 이를 승화시키는 것이었다고 생각된다. 부분적으로 그것은 원초적 과제인 한반도의 통일이라는 테마이며 혹은 일본과 조선의 관계 회복일 수도 있고, 더 나아가 찢겨진 자신의 회복이라고까지 그 자신 부르는 것이다. (바로 그렇기 때문에 '개'라는 상징장치가 개입하는 것이다.) 말년의 고사명의 경우, 「후기」에 쓰여 있는 '불가능이라고 각인된 자기의 회복'이라는 테마가 종교적인 구제 쪽으로 흡인되어가는 듯한 예감도 없지 않지만, 한반도의 풍경을 반드시 '고향'이라고 말할 수 없는 세대에게 그는 하나의 지표가 될 만한 이념성을 제시한 셈이었다.

반복해서 말하지만, 바로 그렇기 때문에라도 민족적인 계기는 상징적인 것으로 처리되었다고 말할 수 있다. 다만 이 텍스트는 '민족'의 계기를 드러내지 않음으로써 일본의 공론장에서는 그 헤게모니적 위치를 소거당할 위험을 갖게 된 것일지도 모른다. 그러나 『밤이 시간의 발걸음을 어둡게 할 때』라는 텍스트는 '고사명'이라는 이름을 텍스트 가까이에 새겨넣는 가운데, 분명 '불가능이라고 각인된 자기'를 계속적으로 드러낸 것이 아니었을까.

두 개의 시간

『밤이 시간의 발걸음을 어둡게 할 때』라는 제목에는 '시간'(때)이라는 단어가 두 번 등장한다. 물론 이 두 개의 '시간'이란, 계속해서 흘러가는 시간의 흐름을 의미하는 '시간'과 사고가 정지된 듯한 암흑의 현재라는 뜻을 가진 '시간'(때)으로 간주할 수 있을 것이다. 이 텍스트가 속해 있는 장소로 한국전쟁이라는 대재앙[劫火]을 그 광원(光源)으로 배치한다면, 그것은 소위 일본인의 전후 이야기와는 전혀 다른 풍경을 주시하던 시간의 이중성까지지도 드러내는 셈이다. 일본으로 불똥이 튄 또 하나의 '한국전쟁'을 살아냈던 고사명에게 소위 '부흥' 일본이라는 공간은 오히려 수많은 사체가 굴러다니며 잔해가 산재해 있는, 또 하나의 잿더미로 어렴풋하게 보였을지도 모른다. 그렇기 때문에 『밤이 시간의 발걸음을 어둡게 할 때』가 출간되어나온 때(1970)가 고사명에게는 '부흥'이라고까지는 말할 수 없어도 일종의 시간 구분을 초래한 획기적인 시기였다고 할 수 있다.

오늘날 규슈, 주고쿠(中國) 지역의 위쪽으로 보이는 반도, 즉 이노우에 미쓰하루와 고사명의 고향인 북쪽의 조선땅에는 또다시 전화(戰火)의 그림자가 너울거리고 있는 듯이 보인다. 이를 제2차 한국전쟁이라는 위기로 명명하는 것은 뒤늦은 과장이 아닐까 싶다.

평론가들이 묘사한 한반도의 미래를 그리는 시나리오에는 좀처럼 바람직한 미래상(像)이 존재하지 않는 것이 현재 상황이다. 그러나 미래상이 부재하다는 문제는 비단 한반도에만 한정된 것이 아니다.

바람직한 미래가 부재하는 것은 일본이라 불리는 지역도 마찬가지가 아닐까. 그리고 이 두 지역에 미래가 부재하다는 것은 36년간의 식민지 지배와 더불어 바로 이들 지역이 한국전쟁이라는 대재앙을 광원으로 한 원근법 속에 들어가 있기 때문이다. 오늘날 일본에서 '북한 때리기'를 추진하는 사람들이 원초적으로 간직하고 있는 풍경 속에 귀국운동이 존재한다는 사실은 앞에서 언급한 대로다. 일본측에서 보자면, 이 귀국운동은 식민지 지배에 대한 속죄의식을 수반한 정결한 선의(와 에고이스틱한 식솔 줄이기)에 의해 수행되어왔거니와, (귀국운동) 당사자들에게 있어서는 한국전쟁이라는 대재앙의 잿더미를 그 출발점으로 하는 것이었다.

그런데 앞부분에서 제시한 김지하 시의 모티브는 한편으로는 식민지의 피지만, 거듭되어 시 속에 등장하는 '여병(女兵)' 및 '창부(娼婦)'란 실은 냉전하 미국과 구소련에 아첨하는 '일본'의 모습을 상징하는 것이라고 역주에 서술되어 있다(시부야 센타로는 하기와라 료의 필명이다). 실제로 김지하가 쓴 모든 시는 한국전쟁 이후 '냉전'의 토대 위에서 태어난 것이다. 결국 바로 지금, 한국전쟁의 기억을 되찾는 것뿐만 아니라 한국전쟁 이후의 시간성을 우리가 살고 있다는 자각, 이른바 일본의 '전후'를 '한국전쟁 후'로 대체하는 작업이 요청된다.

불타는 오키나와

6

모든 기본 질서는 공간질서다. 한 개 국가 혹은 한 개 대륙의 헌법이 문제가 되는 것은 그것이 해당 국가 혹은 대륙의 기본 질서, 즉 노모스로 간주되고 있기 때문이다. 그런데 참으로 본래적인 이 기본 질서라는 것의 핵심은 바로 일정한 공간적 경계설정, 지구의 일정한 척도와 일정한 분할이다. 따라서 어떤 위대한 시대의 시작에도 광대한 토지의 취득이 있게 마련이다. 특히 지구상의 중요한 변혁 및 전이(轉移)는 모두 세계정치의 변화, 지구의 새로운 분할, 새로운 토지의 취득과 연결되어 있다.

칼 슈미트, 『육지와 바다』 중에서

'류큐제도'의 일체성

오키나와는 하나의 통일성을 지니는 동시에 여러 개의 단선(斷線)들이 얽혀 있는 자장이기도 하다. 오늘날 오키나와라고 하면, 오로지 오키나와 본도와 그에 인접한 작은 군도(게라마慶良間 열도와 오키나와 군도)를 지칭한다. 물론 행정구역상으로 보면, 오키나와 본도 이남의 미야코(宮古島)섬과 야에야마(八重山) 군도도 여기에 포함된다. 다만, 오키나와 본도와 미야코섬·야에야마 군도 사이에는 예전의 조공관계[1]에서 비롯된 미묘한 감정이 잠재해 있다고 한다. 그리고 그 반대편인 오키나와 본도의 북쪽에 위치한 아마미(奄美) 군도로 눈을 돌려보자. 아마미 군도에도 역시 미야코섬, 야에야마 군도와 마찬가지로 예전의 조공관계를 기본으로 한 연관이 잠재되어 있지만, 아마미 군도는 가고시마(鹿児島)현[2]에 편입됨으로써 오키나와 본도 이남과는 인연이 멀어진 듯한 느낌이 든다. 이 오키나와 본도와 아마미 군도의 분단으로부터 상기되는 것은, 예전에 아마미의 가케로마(加計呂麻)섬에서 특공대장 임무를 담당했던 시마오 도시오(島尾敏雄)의 일이다. 실제로는 출격할 기회를 놓쳤던 시마오는 전후 어느 시기에 아내 미호와 함께 아마미에 이주해왔는데 이 남쪽 땅에서 많은 에세이를 발표했다.[3] 그

1 조공관계란 주변국의 지배자가 중심국에 경의를 표하는 사절을 보내고, 중심국은 주변국을 보호하는 시스템을 말한다

2 일본 열도의 남쪽에 해당하는 규슈지방 남쪽에 위치한 현—옮긴이.

3 1944년 특공 어뢰정 요원이 되어 제18진양대 지휘관으로 아마미 군도 가케로마섬에 주둔한 시마오 도시오는 출격 명령을 받았으나 그 직후에 전쟁이 끝났다—옮긴이.

는 오키나와 본도(및 소군도), 미야코섬, 야에야마 군도, 거기에 아마미 군도를 더한 일체적 지리공간으로서 '류큐제도(琉球弧)'[4]를 줄곧 제창해왔다.

일반적으로 시마오의 문제의식은 야나기타 구니오(柳田國男)[5]의 『해상의 길』[6] 등에서 얻은 영감을 바탕으로 하고 있는데, 예부터 불려온 이름인 '류큐제도'를 사용하는 가운데 이를 일본이라는 단일적 사고를 타파하는 문화자원으로 삼으려는 기획이 존재해왔다고 흔히 이야기된다. 도호쿠(東北) 지방 출신인 시마오는 야나기타의 『가규코(蝸牛考)』[7]에 나오는 주권론(周圈論)에 관한 논의를 인용하는 한편, 더 나아가 '류큐제도'와 그의 고향인 '북방'을 연결하여 '류큐제도'를 포함한 일본을 '야포네시아(Japonesia)'[8]라고 칭함으로써 기존의 주어진 일본 이미지를 해체, 재구축하는 지도를 이끌어내려 하였다.[9] 이

4 규슈 남부에서 타이완으로 활 모양으로 이어진 섬들의 행렬.

5 야나기타 구니오(柳田國男, 1875~1962): 효고현 출신. 민속학자. 도쿄제국대학 정치과 졸업. 농상무성 직원, 귀족원 서기관장, 아사히신문 해설위원 등을 거쳐 민속학 연구에 전념하였다. 일본 민속학을 확립한 인물이다. 저서로 『遠野物語』(新版, 角川文庫 2004), 『일본 명치·대정 시대의 생활문화사: 명치·대정사 세상편』(김정례·김용의 옮김, 소명 2006) 등이 있다.

6 柳田國男, 『海上の道』, 岩波文庫 1978.

7 柳田國男, 『蝸牛考』, 岩波文庫 1980.

8 유라시아대륙과 아시아대륙의 동쪽에 있는 섬들의 행렬. 일반적으로는 홋카이도로부터 혼슈, 규슈, 류큐제도, 타이완까지를 잇는 섬의 연속을 가리킨다.

9 주권론 혹은 방언주권론(方言周圈論)은 방언 분포의 해석 원칙에 대한 가설 중의 하나다. 방언의 말이나 소리 등의 요소가 문화적 중심지에서 동심원상에 분포하는 경우 안쪽에서 바깥쪽으로 순차적으로 변화했다고 추정한 이론이다. 야나기타 구니오의 『가규코(蝸牛考)』(刀江書院 1930)에서 제창하고 명명한 것이다. 가규(蝸牛)란 일본어로 달팽이를 의미하는데, 동심원상의 방언 분포를 시각적으로 나타낸 것이다—옮긴이.

와 같은 시마오의 '야포네시아'론은 오키나와의 일본 본토 복귀[10] 이후에도 다양한 문화운동에 접합되어, 이후에는 아이누 민족과의 친근성이 강조되는 등 마이너리티 문화운동의 흐름에도 참여하게 되었다. 시마오가 아마미에서 그와 같은 구상을 하게 된 당시의 역사적 정황을 살펴보면, 아마미 군도가 오키나와보다 앞서서 본토에 귀속되고 나서(1953), 오키나와·야에야마 지방이 차례로 복귀되기까지 그 시간차 위에서 발언되었다는 사실에 주목할 필요가 있다.

1952년 샌프란시스코 조약 발효에 연동하는 형식으로 아마미 군도가 본토에 복귀한 것은 분명 지정학적 조건 및 비용에 대한 배려 차원에서 가까스로 기지화를 모면한 사실에 기인하는 것이기도 했다. 이 시기 아마미 군도와 오키나와 본도(및 미야코섬, 야에야마 군도) 사이를 긋는 절단선은 실로 냉전구조(미합중국의 전략)에 의해 결정된 것이었다. 시마오의 문제제기는 야나기타의 남도(南島) 이데올로기[11]의 영향이 엿보이는 이상주의적 문화론의 외양을 간직하고 있으면서도, 당시의 문맥에서 살펴보면 미군기지 배치에 의해 지리적이고 정치적인 문화가 편성되어 아마미 군도와 오키나와 본도(및 미야코섬, 야에야마 군도)가 분단되는 사태에 대한 비판적인 저항으로도 읽힐 수 있는 것

10 1945년 8월 일본의 패전 이후 미국이 점령한 오키나와에 대해 일본정부는 지속적인 반환협상을 시도한다. 일본 복귀란, 1971년 6월 17일 미국과 일본 사이에 오키나와 반환협정이 조인되고, 1972년 5월 15일에 협정이 발효됨으로써 오키나와가 일본영토로 복귀한 것을 일본 입장에서 가리키는 용어다 — 옮긴이.

11 일본의 미디어가 오늘날 끊임없이 반복하는 것으로 남도, 즉 오키나와에서 일본의 원향(原鄕)·원일본을 찾는 소위 오키나와 현상을 가리킨다(村井紀,『新版 南道イデオロギーの發生』의「あとがき」).

이었다.

시마오가 서 있는 위치 혹은 그 기획의 대부분은 일본 지식인의 입장에서 '일본(야마토)'을 상대화하는 데 있었다고는 하지만, 당시 오키나와측에서 보면 기지를 품고 있는 오키나와에서 가장 가까운 지역에 거주하는 지식인으로부터 나온 지정학적 발언, 다시 말해 오키나와를 향한 발화로 받아들여졌다고 생각된다. 시마오의 발언은 한 사람의 지식인이 주장하는 문화론인지 혹은 정치적인 발언인지 때에 따라서는 불분명한, 둘 사이의 중간이나 경계에 있는 듯한 인상을 주는 것이었다. 다만 그와 같은 애매함이야말로, '류큐제도'론과 '야포네시아'론을 활짝 꽃피게 만든 이유이기도 할 것이다.

그러나 작금의 저속한 캐치프레이즈가 되고 있는 '니라이·가나이(ニライ·カナイ, 바다 저편의 왕국)'[12]에서와 같이 오키나와를 '우리들의 원시'로 상상하는 남방론적인 시선과 시마오의 시선을 혼동해서는 안 된다. 예전 야나기타의 사상에는 확실히 제국/주변이라는 시선이 관철되고 있었지만, 당시 시마오의 발언에는 냉전하 분단상황에 대한 저항의 측면이 존재한다는 것을 놓쳐서는 안 된다. '니라이·가나이'가 문화상품으로 유통되고 있는 오늘날, 거기에 존재하는 시선의 배치 속에는 본토의 입장에서 응시된 '주변'이 전제되어버린다. 그리고 이러한 시선은 현지 사람들의 활동 속에서 재코드화(자기 오리엔탈리즘화)되기도 하며, 더 나아가 실제로 존재하는 '기지'를 공상적으로 소

12 오키나와 및 아마미에서 오래 전부터 전해내려오는 바다 저편의 낙토와 성스러운 땅을 일컫는다.

거하는 데까지도 연결될지 모르는 상황이다. 그리고 1972년 오키나와·야에야마 지방의 본토 '복귀'가 완수된 이후에도 오래도록 '기지'가 잔존해 있는 오늘날, '오키나와(류큐제도)'의 일체성을 비판적으로 상상하는 작업은 여전히 비판적 지식인들에게 맡겨진 과제다. 예전의 조공관계로부터 비롯된 권력관계를 표상하는 일은 논외로 한다 할지라도 말이다.

에도 시기 이전의 아마미 군도(이하 '아마미')는 사탕수수를 생산하는 전근대적 식민지로 사쓰마번(薩摩蕃)[13]의 세력하에 있었으며, 오키나와 본도 쪽은 사쓰마번과 청조(淸朝) 양측에 속하는 위치를 유지하고 있었다. 아마미와 오키나와 본도 사이의 경계는 사쓰마 이전 시기의 식민지주의에 의해 일찌감치 설정되었지만, 두 지역이 동일문화권으로서 갖는 연속성은 교역과 친족관계 등을 통해 여전히 유지되고 있었다고 할 수 있다.

그리고 1871년 내지의 폐번치현(廢蕃置縣)[14] 시행령에 의해 오키나와와 아마미는 함께 '류큐'로 묶여 가고시마현에 편입되었다.

그러나 그 이후 오키나와가 군대의 포위 속에 집행된 '오키나와 처분'에 의해 오키나와현으로 단독 설정됨에 따라(1879) 현실태로 존재

13 사쓰마는 지금의 규슈지방 남동쪽의 가고시마현 전역과 미야자키현 남서쪽을 가리킨다—옮긴이.

14 메이지유신 시기인 1871년 8월, 이전까지 지방통치를 담당하였던 번을 폐지하고, 지방통치기관을 중앙정부가 통제하는 부(府)와 현(縣)으로 일원화한 행정개혁을 말한다—옮긴이.

하는 두 문화권의 일체성은 서서히 상실되어갔다. 그러나 실은 그 일체성이 완전히 끊긴 것은 아니었다. 이를 상징하는 것은 오키나와의 전후 시기에 있었던 혁명운동의 전개다. 오키나와전투 이후 미군의 파괴와 조우하지 않았던 탓이었을까, 아마미 쪽에서 오키나와 본도보다 먼저 공산당의 활동이 활발해지고 있었다는 사실은 흥미롭다. 그리고 그러한 이유에서 40년대 후반 오키나와 본도의 대중운동의 지도성은 아마미를 중심으로 발휘되었다고 흔히 이야기된다.[15]

1947년부터 시작된 오키나와 본도의 농민조합 및 노동조합을 조직했던 이들의 대부분은 아마미 공산당의 중앙위원이었다. 그러나 아마미와 오키나와는 미국의 군정(軍政)에 의해 별도의 관할구역으로 구분됨에 따라 분할선이 다시 한번 그어진다. 전후 '복귀'의 시간차(1953~72)와 기지 건설로 인해 두 지역 공통의 경제권이 파괴되면서 분단은 다시 한번 결정적인 것이 되어버렸다.

이와 같은 일련의 흐름을 냉전구조의 부설 과정이라 부른다면, 현 시점에서는 상상하기 어려운 실로 다양한 힘들이 경계를 획정하는 데 작동하고 있었던 셈이다—오늘날 그러한 일들이 서서히 분명하게 밝혀지고 있다. 게다가 그것은 오키나와와 아마미 사이에만 한정된 것이 아니었다. 역사학자 야카비 오사무(屋嘉比收)[16]의 야심적인

15 新崎盛暉,『戰後沖縄史』, 日本評論社 1978, 24~28쪽. 전후 아마미에서 일어났던 아마미 공산당의 투쟁, 혹은 오키나와 본도에서 발생한 인민당의 결성 등에 관한 역사적 문맥에 대해 최근에는 가토 데쓰로(加藤哲郎), 모리 요시오 등이 자료 발굴을 포함해 논의의 토양을 만들어내고 있다.

16 야카비 오사무(屋嘉比收, 1957~): 오키나와현 출신. 규슈대학 대학원 박사과정 수료. 현재 오키나와대학 법정학부 교수. 전공은 오키나와 근현대사상사, 역사학이다. 공저로

연구에 의해 밝혀진 바에 따르면, 그것은 오키나와(실제로는 야에야마 지방)와 타이완 사이의 경계 설정에 관한 역사였다. 야카비는 1945년 이후에도 타이완과 야에야마 지방 사이에 식민지 제국 시대의 기반을 이용하는 형태로 활발한 밀무역이 계속되고 있었다고 서술한다. 특히 요나쿠니(与那國)섬에서는 밀무역이 성행함에 따라 호화로운 저택까지 출현하였다고 한다.[17]

이러한 현상은 타이완측으로부터도 증명될 수 있는 것이다. 도쿄제국대학 학생이었던 규에이칸(邱永漢)[18]은 전후에 타이완으로 돌아가는데, 자전적인 에세이에서 그 당시 타이완 북부와 야에야마 지방 사이에 밀무역이 번성했던 사실을 타이완의 관점에서 서술하고 있다.[19] 당시 대량의 설탕이 타이완의 쓰오우(蘇澳)항과 단수이(淡水港)항으로부터 요나쿠니섬을 경유, 물자부족에 시달리던 일본으로 운반

『越境する沖縄』(岩波講座『近現代日本の文化史 九: 冷戰體制と資本の文化』, 岩波書店 2002) 등이 있다.

17 屋嘉比收,「'國境'の顕現」,『現代思想』Vol. 31-11(2003. 9), 186~201쪽.

18 규에이칸(邱永漢): 타이완 타이난(台南)시 출신. 작가, 경제평론가. 도쿄대학 경제학부 졸업. 1954년부터 일본에 살고 있다. 1955년에는『香港』(中央文庫 1980)으로 나오키상을 수상했다. 다수의 저서가 있다.

19 邱永漢,『わが青春の台湾わが青春の香港』, 中央公論社 1993, 101~102쪽. 이 책은 규에이칸이 예전에 타이완 독립파로 활동하던 시절, 그의 타이완 탈출과 홍콩 생활을 엿볼 수 있는 흥미로운 텍스트다. 그러나 이 책에서도 아직 이야기되지 못한 것들이 많다는 점을 알 수 있다. 그러나 오늘날 읽어내지 않으면 안 되는 것은 역시, 규에이칸이 냉전구조 안의 어디를 이동했는가 하는 점이다. 타이완에서 홍콩으로 탈출한 것은 국민당 정권으로부터 탈출한 것이었지만, 냉전구조로부터의 탈출은 아니었다. 이와 관련, 규에이칸이 비서로서 일했던 랴오원이(廖文毅)는 그후 미국으로 망명한다. 50년대 타이완을 주제로 한 규에이칸의 소설군(群)에 관해서는 졸저『台湾, ポストコロニアルの身体』 참조.

되어 시장에서 널리 팔려나갔다.

그런데 이와 같은 상황이 언제까지 계속되며 언제 중단되는 것일까. 야카비의 지적에 의하면, 이러한 상황은 단적으로 한국전쟁이 발발하면서 중단된다. 지역 출신 경찰에 의하면, 매우 느슨하게 이루어지고 있던 밀무역 단속은 한국전쟁 발발과 함께 류큐 군정부(미 군정부)가 직접 개입함으로써 순식간에 일소되기에 이른다. 군정부가 개입하게 된 배경은 요나쿠니를 경유한 비철금속의 탄피와 놋쇠가 홍콩을 통과해 중공측(인민의용군)에 유입되고 있다는 정보가 국방총성(國防總省)의 보고에 의해 확인되었기 때문이다. 이처럼 한국전쟁 발발=냉전 부설의 폭력에 의해 다시 한번 오키나와와 타이완 사이의 경계가 확실히 그 모습을 드러내게 되었다.

우리가 자명한 것으로 받아들이고 있는 오키나와(이미지)란 냉전에 의해 분할된 공간편성의 결과 존재하는 오키나와 그것이다. 거기서 상상되는 오키나와는 항상 '어떤 오키나와'이며, 그것은 오키나와전(戰)과 그 이후 계속되는 냉전 지배라고 하는 피상적인 '폭력'을 원동력으로 삼아 역사적 산물로서 성립된 것이다. 그리하여 오늘날에도 여전히 폭력의 원천인 '기지'가 존속한다는 것은 행정권을 가져 마땅한 현(縣)이 일체의 교섭권을 갖지 못한다는 점에서 알 수 있듯이, 오키나와가 이른바 미일안보체제의 주춧돌로서 '니라이·가나이'에 갇혀버리게 되었다는 것을 의미한다.

미국과 오키나와

복수의 절단선에 의해 잘게 토막이 났음에도 오키나와가 여전히 하나의 자장일 수 있다면, 그것은 오키나와가 '바다 저편의 왕국'이어서가 아니라 바다를 통로로 하여 살아가는 사람들의 공동성(共同性) 때문일 터이다. 또한 그 바다는 일찍이 신이 지나다녔던 '길' 이상으로, 타이완과 중국대륙, 류큐제도와 야마토(大和,[20] 사쓰마薩摩)의 인간이 서로 왕래하던 통로였다. 아마미의 가케로마섬에서 태어난 시마오 미호(島尾ミホ)가 쓴 에세이집 『해변의 삶과 죽음』[21]은 그녀가 유년시절(전전)을 보낸 바닷가 풍경을 묘사한 제일급의 텍스트다. 1부인 「여행하는 사람(旅の人)」에서는 오키나와 본도의 오키나와식 연극과 야마토에서 온 예술인들의 이야기와 함께 중국에서 배를 타고 오는 곡예사들의 묘기가 해변의 신비로운 풍물과 함께 환상적인 필치로 그려져 있다.[22] 그것이 환상적으로 묘사되지 않을 수 없는 것은 단적으로 말해 중국에서 오는 여행객들이 전후에는 오지 않게 되어버렸기 때문일 것이다. 중일전쟁을 직접적인 계기로 하면서, 오키나와전 이후 지속된 냉전체제의 구축과정을 통해 동아시아에 펼쳐진 바다의 통로는 입국관리(냉전체제)에 의해 지배되기에 이르렀다.

전후에서 1972년까지 미국 통치를 경험하고, 그 이후로도 포스트 점령기가 계속되고 있는 현대 오키나와 문학에 있어 '미국'과 어떻게

20 야마토는 일본을 가리키는 다른 이름—옮긴이.

21 島尾ミホ,『海辺の生と死』, 創樹社 1974.

22 같은 책.

마주해야 할 것인가 하는 과제는 야마토측에서는 이미 거의 희미해져버린 문제의식일지도 모른다. 좋든 싫든 현대 오키나와 문학은 동아시아의 냉전구조를 분석하기 위한 특권적인 지렛대의 지위를 차지하고 있다. 야마토 문학에서 미군의 존재는 샌프란시스코 강화조약 발효 이후 고지마 노부오(小島信夫)[23]의 『포옹가족』[24]과 무라카미 류(村上龍)[25]의 『한없이 투명에 가까운 블루』, 혹은 아리요시 사와코(有吉佐和子)[26]의 『비색』[27]에서와 같이 기본적으로는 풍속의 차원에서 취급되는 정도에 지나지 않게 되었다. 물론 풍속 차원의 '미국'이 오키나와에서는 더욱 농후한 것일 터이다. 오키나와전을 겪은 민중들에게 '기지'는 폭력의 흔적(=근원)인 동시에 샌프란시스코 강화조약 이후에는 야마토의 '기지'를 보충하여 대신해서 떠맡게 된 폭력이라는 점에서 이중의 부조리로 여겨지고 있다.

23 고지마 노부오(小島信夫, 1915~): 기후(岐阜)현 출신. 소설가. 도쿄제국대학 영문과 졸업. 메이지대학 교수를 지냈다. 『アメリカン・スクール』(新潮文庫 1967)로 아쿠타가와상을 수상했다. 요시유키 준노스케(吉行淳之介)와 엔도 슈사쿠(遠藤周作), 야스오카 쇼타로(安岡章太郎) 등과 더불어 제3의 신인(新人)으로 불렸다. 저서로 『別れる理由』(全三巻, 講談社 1982) 등이 있다.

24 小島信夫, 『抱擁家族』, 講談社 文芸文庫 1988.

25 무라카미 류(村上龍, 1952~): 나가사키현 출신. 무사시노(武藏野) 미술대학 중퇴. 대학 재학중인 1978년 『한없이 투명에 가까운 블루』(안재찬 옮김, 예하 1990)로 『군조(群像)』 신인문학상과 아쿠타가와상을 수상했다. 그외 저서로 『13세의 헬로 워크』(강라현 옮김, 이레 2004) 등이 있다.

26 아리요시 사와코(有吉佐和子, 1931~84): 와가야마현 출신. 소설가. 도쿄여자대학 단대(短大) 졸업. 고전 예능부터 사회문제에 이르기까지 광범위한 테마의 소설을 썼다. 저서로 『華岡青洲の妻』(新潮文庫 1970), 『恍惚の人』(新潮文庫 1972) 등이 있다.

27 有吉佐和子, 『非色』, 角川文庫 1967.

냉전체제를 대표하는 문학작품 가운데 가장 먼저 등장했을뿐더러 문제제기의 예리함에서도 돋보이는 작품으로, 1955년 『류다이분가쿠(琉大文學)』[28]에 게재된 이케자와 사토시(池澤聰, 오카모토 게이토크 岡本惠德)[29]의 「공소한 회상(空疎な回想)」을 빼놓을 수 없다. 「공소한 회상」은 기지를 수비하는 경비원이 주인공으로 설정되어 있는 한편, '기지' 그 자체는 서치라이트가 내리쬘 뿐인 무정형의 발광체(發光體)로 서술되어 있다. 그리고 '양심'적인 경비원인 주인공은 오키나와인 침입자에게 구타당해 죽음을 당하게 된다. 오키나와인에게 떠맡겨진 적대성의 복잡함이 오히려 '기지'라는 압도적인 존재를 돋보이게 하는 장치 역할을 하고 있는 것이다. 이 작품은 작품의 유통 자체가 군정부(軍政府)의 개입을 초래할지 모른다는 공포를 수반했다는 의미에서 이중으로 리얼한 작품이었다고 생각된다. 이 「공소한 회상」은 발표된 다음해, 『신니혼분가쿠』에 「경비(ガード)」라는 제목으로 연재되었다. 그러나 '점령'이 초래한 처절하고도 살벌한 리얼리즘은 역시 오키나와에서만 계승되었던 듯하다.

작품 발표 직후 미군정이 주도하는 토지수용에 대한 저항을 기축으로 하여 섬 전체 규모로 저항이 확장되어갔으며, 섬 전체의 투쟁이 그 폭발을 기다리고 있었다는 점에서도 이 작품은 예감에 가득 차

28 오키나와대학에서 발행하는 문학잡지 — 옮긴이.

29 오카모토 게이토크(岡本惠德, 1934~): 오키나와 출신. 도쿄교육대학 대학원 문학연구과 수료. 오키나와대학 강사를 거쳐 1982년부터 오키나와 법문학부 교수. 저서에 『ヤポネシア論の輪郭 島尾敏雄のまなざし』(沖縄タイムス社 1990), 『現代文學にみる沖縄の自畫像』(高文研 1996) 등이 있다(이케자와 사토시와 동일 인물이다 — 옮긴이).

있다. 실제로 섬 전체 규모 투쟁의 한가운데서, 『류다이분가쿠』의 편집진 4명이 류큐대학으로부터 추방당하는 등 심각한 사건이 발생했다. 그러한 의미에서 이 작품은 '기지'에 대한 저항이 조직적인 것이 되기 직전, 다시 말해 개인적인 격정에 한정되어 있던 무렵의 기운을 생생하게 담아내는 것이었으며, 오늘날의 시점에서 되풀이해서 읽을 필요가 있는 작품이 되었다. 거듭 이야기하자면, 이 시기 야마토에서는 55년 체제가 성립되었고, 다음해에는 '이미 전후가 아니다'라고 선전하는 경제백서가 간행되는 등 상대적인 안정기에 접어들고 있었다는 점에도 유의할 필요가 있다. 한국전쟁이 한창일 때 샌프란시스코 강화조약으로 인해 '기지'가 오키나와로 재분배되는 사태와 함께, 눈앞에 전개되는 미군의 이동을 지켜보면서 점령을 이미 과거에 속하는 것으로 간주하는 풍조가 야마토에서는 지배적이 되었다는 점도 염두에 두지 않으면 안 된다.

그후 오키나와의 문학이 야마토측 문학저널리즘에서도 크게 알려지기 시작한 것은 '복귀운동'의 고조가 작품을 선별하는 요소로 추가되었기 때문일 것이다. 그와 함께 오시로 다쓰히로(大城立裕)[30]의 『칵테일 파티』가 아쿠타가와상을 수상하면서부터의 일이라고 생각된다. 그런데 이 아쿠타가와상 수상작이야말로 '기지' 내부의 인간관계에까지 파고드는 냉전문학 그 자체였다. 연령으로 보면, 오카모

30 오시로 다쓰히로(大城立裕, 1925~): 오키나와현 출신. 상하이의 동아동문서원(東亞同文書院)대학 중퇴. 공무원 근무를 하는 한편으로, 집필활동을 시작했다. 1967년에 『칵테일 파티』(理論社 1982)로 아쿠타가와상을 받았다. 오키나와를 대표하는 작가이며 저서로 『水の盛裝』(朝日新聞社 2000) 등이 있다.

토 게이토크보다도 오시로 쪽이 연상이다. 그리고 오카모토 게이토크는 50년대 초반의 『류다이분가쿠』 지면에서 이론적 지주 역할을 했던 아라카와 아키라(新川明) 등과 함께 선배세대인 오시로 등을 비판하는 입장에 서 있었다.[31] 그러나 오키나와의 '기지' 폭력을 묘사하는 작업은 당시 신진작가였던 1938년생 오카모토가 효시가 되어 연상의 오시로(1925년생)에게 영향을 주었다고 할 수 있는데, 『칵테일 파티』라는 작품이 그 증거가 아닐까 한다.

『칵테일 파티』의 전반부에는, 미군관계자 밀러의 칵테일파티에 초대된 오키나와인 '나'가 밀러의 아들이 행방불명되었다는 소식을 듣고 동분서주하는 모습이 그려져 있다. 그러나 후반부로 가면 '나'는 화자에 의해 '너'로 재설정되고, 자신의 딸이 미군 병사에 의해 강간당했으면서도 상대를 재판에 넘기지도 못하고 밀러의 도움도 받지 못한 채 고립된 모습이 냉정한 필치로 묘사된다. 이처럼 '나'에서 '너'로 주어가 역전되는 가운데 이 작품은 기지체제의 협력자에서 피해자로 전락하는 상황을 보여주는 한편, 딸의 관점에서 바라보는 시선이 독자들에게 강한 인상을 남기는 구조로 이루어져 있다. 다시 말해, 주어의 역전이 오키나와인 내부의 모순을 예리하게 파헤치는 장치가 되고 있는 셈이다.

그 이후 발표된 오시로의 「니라이 가나이의 거리」[32]에서는 미군기지에 의해 파생된 기지 협력자/피해자라는 구도가 한층 더 분열을

31 新城郁夫, 「戰後沖縄文學覺書: 『琉大文學』という試み」, 『沖縄文學という企て』, インパクト出版會 2003, 12~40쪽.

32 大城立裕, 「ニライカナイの街」, 『文藝春秋』 1969년 10월호.

낳기 시작한다. 이 작품에서 미군 병사와 연인관계에 있는 주인공 마치코(町子)는 옛날부터 전해내려오는 바다 저편의 아름다운 왕국, 즉 '니라이·가나이'가 아메리카합중국이라고 굳게 믿고 있다. 『칵테일 파티』에서 「니라이 가나이의 거리」로 이처럼 이동하는 가운데, 이 작품은 이전 작품과 마찬가지로 가해자인 미국을 표상하는 한편, '기지가 존재하는 오키나와'로부터 탈출하는 장소로서 오키나와인들이 미국을 표상하게 되는 아이러니컬한 구도를 제기하고 있다. 즉, 오키나와라는 바다의 통로는 좋든 싫든 미합중국의 지정학적 배치(환태평양 반공블록) 안에 갇힐 수밖에 없었으며, 그 짓눌린 듯 무거운 분위기는 오히려 아이러니를 통해 처리될 수밖에 없었다.

이처럼 바다의 통로인 오키나와가 냉전체제에 포섭되고 실제로 그 통로가 왜곡되는 상황에서, 바다의 통로가 폐색되는 가운데 오히려 그것이 육상이나 하늘의 통로로 전이되었다는 인상을 받는다. 전전 세대인 오시로를 전후 오키나와 문학의 선두주자로 놓는다면, 1947년생인 마타요시 에이키(又吉栄喜)[33]는 전후세대의 선두주자 정도가 될까. 이 세대에게 가장 큰 영향을 준 사건은 1972년의 오키나와 복귀이며, 그것을 목전에 두고 폭발한 1970년의 코자폭동[34]이 많은 사

33 마타요시 에이키(又吉栄喜, 1947~): 오키나와현 출신. 작가. 류큐대학 법문학부 졸업. 시청에 근무하는 한편, 소설을 집필했다. 현재는 우라소에(浦添)시(오키나와 남부 지역—옮긴이) 미술관에 근무하고 있다. 『豚の報い』(文春文庫 1999)로 아쿠타가와상을 수상했다. 저서로 『陸蟹たちの更新』(新潮社 2000) 등이 있다.

34 1970년 9월, 한 여성이 술에 취한 미군의 차에 치여 사망했다. 미군은 증거불충분으로 무죄가 되었다. 같은 해 12월 20일, 군대의 고용원인 남성이 미군의 차에 치인 것을 계기로, 지역주민의 분노가 폭발했다. 주민들은 미군 헌병들에게 돌을 던지기 시작했다. 5천

람들의 입에 오르내리고 있다. 코자폭동은 미군의 뺑소니 사건이 발단이 되었는데, 하룻밤 사이에 코자시(コザ市, Koza City) 중심가의 노상주차 차량이 모조리 불살라졌으며, 세차게 타오르는 불길에 더한층 고조된 사람들이 가차시(カチャーシ, 오키나와의 민속춤—옮긴이)를 추었다고 한다.[35] 또 하나의 흥미로운 에피소드로 오키나와인들이 흑인 병사에게는 위해를 가하지 않도록 주의를 기울여 행동했던 것도 항간의 이야기로 전해오고 있다. 마타요시 세대는 이 코자폭동에 깊은 영향을 받았다.

그런데 이와 같은 폭동이 발생할 수 있었던 전제는 코자시(현재 오키나와시)가 당시 베트남전쟁의 격화를 배경으로 해서 발전한 환락가와 미국 공군기지인 가데나(嘉手納)[36] 베이스에 인접한 '성(性, 유흥)'의 최전선 지대로 발달해 있었다는 점이다.[37] 당시 고등판무관이었던 란

명 이상으로 급격히 수가 늘어난 군중은 파출소에 돌을 던지면서, 미군 넘버의 차량에 차례차례 불을 질렀다. 군중은 미군기지에도 난입하여 초등학교 등에도 불을 질렀다. 이에 대해 미군은 최루가스를 살포하며 대항했고, 폭동을 수습하게 되었다.

35 富山一朗, 「お國は?」, DeMusik Inter 編, 『音の力沖縄 'コザ沸騰編'』, インパクト出版會 1995, 7~20쪽. 도미야마는 이 논문에서, 야마노쿠치 바쿠(山之口貘)의 시 「會話」에 대해 논하고 있다. 이 시편 「會話」는 오키나와인이 '어떤 사람인가?'라고 내지 사람에게서 질문받는 그 물음 자체를 해체하는 것이라고 그는 분석하고 있다. 오키나와가 오키나와로서 누구에 의해 표상되고 있는가, 도미야마의 질문은 오키나와 문학이 짊어지고 있는 동기부여(motivation) 그 자체를 예리하게 부각시키고 있다.

36 오키나와현 나카가미군(中頭郡)의 지명. 오키나와 섬의 남서쪽에 있다. 지역 대부분을 미군 공군기지가 차지하고 있다—옮긴이.

37 平井玄, 「コザの長い影 '歌の戰場'を勵起する」, DeMusik Inter 編, 앞의 책, 21~56쪽. 히라이는 코자폭동 전후의 오키나와에서 형성된 인권과 음악의 지도(地圖)를 펠릭스 · 가타리의 '정신분석 지리'풍으로 기록하고 있다. 베트남이라는 전장의 공기를 수반했

파토(ランパート)는 코자폭동을 가리켜 '정글의 세계'라 불렀는데, 이때 정글이란 당연히 미군의 당시 전장이었던 베트남의 환유(換喩)이기도 했을 터이다. 미군에게 정글이었던 것이 베트콩에게는 통로였던 사실과 상통하는 것처럼, 코자는 실제로 스트리트=정글이었다.

마타요시의 뛰어난 작품인 「조지가 사살한 멧돼지」[38]는 코자의 바(bar) 거리를 배회하는 미군 병사의 (밤의) 일상을 묘사한 것이다. 주인공 조지는 오키나와인 호스티스에게 늘상 폭력을 휘두르는 다른 미군 동료에게 치킨하트(겁쟁이)라는 욕설을 듣고 있는 처지인데, 그런 울적한 마음을 풀기 위해 기지의 철조망에 웅크리고 있던 노인을 사살하고 만다. 이때 조지로부터 응시당했던 노인은 실로 정글의 '멧돼지'로 취급당한 셈이다. 그리고 이 작품의 최대 포인트는 처음부터 끝까지 시점이 미군 조지에게 맞추어져 있다는 데 있다. 조지의 시점은 코자 시가를 벗어나 기지 부근의 황야로 이동하는데, 이는 실제로 그가 오키나와(기지)로부터 베트남(전장)으로 파병되는 것에 대한 환유의 몸짓이기도 하다. 이처럼 하늘을 통해 베트남과 직결되는 사실을 보아도 알 수 있듯이 오키나와는 미합중국의 세계전략에 단단히 연결되어 있었으며, 이 구도는 미합중국이 북한에 대한 군사력 행사라는 카드를 손에서 놓지 않는 오늘의 상황에서도 계속되고 있다고

던 미군들은 인종적 대립의 에너지를 발산할 배출구를 찾으면서 거리를 쏘다니고 있었다. 그러한 시대 속에서 성장한 기나 쇼키치(喜納昌吉) 등의 오키나와 뮤지션은 그 시대의 공기와 확실히 통하는 데가 있었다. 흑인들은 느긋한 오키나와 민요에는 흥미를 보이지 않았지만, 가차시 춤은 그들 신체의 파장에 어울렸던 듯하다.

38 又吉榮喜, 「ジョージが射殺した猪」, 『ギンネム屋敷』 所收.

할 수 있다. 실로 오늘날 오키나와의 기지체제는 중국대륙·한반도라는 적대 라인에 대해 하늘을 장악하는 권리[制空權]를 유지하는 장치이며, 그곳에 살고 있는 오키나와인의 하늘은 여전히 전쟁의 통로인 셈이다.

그리고 같은 시기 마타요시가 쓴 『낙하산 병사의 선물』[39]에서, 오키나와의 일상적인 하늘은 제트기가 휘젓고 다니는 공간이라는 점 이외에 미군이 하강해서 내려오는 공간으로도 제시되어 있다. 이 『낙하산 병사의 선물』의 서술 시점은 기지에 인접해 있는 지역 소년들의 시선으로 설정되어 있다. 소년들은 용돈을 벌기 위해 고철조각을 훔칠 목적으로 밤이 되면 빈번하게 기지에 출입하는 까닭에 감시병과 감시견에게 쫓기는 일상을 보내고 있다. 있을 수 없는 일이기는 하지만, 소년들은 미군에게 붙잡히면 베트남에 끌려간다고 믿고 진심으로 두려워한다. 그러나 낮에 하늘에서 내려온 낙하산 병사의 경우, 다양한 선물을 주는 신과 같은 이방인이기도 했다. 자전거에 태워 기지에 데려다준 답례로, 때때로 낙하산 병사는 값비싼 고철조각을 나누어주었던 것이다. 실행에 옮기지는 않았지만, 주인공 소년은 자신이 받은 증여의 대가로 그 미군을 위해 마을의 꽃다운 처녀를 제공하려고까지 생각한다. 소년의 시점에서 쓰여진 이 『낙하산 병사의 선물』은 이방인이 지배하는 오키나와의 현실을 신화적인 아이러니로 승화시킨 작품이라고 할 수 있다.

39 又吉榮喜,『パラシュート兵のプレゼント』, 海風社 1988.

아시아와 오키나와

격동의 70년대를 통과한 오키나와는 이른바 '복귀'를 이루어내지만, 근본적으로 '돌아갈 장소'를 찾아내지는 못한 듯하다. 오키나와가 오키나와 자신에게 돌아간다는 개념이 존재한다 하더라도, 이를 위해서는 복수(複數)의 역사의 통로가 서로 다투고 경쟁하는 류큐제도로, 다시 말해 열린 복수의 오키나와(류큐제도)로 거슬러 올라가지 않으면 안 될 것이다.

격동의 70년대부터 80년대에 걸쳐 현대 오키나와 문학은 '아시아'로 향하는 통로를 상기하기 시작한 듯하다. 오키나와의 기지 지배를 문학적 자원으로 발전시킨 마타요시 에이키는 『깅넴 저택』[40]에서, 전후 오키나와에 잔류해 있는 조선인을 등장시킨다. 이 조선인 남자는 오키나와전쟁 직전, 비행장 건설을 위해 징용되어 끌려온 사람이었다. 남자는 전쟁중의 강제노동이 한창일 때, 트럭을 타고 가다 부대 대장과 다정하게 걸어가고 있는 자신의 옛 연인 고마리(小莉)를 목격하지만 어떻게도 해보지 못한다. 전쟁이 끝난 후 남자는 그대로 미군기지에서 엔지니어로 일하게 되는데, 어느 날 한 매춘 숙박업소에서 그녀를 발견하고 자기 집으로 데려온다. 그렇지만 고마리는 정신적으로 문제가 생겨 결국 남자를 알아볼 수도 없게 되어버린다. 남자는 어떻게 해서든 고마리가 정상으로 회복되게끔 애쓰지만, 오히려 스스로도 착란을 일으켜 고마리를 죽이고 만다. 그후 남자는 때때로

40 又吉榮喜, 『ギンネム屋敷』, 集英社 1981.

몽유병자와 같이 고마리의 환영을 쫓아다니며 결국 다른 오키나와 처녀(요시코)에게 손을 대기 직전까지 가고 만다.

이 텍스트는 조선인 남자가 요시코를 덮치는 장면을 목격한 오키나와 남자들(주인공 미야시로 후쿠오宮城富夫)이 배상금을 타내기 위해 남자의 집(깅넴 저택)으로 향하는 대목에서부터 시작된다. 이 남자의 사연을 미야시로가 듣게 되는 것이 주된 플롯이다. (또한 조선인 남자는 기억하고 있지 못하지만, 미야시로는 실은 예전 비행장 건설현장에서 죽을 뻔했던 이 조선인을 구해준 적이 있다.) 그리고 얼마 지나지 않아 깅넴 저택의 남자가 죽었다는 소식이 알려진다. 남자는 결국 적지 않은 재산을 주인공인 미야시로에게 남긴다는 취지의 유서를 쓰고 자살해버린 것이다. 그때 비행장에서 구해준 데 대한 보답일 것이라고 미야시로는 스스로를 납득시키면서, 그 돈을 어떻게 사용할까 궁리하는 장면에서 이 텍스트는 끝을 맺고 있다.

마지막에 재산을 양도하는 대목이나 미야시로가 비행장 건설현장에서 사내를 구해준 과거의 일은 일견 의도적인 인상을 준다. 그리고 그 조선인 남자가 우연히 고마리를 재회한 일 역시 현실감이 없는 이야기처럼 보인다. 비록 그렇다 할지라도 이 세 사람이 전후 오키나와의 길모퉁이에서 다시 만나게 되는 공시성(共時性)에 설득력이 없다고도 말할 수 없다. 오키나와에는 70년대까지 많은 한국인과 타이완인이 오키나와 기지 내부에서 일했던 역사적 흔적이 존재한다.[41] 더욱

41 나는 오키나와에서 가끔 가곤 했던 중화요리집 주인이 예전에 미군기지에서 근무했던 중국인이라는 사실을 알 기회가 있었다. 그 가게가 문을 연 것은 1973년의 일로, 즉 미중(美中) 국교정상화 다음해의 일이다. 그 주인은 당시 일자리를 잃을 수밖에 없었던 것으

이 오키나와전쟁의 희생자 중에 많은 수의 조선인과 타이완인이 포함되어 있다는 사실도 오늘날 계속해서 밝혀지고 있다. 현재, 오키나와 본도의 남단에 위치한 '평화의 초석'에는 오키나와인 이외에도 많은 조선인과 타이완인의 이름이 줄지어 새겨져 있다. 흥미롭게도 조선반도 출신자의 경우 출신지가 38도선 이북이냐 이남이냐에 따라, 즉 대한민국이냐 조선민주주의인민공화국이냐에 따라 구별해서 이름이 새겨져 있는 등 '평화의 초석'에도 '냉전'의 문제가 내포되어 있다. 오키나와전쟁 당시에 그와 같은 구별이 있었을 리 없는데 말이다.

냉전체제(일본정부)는 사자(死者)를 묘지에까지 쫓아가 그 포지션의 선택을 다그치고 있었던 셈이다. 그러한 의미에서도 이 『깅넴 저택』에 등장하는 남자가 '조선인'으로 표기되어 있다는 사실은, 작가가 전후에 출생했다는 점을 고려할 때 일종의 역사의식이 관철되고 있음을 알 수 있다. 당시 미군기지의 엔지니어가 되어 있었다면 당연히 남자는 한국국적일 것이 틀림없기 때문이다. 작가는 굳이 '조선인'이라는 표현을 사용함으로써, 전전과 이어지는 연속성 속에 잠재해 있는 오키나와인들의 차별의식을 드러낸다. 동시에 이 '조선인'의 자살은 오키나와인의 가해자성을 미온적이고 아이러니하게 드러내는 장치가 되고 있다. 뿐만 아니라 깅넴 저택의 정원에 틀림없이 묻혀 있을 고마리의 시체는 오키나와라는 지역이 한반도와도 통해 있다는 점을 다시 한번 강한 인상으로 남기게 된다.

앞에서 소개한 역사연구자 야카비 오사무는 현재 상상되는 오키

로 보인다. 미군기지에는 예전에 근무했던 한국인, 타이완인, 미국인 등이 부대나 군속, 혹은 기지 내 노동자로 일하고 있었다.

나와의 경계가 다름 아닌 냉전체제에 의해 명확한 모습을 드러낸 것이라고 주장한다. 그리고 야카비는 오키나와전쟁의 비극의 상징인 가마(ガマ, 오키나와어로 동굴을 의미함—옮긴이)야말로 중국대륙 혹은 태평양으로 연결되는 통로였음을 증명하였다.[42] 요미탄손(讀谷村)[43]에 위치하는 치비치리(チビチリ)가마는 '강제 집단자살'[44]로 오키나와전쟁 비극의 상징이 되었지만, 그렇게 된 데는 중국대륙으로부터 돌아온 사람들의 말이 강하게 작용했다는 증언이 나오고 있다. 야카비가 수집한 증언에 따르면, 중국전선으로부터 돌아온 일본 병사들은 가해자의 위치에서 적을 포박한 경우 자신들이 가했던 잔학한 처사들을 미군측에 투영했고 그렇게 오키나와인들의 공포감을 조장했다. 그럼으로써 83명에 달하는 '비극'이 발생하게 되었다. 그러나 그 치비치리가마로부터 걸어서 몇분 거리밖에 떨어져 있지 않은 시모쿠가마에는 하와이 귀환 이민자들인 오키나와인들이 있었다. 그들의 설득과 미군측과의 교섭에 의해 거기서는 거대한 '비극'이 저지되었다—그러한 사정이 시모쿠가마의 비석에 새겨져 있다. 물론 이 두 가지 사례의 대칭성을 짓궂게 강조하는 것은 오키나와전쟁 전체에 관한 평가를 손상시키는 일일지도 모른다. 그렇지만 오키나와전쟁이라는 비일상적인 세계에서 일순간 가마 내부의 공간과 오키나와 외부세계가

42 屋嘉比收,「ガマが想起する沖縄の記憶」,『現代思想』2003년 6월호, 114쪽.

43 오키나와 본도 중부에 있는 나카가미군에 속해 있는 마을—옮긴이.

44 1945년 4월 1일, 미군은 오키나와 본도에 상륙했다. 다음날 치비치리가마라는 동굴에 숨어 있던 요미탄손 나미히라구(波平區)의 141명 중 83명이 이불과 의복에 불을 지르고 서로 칼 등으로 찔러 자결하였으며, 두 사람이 수류탄을 가지고 미군측에 뛰어들어 자폭한 사건을 말한다.

병사들에 의해, 혹은 이민이라는 통로에 의해 접속되었다는 사실은 반복해서 강조되지 않으면 안 될 것이다.

돌이켜보건대, 앞에서 다루었던 오키나와 현대문학의 전전세대 제일인자인 오시로 다쓰히로 자신이 실은 대륙으로부터 귀환해온 사람이었다. 오시로는 앞서의 『칵테일 파티』에서도 주인공의 입을 빌려 자신의 전쟁체험(중국전선)을 이야기하게 하고 있다. 그리고 1983년에는 한때 동아동문서원(東亞同文書院)[45]의 학생이었으며 중국전선에서 징발활동과 번역일을 했던 자신의 기억을 토대로 한 자전적인 소설 『아침, 상하이에 우두커니 서 있다—소설 동아동문서원』[46]을 발표했다. 이 작품이 읽을 만한 것이 된 데는 물론 당사자로 관계했던 동아동문서원—실로 동아협동체 운동의 중핵을 담당했던—의 학생생활을 상세하게 이야기하고 있기 때문이겠지만, 농촌에서 행해졌던 징발활동에 대한 리얼한 서술 역시 압도적이다.

> "착검!"
>
> 하사관이 호령을 붙이고 자신의 총에 착검했다. 일등병과 학생들이 허둥대며 따라했다. 일순 금속성의 소리가 흩어져 주변을 위압하였고, 농부들은 그 순간 얼굴이 경직되어 두세 걸음 물러섰다.
>
> "가택수색을 한다고 말해주시오."

45 1901년 상하이에 설립된 고등교육기관. 연구기관이면서 출판활동도 수행했다. 패전과 동시에 폐교되지만, 출판부문은 동문서원이라는 민간 출판사 형태로 남아 있다.

46 大城立裕, 『朝, 上海に立ちつくす』, 講談社 1983.

하사관이 말하고, 가리야(刈谷)가 통역했다.

촌장의 응대가 점점 빨라졌다. "가택수색을 한다고 해도, 있는 것은 자기들이 먹을 쌀밖에 없다고 합니다."

촌장의 아내인 듯한 중년의 여자와 며느리로 보이는 젊은 여자가 식탁 위를 치우고 있었다. 전혀 이쪽을 보지 않는 척하면서 귀를 기울이고 있다는 것을 알 수 있었다. 젊은 여자의 앞머리가 눈 위에 늘어져 바람에 조금씩 흔들리고 있었지만, 그녀는 머리를 쓸어올리지도 않은 채 뒷정리를 하고 있었다.[47]

촌부의 굳은 얼굴, 그리고 뒷정리를 하며 조심스레 귀기울이고 있는 여자의 모습—거기에는 폭력에 두려워 떨고 있는 모습이 가득하다. 종군의 경험이 있는 오시로에게는 확실히 이 떨림이 뇌리에 각인되어 있었다고 여겨진다. 그리고 오키나와는 원래 군인 이외에도 많은 사람들을 타이완 등지의 남방에 경찰관으로 차출했던 땅이기도 했다. 그러한 의미에서도 오키나와는 일본제국이 아시아에서 수행했던 폭력이 다양하게 굴절되고 중첩된 장소이기도 하다.

이 작품이 중요해지는 또 다른 대목은 동아동문서원에 조선 출신자나 타이완 출신자가 포함되어 있어 그들과 주인공인 오키나와 학생의 교류가 작품 속에 묘사되어 있는 부분이다. 타이완 출신의 동급생 양(梁)은 가까스로 공산당 지배 지구로 도주를 꾀했던 듯하고, 또 한명의 조선 출신 동급생 가나이(金井)는 종전 후 곧장 행방불명이 된

47 같은 책, 10쪽.

다. 이 가나이라는 인물은 틀림없이 조선반도로 돌아갔을 것이라고 주인공은 생각한다. 한편, 작품의 주인공인 지나(知名, 아마도 오시로 자신인 듯한)와 가나이의 교류는 분명 일본제국의 중심성을 둘러싼 위기의식 속에서 긴장관계를 가지게 된다. 가나이의 주위에는 항상, 두드러지게 겉으로 드러나지는 않지만 '조선독립'이라는 문자가 부유하고 있다. 이에 비해 가나이에게서 "오키나와는 독립하지 않는가"라는 질문을 받으면, 지나는 아무런 대꾸도 하지 않는다. 이와 같은 둘의 대화가 실제로 오시로가 예전 동아동문서원 시절의 경험에 근거를 둔 것인지, 아니면 '복귀'의 환상이 깨어진 이후 오키나와의 80년대 공기를 반영한 것인지는 판단하기 어렵다. 다시 말해, 오늘날의 오키나와는 과연 '독립하려는 것인가' 그렇지 않은가. 요미탄손의 지바나 쇼이치(知花昌一)[48]가 전국체육대회장에서 일장기를 불태워버린 것은[49] 『아침, 상하이에 우두커니 서 있다』가 발표되고 나서 4년 후인 1987년의 일이다.

위기에 처한 현재

1925년생인 오시로 다쓰히로와 1947년생인 마타요시 에이키에 이

48 지바나 쇼이치(知花昌一, 1948~): 오키나와현 요미탄손 출신. 오키나와전쟁 당시 치비치리가마 '집단자결'에 관한 조사활동을 수행했다. 1996년 미군기지 내 소유지의 사용계약을 거부하고 기지 내 문제에 파고들었다.

49 1987년 10월 26일, 오키나와 전국체육대회 요미탄손 개최장에서, 지바나 쇼이치(전쟁을 반대하는 지주였으며, 현재는 지역의회 의원)에 의해 일장기가 불태워진 후 버려졌다.

어 오키나와 현대문학의 담당자로 메도루마 슌(目取眞俊)[50]이라는 이름이 간간이 들리게 되는데, 게다가 그는 1960년대생이다. 그의 뛰어난 작품인 『브라질 할아버지의 술』[51]은 1972년 이전을 살아가는 소년의 세계로 설정되어 있으며, 거기에는 일본의 화폐를 손에 넣었을 때 느꼈던 기묘한 감상이 묘사되는 등 '복귀' 이전의 세계가 소년의 노스탤지어로 서술되어 있다. 그러나 그렇다고 해서 오키나와의 냉전체제가 종말을 고하려 했다는 의미는 전혀 아니다.

1997년 6월 16일 『아사히신문』 석간에 실린 메도루마의 소설 「희망(希望)」은 어떤 오키나와 남자가 미군의 아이를 유괴해 숲에서 살해하는 이야기다. 이 작품은 오키나와 연구자인 도미야마 이치로(富山一郎)[52]나 작가 서경식[53] 등으로부터는 일찍부터 반응을 얻었지만,[54] 문단에서는 거의 묵살당하는 쓰라림을 맛보았다.

특히 오키나와에서 이 작품은 아픈 종기를 건드린 듯한 침묵 속에 방치되었다. 그렇지만 이 작품이 보여주는 세계의 어둠은 「희망」이라

50 메도루마 슌(目取眞俊, 1960~): 오키나와 출신. 작가. 류큐대학 법문학부 졸업. 경비원 및 사설 학교의 강사를 거쳐 현재는 고등학교 교사를 하면서 작품을 집필하고 있다. 『水滴』(文春文庫 2003)으로 아쿠타가와상 수상. 저서로 『群蝶の木』(朝日新聞社 2001) 등이 있다.

51 메도루마 슌, 『브라질 할아버지의 술』, 유은경 옮김, 아시아 2008.

52 도미야마 이치로(冨山一郎, 1957~): 도쿄 출신. 도쿄대학 대학원 농학연구과 박사과정 중퇴. 고베(神戶)시 외국어대학 강사, 조교수를 거쳐 오사카대학 대학원 문학연구과 조교수. 전공은 역사학. 저서로 『近代日本社會と '沖縄人'』(日本經濟評論社 1991), 『暴力の予感』(岩波書店 2002) 등이 있다.

53 徐京植, 「'希望'について」, 『ユリイカ』 2001년 8월호, 144~147쪽.

54 冨山一郎, 「テロルを思考することと目取眞俊 '希望'」, 『インパクション』 119호(2000), 84~85쪽.

는 제목과 대조되어 오히려 오키나와 현대문학의 전통을 이어받고 있다는 인상을 준다. 서경식은 이 막다른 절망감을 '희망'이라고 이름붙인 메도루마의 감각에서 루쉰(魯迅)의 계승자로서의 면모를 보고자 한다. 예를 들어 그것은 남자가 소년의 머리털을 동봉한 성명문 톤의 어조에 나타나 있다고 할 수 있다.

> 지금 오키나와에 필요한 것은 수천명의 데모 행렬도 아니고 수만명이 참가한 집회도 아닌, 한 미국 어린아이의 죽음인 것이다.

작품 속의 이와 같은 톤과는 달리, 당시 메도루마는 고등학교 교사인 동시에 기지의 현(縣) 내 이전을 반대하는 지역활동가로 데모와 집회를 조직하는 일에 몰두하고 있었다. 그러한 의미에서 이 작품을 메도루마 자신에 대한 아이러니로 읽을 수도 있지만, 쉽게 말하기 어려운 대목도 있다. 도미야마가 지적하고 있듯이 이 플롯은 미군 병사가 행방불명이 되었던 예전의 몇몇 사건에 대한 기억을 근거로 한 것이며, 오키나와 현대문학의 전통 위에 성립된 것이라고 말할 수 있다. 이에 대한 방증으로, 앞에서 언급했던 오시로의 『칵테일 파티』를 생각해보자. 텍스트 전반부에서 주인공의 친구인 밀러의 아들이 행방불명되고 아이를 찾아 기지 구석구석을 헤매는 모습이 그려져 있지 않은가. 그렇지만 여기에서 그 직접적인 영향을 탐색하는 것은 그다지 생산적인 일은 아닐 것이다.

결국 여기서 지적할 수 있는 것은 메도루마의 어둠이란 것이 결코 전후 오키나와 역사와 분리된 작가 개인의 수사(修辭)가 만들어낸 것도 아니고, 절망에 내몰린 그때뿐의 과장도 아니라는 점이다. 이 텍스트의 무대는 오키나와시지만, 옛 이름인 '코자'라는 명칭이 사용되고 있는 것은 필시 의도적인 것이 아닐까. '코자'폭동은 메도루마가 열살 무렵이었을 때의 기억일 것이다. 그러므로 이 '코자'라는 이름을 사용한다는 것은 많은 오키나와인이 이 기억 속에서 계속 살아가고 있다는 사실에 대한 증거가 아닐까 생각한다.

그러나 「희망」의 주인공 남자는 죽음을 선택한다. "힘없는 작은 생명체의 체액이 독으로 변하는 것처럼, 나 자신의 행위는 이 섬에서 자연스러운 것이며 필연적인 것이다"라며 스스로의 행동을 정당화하면서도 그는 어두운 공원에서 분신자살을 감행하고 만다. 이 주인공의 분신이라는 몸짓은 텍스트 내부 맥락에서 보면 전혀 느닷없이 일어났다는 인상을 주는 것이 사실이다. 그러나 이는 70년대에 미군과 싸웠던 베트남인들, 그리고 독재정권에 맞서 싸웠던 한국인들에게 있어서는 결코 적지 않은 실행자를 낳은 항의의 한 방법이었으며 그러한 역사의 지층과도 미묘하게 잇닿아 있는 것으로 읽을 수 있다.

이 텍스트는 물론 현상적으로는 일본에서 유통되어 일본 독자들 눈에만 띄는 작품일 것이다. 그러나 이 텍스트는 잠재적 독자로서, 예컨대 유사하게 미군기지가 들어와 있는 지금의 한국 독자들을 불러 모을 수 있는 작품이라고 생각한다. 메도루마의 「희망」이라는 작품이 실로 그 고립된 인상과는 정반대로 이제까지의 오키나와 현대문학의 전통을 계승한 것처럼, 이 작품은 확실히 일본 바깥으로 연결되는 통로를 가지고 있다. 오키나와에서 이루어지는 문학 실천은, 일본 제국주의의의 확장과 냉전구조의 부설이라는 두 가지 지구적 분할의 폭력이 남긴 흔적이다. 그리고 이 실천은 폭력이 발동하는 장(場)을 자신의 토양으로 삼아왔다. 예전 오키나와는 베트남이기도 하며, 베트남 사람들에게 그렇게 받아들여졌던 것처럼 '악마의 섬'이기도 했다. 오키나와 현대문학은 오키나와라는 공간에 복잡하게 뒤얽힌 복수(複數)의 폭력과 마주한 채 길고 긴 투쟁을 계속하고 있다.

포로/귀환의 자장

7

대신 삶을 살아가는 것이 역모(逆謀)의 이야기가 되어서는 안 되는 것일까/기억과의 역모, 만연하는 죽음, 폭력의 공간을 함께 살기 위한 구멍 만들기/벽 구멍을 통한 교신, 사방이 막힌 사회의 조건에서 벽 저편에 보내는 소통의 염원을 실제로 존재하게 만드는 일은 그 벽의 삶에 그대로 머문다는 것을 포함할 수밖에 없다.

이정화, 『환영의 언어를 찾아 아직도 저승과 이승의 장소에서』 중에서 *

* 이정화(李靜和): 제주 출생. 1988년에 일본으로 건너갔고 현재 일본 세이케이(成蹊)대학 법학부 교수—옮긴이.

부두의 어머니

전후의 시간에 틈입하는 '전쟁'. 아마도 그것은 1945년 8월 15일에 끝났다고 여겨지는 전쟁의 여운이 여운으로 소화되지 않은 채 어떤 종류의 괴물 같은 모습으로 회귀해오는 순간의 일이다. 그와 같은 괴물의 언어 중 얼마간은 좋든 싫든 전후의 '이야기' 속에 스스로를 끼워넣지 못하고, 소위 불가능한 귀환이 되어 일본의 외부에 방치된 채 존재하고 있을지도 모른다. 아시아 전역으로 퍼져갔던 그 전쟁(식민지 지배)의 도정은 전후 일본에서 예컨대 '귀환[引き揚]' 혹은 '복원(復員)'[1]의 형태로 전후의 '이야기' 속에 편입되어갔다. 그러나 그 경험의 폭은 실로 광대하였다. 공간적으로 보았을 때, '귀환'이 실행된 군관구(軍管區)만 해도 중국대륙 및 구소련 군관구(구만주 지구를 포함하는), 동남아시아 군관구, 호주 군관구, 미 군관구(한반도 남부를 포함하는) 등 실로 복잡다단한 지역에 걸쳐 있다. 그리고 출발 항구나 도착 항구마다 귀환자들에 대한 처우도 커다란 차이가 있었다는 사실이 인정되고 있다. 그리고 전후 세계체제를 규정한 냉전이라 불리는 준(準)총력전 상황이 진척되면서, 커다란 타임래그(timelag)마저 그 안에서 잉태되지 않을 수 없었다. 예를 들어 구공산권으로부터 '복원'한 경우만 하

1 일본어의 히키아게(引き揚)와 후쿠잉(復員)이라는 용어는 모두 타지로부터 일본으로 되돌아온다는 의미를 가지고 있다. 일반적으로 히키아게는 비(非)전투원의 귀환을, 후쿠잉은 군인의 신분으로 외국이나 타지에 출정한 이들이 귀환하는 경우를 의미한다. 저자는 경우에 따라 히키아게라는 용어를 전투원 여부의 구별 없이 식민지로부터 일본으로 다시 돌아온다는, 보다 넓은 의미로도 사용하고 있다 — 옮긴이.

더라도, 한국전쟁을 전후로 한 시기에는 귀환자에 대한 처우뿐만 아니라 그들의 법적인 신분조차 큰 차이를 포함하지 않을 수 없게 되었다.

그럼에도 불구하고 '귀환'의 주체를 상상하는 문제와 관련해서는 예를 들어 후지와라 데이(藤原てい)의 『흐르는 별은 살아있다(流れる星は生きている)』가 대표하는 것처럼, 전후 '이야기'의 배치에서 주로 전투요원이 아닌 여성이나 어린아이들이 경험했던 이야기가 전경화되고 있었다. 한편으로, 남성의 경우에는 오오카 쇼헤이의 『포로기』와 같이 남방전선(혹은 바다로부터의 생환)의 복원이 하나의 전형이 되어가고 있었다. 또한 소위 시베리아 '억류'자의 '이야기'는 구소련의 개전(開戰) 경위, 그리고 동서 냉전체제 구조에 기인하는 '반소' '반공' 언설과 오버랩되어 더한층 특수화되기에 이르렀다. 그렇게 된 가장 큰 원인으로는, 시베리아의 포로 경험을 이야기하는 일의 곤란함이 그림자를 드리우고 있었을 것이라는 점을 예상할 수 있다. '귀환' 전체의 구도를 정리하는 데 도움이 된다는 점에서, 대략 '귀환'('복원'을 포함하여)의 시기를 구분하면 다음과 같다.[2]

- 본격 귀환 시기(1945~47)
- 공산권 귀환 시기(1948~50)
- 대공백기(1951~52)
- 속(續)공산권 귀환 시기(1953~59)

2 奥野芳太郎編, 『在外邦人引揚の記録』, 毎日新聞社 1970, 198~201쪽.

크게 나누어도 본격 귀환 시기와 공산권 귀환 시기, 그리고 한국전쟁을 사이에 둔 속공산권 귀환 시기에는 커다란 차이가 내포되어 있다. 그럼에도 불구하고, 전후 일본사회 속에 깊이 가라앉은 '귀환'의 잔상은 애매하게 혼합되어버린 듯하다. 예를 들어 대중문화에서 '귀환'자에 대한 시선은 「부두의 어머니(岸壁の母)」가 대표하는 것처럼, 자식을 기다리는 어머니의 시선이 하나의 전형으로 설정되어왔다. 가요곡 「부두의 어머니」(기쿠치 아키코菊地章子)는 1954년에 발매된 것이지만, 이 가곡의 제목이 붙여진 영화 「부두의 어머니」(東宝 1978)가 방영되기까지 20여년의 시간은 실로 일본의 부흥으로부터 고도성장이 대략의 완성을 이루는 그 시간과 궤를 같이한다. 「부두의 어머니」가 지속되었던 것은, 이 가요가 전후의 시간 속에서 '귀환' 및 '복원'이라는 일종의 민족적인 경험이 반복·재현되는 전형의 형태로 계속 살아남았던 결과라고 할 수 있다. 특히 1972년, 후타바 유리코(二葉百合子)에 의해 리바이벌된 「부두의 어머니」 도입부에 나오는 로쿄쿠(浪曲)[3]의 낭독 부분은 일본인의 귀환과 관련된 국민감정의 원점이 어디에 있는지 알려주고 있다고 생각한다.

> 쇼와 25년 1월도 그럭저럭 반이나 지나간 때
> 눈과 얼음에 갇힌 소련의 나호토카항(港)으로부터
> 조국을 위해 목숨을 바친 동포를 태우고
> 제1차 귀환선 다카사고마루(高砂丸)가 돌아온다

3 대중적인 예능의 한가지로 주로 의리, 인정을 주제로 하는 창(唱)을 가리킨다 —옮긴이.

일본의 모든 신경은 이 항구로 쏠렸다

미칠 듯한 기쁨은 열광으로 끓어올랐다

♪어머니는 나오셨습니다. 오늘도 나오셨어요.

이 부두에 오늘도 나오셨어요.♪

이 로쿄쿠의 낭독 부분에서 악곡부로 흘러드는 타이밍은 가장 광범위한 대중적인 감정에 호소하는 형식적인 완성도를 보여주고 있다. 그리고 거기에 배치된 "일본의 모든 신경은 이 항구로 쏠렸다"고 읊조리는 부분 등이 로쿄쿠의 곡조로서는 파격의 언어를 사용하고 있다는 점도 눈길을 끈다. 「부두의 어머니」는 철저하게 대중적인 정형률을 사용하는 동시에 귀환의 경험을 구심적으로 조직하는 '국민'의 가요로 존재해왔다. 그리고 "눈과 얼음에 갇힌 소련 항구 나호토카"로부터의 귀환은 아시아 전역으로 확대되었던 예전의 제국의식을 간신히 유지하면서도, 그 여운은 바로 "미칠 듯한 기쁨"에 의해 지워지게 된다.

'귀환'의 경험은 실제로 일본의 전후라는 시간의 핵심에 잠재한 중요한 계기였음에도 불구하고, 그 과정을 거슬러 올라가는 재기억화의 도정은 결국 전후 주류문화 속에서 실현되지 않았다. 여기서 감히 한발 멈추어서서 생각해보지 않으면 안 되는 것이 있다. 「부두의 어머니」가 발매된 것은 1954년으로 이 노래 속에 채택된 사건의 흔적은 '쇼와 25년'(1950)의 일이다. 앞에서 제시한 시간구분으로 말하자면, 1948년부터 50년에 걸친 공산권 귀환기에 해당하는 시점이다. 다음 시기인 속공산권 귀환기의 사이클이 시작되는 것은 1953년으로, 이 속공산권 귀환기라는 시간은 가장 일반화되지 않은 시기로 보인다. 즉, 공산권 귀환기와 속공산권 귀환기 사이의 약 2년 내지 3년의 공백이 실은 포로 경험의 내용이 분기되는 데 결정적인 의미를 지니게 된다. 그 공백기가 바로 한국전쟁이라는 냉전 부설에 소비된 최대의 수행적 폭력이 행사되는 시기다. 「부두의 어머니」가 대표하는 '귀환'과 관련된 기억이 한국전쟁보다 앞선 시기에 의지하고 있다는 것은 국민적 기억구조에서 의도적으로 한국전쟁과 연동하는 무엇인가를 피하지 않으면 안 되었던 사실을 의미하는 것이리라. 한국전쟁이 한창인 가운데 샌프란시스코 강화조약으로 일본이 얻게 된 '독립'—한반도와 중국이 참가하지 않고, 구소련이 반대로 돌아선 편면강화에 의한 '독립'—의 성격으로 인해, 주로 시베리아에 억류되었던 포로들, 그리고 그들의 운명에 크나큰 영향을 주었던 사태들을 서술하는 일이 곤란해졌다는 데서도 이러한 사실은 단적으로 드러난다.

전후의 '이야기'

반복해서 하는 말이지만 「부두의 어머니」가 대상으로 하는 것은 1950년 1월의 사건으로, 이는 한국전쟁(1950년 6월) 이전의 일이다. 동일한 컨셉이 70년대 후반 도호(東宝)사에서 만든 영화 「부두의 어머니」에까지 이어지고 있다는 것은, 가장 떳떳지 못한 한국전쟁 이후의 속공산권 귀환 시기를 언급하지 않고 그냥 넘기면서 '눈과 얼음에 갇혀 있는' 시베리아 포로들의 존재, 특히 냉전의 인질이 된 사람들을 묵살해버린 사태를 반영하고 있는 것인지도 모른다.

전후에 주류가 된 여성(어머니)의 '이야기'를 중심으로 한 '귀환'관련 텍스트는 특히 40년대 후반부터 50년대 초기에 집중되어 있다. 그리고 얼마간의 시기를 거쳐 70년대에 최후의 빛을 발한 이후 역사의 정면무대로부터 사라지게 된다. 가요곡「부두의 어머니」와 마땅히 한 쌍이 되어야 할, '귀환'체험의 바이블이 된 후지와라 데이의 에세이 『흐르는 별은 살아있다』(1949)만 하더라도, 필자의 원초적인 충동이 있는 그대로의 형식(텍스트)으로 저술되어 있다. 그리고 전후 생활 부분이 첨가된 증보판이 1971년에 출판됨에 따라 그 생명력이 하나의 사이클을 완성하며 막을 내리게 된다.

일본사학사 연구자인 나리타 류이치(成田龍一)는 '귀환'과 관련된 문화생산이 60년대 들어 비교적 그 수가 적어진 현상에 대해, 전후의 생활에 바쁜 어머니(처)의 시간을 이유로 든다.[4] 그리고 나리타 류이치는 '귀환'과 관련된 언설 생산의 자장을 세 시기로 구분할 것을 주장한다. 우선, 서술의 대상이 되는 제1의 '경험'의 시기, 그리고 그 경험을 '귀환' 후에 쓰기 시작한 제2의 '서술' 시기, 그리고 예전의 서술을 다시 마주하여 '재편'을 완수하는 제3의 시기, 이렇게 세 가지다. 그 위에 더해, 나리타는 후지와라 데이의 '서술'의 시간(제2시기)이 귀환 후의 시공간을 기반으로 하고 있다는 점, 그리고 예전 피식민자인 조선인들의 반역(反逆)에 관한 서술에서도 마치 자연재해를 당한 것

4 成田龍一,「'引揚'に關する序章」,『思想』2003년 11월호, 149~153쪽.

과 같이 서술하는 경향을 지적한다. 이러한 경향으로 인해, 결과적으로 제3의 재서술 시기에 이르러서도 원고가 고쳐쓰여지는 일은 거의 없었다. (대신에 60년대의 고생담을 접목하는 데 주력하였다.) 전후의 시간 부피 속에서도 원고가 고쳐쓰여지지 않았던 전형적인 부분이란, 예를 들어 다음에서 제시하는 것과 같은 대목으로 자신들이 돌팔매질을 당하며 쫓겨가는 존재로 전락한 순간에 관한 서술이다.

> 우리들은 일본인이라고 불렸다. 당연한 일이기에 누구도 화를 내는 사람은 없었다. 그런데 우리들이 조선인(조센진)이라고 말하면, 그들은 무척이나 화를 내는 것이었다. 그래서 그들의 감정을 자극하지 않기 위해서도, 우리들은 여기 사람들이라고 부르기로 하고 있었다. 그러나 무심코 있다보면 금세 조센진이라는 말이 튀어나와버렸다.

8월 15일 이전에 일본어로 말해진 '조센진'이라는 발화가 패전 후 왜 조선사람들의 분노를 불러오는 기호가 되어버렸는가—후지와라는 이 역사적 전환의 의식을 전적으로 결락시키고 있다. 특히 이 부분은 '조센진'이라 불러왔던 종주국 인간으로의 주체 이월을 슬그머니 암시하고 있다. 그러나 여기서 중요한 것은, 이와 같은 서술이 오히려 물리적으로는 충분히 반성 가능한 시공간에 처해 있으면서 이루어졌다는 점일 것이다. 즉, 이와 같은 서술이 안고 있는 문제점은 실제 체험 그 자체도 중요하지만, 그 체험을 고찰하는 자장의 존재양태—일본 고유의 냉전공간—바로 그것 속에 체험이 놓여야 한다는 점이다.

그러한 의미에서도, 나리타가 제시한 틀(서술된 시간/서술의 시간/재서술의 시간)은 충분히 유효성을 가진다. 더욱이 나는 이 틀을 1945년 이후 냉전구조가 실제로 부설될 당시의 비연속성 및 냉전구조의 지정학적 자장에 투영하면서 논의해보고 싶다.

내지로 귀환하는 데 성공하고 나아가 부흥으로 향하게 되는 가족의 이야기를 써낸 후지와라 데이에게서 하나의 전형을 찾을 수 있는 여성의 '이야기'는, 나의 인상으로 말하자면 오늘도 드라마 차원에서는 십분 유력한 참조틀의 기능을 수행하고 있다. 그리고 이러한 텍스트군(群)은 그 상태 그대로 고정되어 아카이브의 집적물이 되려 하고 있다. 따라서 그와 같은 '귀환'과 관련된 전후의 언설 편제에 개입하여 이를 동요시키기 위해서는, 특히 속공산권 귀환 시기를 문제삼지 않을 수 없으며 시베리아에 억류된 자들의 포로체험에 좋든 싫든 접근하지 않을 수 없다.

그렇지만 어떤 면에서는 남성작가들이 쓴 포로체험에 관한 서술이 '전후문학'의 사상적인 충동을 받쳐주는 하나의 전거가 되었다는 사실도 확인할 수 있다. 이 대목에서, 앞서 언급한 본격 귀환 시기부터 속공산권 귀환 시기를 포괄하는 냉전사적인 배후 사정을 전략적으로 서술하는 방향을 취하고자 한다. 다만, 속공산권 귀환기에 대한 본격적인 분석으로 향하기 전에 포로체험이라는 전체를 파악하기 위해서도 하나의 우회로를 거쳐갈 필요가 있다고 생각한다. 본격 귀환기의 포로체험을 비교할 수 있는 참조틀을 설정하기 위해 오오카 쇼헤이의 『포로기』를 다시 살펴보기로 하자.

작가 연보에 의하면, 『포로기』의 원형이 된 작품은 오오카가 귀환한 1946년 12월에서 5개월이 지난 시점, 즉 1947년 5월에 이미 집필되고 있었다는 사실을 알 수 있다.[5] 이러한 사실을 보아도, 그리고 서술의 대상이 되는 시기를 보아도 『포로기』는 전형적인 본격 귀환 시기에 속하는 작품으로 인정할 수 있다. 여기서 주의를 끄는 것은 오오카 본인이 포로체험을 서술하고 있는 자장의 존재양태 문제, 즉 앞에서 언급한 서술의 자장(제2시기) 문제를 스스로 분명하게 제시하고 있다는 점이다. 오오카는 초판 『포로기』가 간행된 이후 출판된 제2판, 『정본(定本) 포로기』(創元社 1952)의 「후기」에서 "포로수용소의 사실을 빌려 점령하 사회를 풍자하려는 것이 나의 의도였다"고 서술하고 있다. 뿐만 아니라 같은 「후기」에서, "발표 당시 점령군을 의식한 나머지 생략한 두세 가지 디테일을 첨가하고……"라고 기술함으로써 점령군에 의한 검열 사실을 명시하는 일도 잊지 않는다. 이는 어떤 의미에서 오오카의 문학생산과 관련해 역사관의 탁월한 부분으로 평가될 수 있을지도 모른다. 그러나 이 『포로기』라는 텍스트를 읽어내는데 가장 중요한 포인트가 되는 것은 과연 어떻게 '점령하 사회를 풍자'했는가 하는 점일 것이다.

서술된 대상이라는 면에서 보면, 오오카가 한때 포로가 된 적이 있는 「산호세 야전병원」 이후의 작품이 아마 '점령하 사회를 풍자'하려

5 오오카 쇼헤이의 『俘虜記』의 원형이 된 「俘虜記」는 1946년 고바야시 히데오가 주최하는 잡지 『創元』에 발표될 예정이었다. 그렇지만 작품 속에 미군과 관련된 기술이 있었기 때문에 그 시점에서는 보류되었다. 좁은 의미에서 보자면 「俘虜記」의 출판은 1948년 2월 『文學界』가 되지만, 작품집 『俘虜記』는 같은 해 4월 『中央公論』에 발표된 「サンホセ野戰病院」, 그리고 같은 해 8월 『作品』에 발표된 「レイテの雨」를 한데 묶어 1948년 12월 創元社에서 간행되었다.

는 의도에 합치되는 내용일 것이라고 예상할 수 있다. 그러나 실제로는 그렇지 않다. 포로가 되기까지의 과정을 묘사한 「붙잡힐 때까지(捉まるまで)」에는, 전투 상태를 서술하는 시점에 이미 점령하를 살아가는 자신들에 대한 '풍자'의 감각이 삽입되어 있다. 예를 들어, 그것은 산 속에서 조우한 젊은 미군 병사를 쏘지 않은 자신을 반성하면서 이미 시작되고 있었다.

> 요컨대 이 혐오는 평화시의 감각이며 내가 그때 이미 병사가 아니었다는 점을 의미한다. 그것은 내가 그때 혼자였기 때문이었다. 전쟁이란 집단으로 수행하는 폭력행위이며 한 사람 한 사람의 행동은 집단의 의식에 의해 제약받거나 혹은 고무된다. 만약 그때 전우가 한명이라도 내 곁에 있었다면, 나는 나 자신의 생명이야 어찌되었든 주저하지 않고 총을 쏘았을 것이다.

이 서술에서 '평화시' '병사가 아니었다' '혼자' '생명'이라는 어휘의 연속 자체가 손쉽게 귀환 후의 시공간을 상기시킨다. 포로가 된 이후인 「산호세 야전병원」 시기에 앞서서, 포로가 되기까지의 전투행위마저도 소위 피'점령' 체험의 제유(提喩)가 되고 있는 셈이다. 그리고 예전 병사들의 포로생활에 관련된 서술은 일본인들이 전승국 미합중국의 관리를 고분고분하게 받아들였던 의사(擬似) 의례공간이 된다. 예를 들어, 거기에는 일본군의 지휘계통을 벗어나게 되어 기쁨에 들뜬 타이완인(중국인)들에 대한 반감이 묘사되어 있다. 더욱이 그러한 반감을 스스로 규제(관리의 내면화)하지 않으면 안 되었던 사태를 상술하고 있는데 이로써 일본인의 정신적 위상이 어떻게 변화되었는가 하는 점이 제시되고 있다. 그리고 『정본 포로기』의 후반에 있는 세 개의 장—「신식 포로와 구식 포로」, 「포로 연예대회」, 「귀환」—이 쓰여진 시간은 이미 한국전쟁의 시기에 해당하는 것이었다. 이 가운데 「신식 포로와 구식 포로」의 모티브가 된 것은 8월 15일 이전에 포로가 된 병사 출신들과 그 이후에도 저항을 계속했던 병사 출신들 사이의 의식의 단절이다. 이 또한 「귀환」의 타임래그가 간직하고 있는 병사 출신들의 전쟁관에 관한 풍자적인 표현으로 읽을 수 있다.

한편, 이처럼 『포로기』가 일본의 '점령'기를 풍자하고 있었다는 점이 명백하다 해도 역시 필요한 것은 거기에 무엇이 쓰여 있지 않은가 하는 점에 주의를 기울이는 일이다. 『포로기』의 풍자가 아무리 생산적이라 해도, 실제적으로 이 『포로기』의 사정거리에는 이후 속공산권 귀환 시기에 해당하는 작품들이 포함되지 못했다는 점에 주의할 필요가 있다. 바로 여기에 『포로기』가 대표하는 전후 이야기의 성공이라고 하는 것, 그리고 그것이 성공할 수 있었던 이유의 한계가 숨어 있음을 간파할 필요가 있다.

'억류자'의 '이야기'와 반(反)스탈린주의

속공산권 귀환기에 시베리아로부터 귀환한 병사, 군인 출신들에 의한 이야기, 즉 수용소 '이야기'는 소위 전쟁책임의 문맥과는 별개의 범주로 분류되어버리는 경우가 있다. 더욱이 시베리아와는 대조적으로, 예를 들어 1950년대 초반 중국 푸순(撫順)의 전범수용소에서 병사, 군인 출신들이 집단으로 '개전(改悛)'한 사건은 일본인의 전쟁책임에 대한 의식이 성장하고 있었던 기록으로 자리매김되고 있다. 푸순 경험의 '이야기'는 그후 중국귀국자연락회(中國歸國者連絡會)의 오랜 세월에 걸친 증언록들과 겹쳐지면서, 구소련(시베리아 '억류')과 비교하여 중화인민공화국의 도덕적인 고결함을 증명할 뿐 아니라, 전후 일본이 느끼는 전쟁책임의 실질적 내용을 뒷받침하는 전거로 참조되어왔다.[6] 이와 같은 사례를 관련시켜 보자면, 확실히 시베리아 '억류' 경험의 실질적인 내용이란 개개인이 저질렀던 전쟁범죄의 내용과 그에 상응하는 '처벌'이 정당한 것이었는가 하는 문제를 뛰어넘고 있었다. 일반적으로 시베리아에서 귀국한 사람들이 자신들을 '포로'라 칭하지 않고 '억류자'라고 부른 것도 그와 같은 감각을 보충하는 것이었다고 말해도 좋을 것이다. 그리고 앞에서 이야기한 바와 같이, 그와 같은 시베리아 경험은 명백하게 냉전문화에 내포된 반소·반공의식을 양성하는 원인이 되어왔다.

물론 이러한 반소·반공의식의 성분표에는 다양한 뉘앙스가 섞여 있으며, 그 하나하나가 모두 한마디로 간단하게 이야기될 수 있는 것

6 푸순(撫順) 전범수용소의 집단 개전에 관한 기록으로는 기타오카 시노부(北岡信夫)의 『永遠に續く祈り』(文芸社 2000), 혹은 『季刊 中歸連』(中國帰國者連絡會) 등이 있다. 그리고 중국 귀국자 연락회의 활동에 관해서는 http://www.ne.jp/assahi/tyuukiren/website 참조(중국 푸순 전범관리소는 일본인 전범들에 대한 너그럽고 관대한 대우, 중국인 관리직원과 포로들 간의 돈독한 관계로 유명하였다. 이 수용소에서 생활한 일본인 전범들은 과거 자신들의 죄상을 자발적으로 깊이 반성하고 개전의 정을 보였으며 그후 전원 무사히 일본으로 귀국한 것으로 알려져 있다—옮긴이).

은 아니다. 한 예로, 시베리아 각지의 수용소 내부에서 적극적으로 '민주화'를 추진하는 '적극분자(액티브)'가 당국의 권위를 등에 업고 동료들을 밀고했던 사실 등으로 보면, 포로들 내부의 정치체험이 복잡다기할 것이라고 예상할 수 있다. 그러나 수용소체제 안에서의 '적극분자'에 대한 역사적인 평가도 아직 확실한 결말이 난 것은 아니다. 현재 러시아측의 비교적 객관적인 연구성과를 통해서도 드러나듯이 일본인 포로가 '적극분자'로 전향하게 된 배경에 자연발생적인 회심(回心)이 전혀 없었다고는 할 수 없는 사례가 존재하는 만큼 신중한 역사적인 평가가 요구된다.[7] 그렇지만 그러한 '적극분자'들이 귀환 후 일본에서 어떠한 생활을 했으며 일정한 정치세력으로 어떤 역할을 수행했는가 하는 문제는, 떠도는 이야기까지 포함하여 관련된 자료가 대부분 발견되지 않고 있어 그들의 존재는 거의 묵과되고 있는 듯이 보인다. 그리고 전후 일본민중의 반소적인 감정의 근저에는 구소련군의 참전에 얽힌 여러 가지 폭력이 관련되어 있다는 사실도 예상할

7 ヴィクトル・カルポフ,『スターリンの捕虜たち』, 長賴了治 譯, 北海島新聞社 2001, 135~153쪽. 위 책에 의하면, 정치공작의 일환으로 '액티브'를 적극적으로 구축하는 방향을 취한 애초의 배경에는 구 일본군 조직 내의 문제, 즉 장교에 대한 병사들의 불만, 반감이 잠재해 있었다는 사실을 확인할 수 있다. 그리고 이와 같은 '액티브' 양성의 목적은 이데올로기적으로 감화시킨 일본인을 일본으로 되돌려보내는 정치적 효과를 노린 것으로, 이후에 그들은 소련의 이데올로기에 의해 의식화된다. 어떤 의미에서 이 운동은 기존의 일본인 장교를 리더의 지위로부터 해임하고, '적극분자'가 그 자리를 대신하게 만드는 데 성공했다. 그러나 이 대목에서 소련측이 주로 의도했던 바는 수용소 노동작업의 능률이라는 측면에서, 기존 장교들이 사보타주를 종종 일으킬 때 이에 대한 대항조치의 의미를 가지는 것이었다. 결국 일본인 포로를 잔류시킨 이유는 주로 소련의 전후 부흥에 필요한 노동력을 조달하는 데 있었다는 결론을 내릴 수 있다.

수 있다.

그렇지만 그 이외에도 1947년부터 50년까지 공산권 귀환 시기에 귀환병들이 행했던 퍼포먼스는 그들을 맞이했던 일반 민중들로 하여금 현저하게 위화감을 느끼게 하는 것이었다. '적극분자'들의 조직적인 지도하에 귀환 항구에서 명부(名簿) 제출을 거부하는 사건이 발생하였는가 하면, 부두나 역전에서 친소 데모가 열렸던 것을 민중들은 기억한다. (그러나 그들 귀환자들은 고향으로 돌아간 이후에 조직성을 계속 유지하지는 못하였고, 거의 분열되었다고 한다.)[8]

다른 한편으로, 일본의 전후 사상에서 좌익 반대파 혹은 반(反)스탈린주의자라 불리는 사상적 조류의 근저에 시베리아의 '포로' 경험이 울려퍼지고 있었다는 점 또한 의심의 여지가 없는 사실이다. 구소련, 동구권이 붕괴되면서 냉전구조의 옛 동쪽 진영의 대부분이 굴복하는 형태로 한 세대의 사이클이 종료되고 있는 오늘날, 이제까지 그다지 고려되지 않았던 맥락이 있다. 그 전형적인 경우이며 반드시 재고되어 마땅한 사상가로, 예컨대 우치무라 고스케(內村剛介)의 이름이 떠오른다. 우선 우치무라가 법적 조치, 말하자면 소비에트 국가에 대한 반역이라는 '국내법'을 적용받았다는 사실에 주목할 필요가 있다. 이 조치는 한국전쟁 시기를 거쳐 속공산권 귀환 시기로 귀환이 미루어진 군사, 군인 출신들에게 취해진 것이었다.

8 セルゲイ・I・クズネツォフ,『シベリアの日本人捕虜たち』, 岡田安彦譯, 集英社 1999, 202~206쪽. 이 책은 1950년 6월 16일 일본경찰청이 당시 일본 국내에서 빈발했던 데모, 집회를 금지시킨 조치에 관해, 당시 공산권으로부터 귀환한 포로들이 소란을 야기한 데도 그 원인이 있지 않나 추측하고 있다.

우치무라가 혼신을 다해 쓴 작품『죽음을 자초하다(生き急ぐ)』의 주인공이면서, 우치무라의 분신이기도 한 다도코로 다이치의 '죄상'에는 "적극적·조직적인 반소 첩보활동 및 국제부르주아지-원조죄로 러시아공화국 형법 58조 제6항 및 제4항에 의거하여 25년의 금고형, 5년의 시민권 박탈, 5년의 유형에 처한다"고 기록되어 있다. 결국 우치무라는 속공산권 귀환 시기 중에서도 후반에 해당하는 1956년에 귀환하게 된다. 이러한 사정을 통해 보아도, 우치무라의 사상은 구소련권에서 이루어진 반역행위에 대한 숙청이라는 일련의 사건들 속에서, 1956년의 폴란드 포즈난폭동 및 헝가리 반소 내란 등과 사상적인 일체성을 강하게 갖게 된다.

다른 시베리아 '억류' 체험의 수기에서도, 국가반역죄의 오명(汚名)을 쓰게 된 헝가리인들 및 독일인들과 수용소에서 접촉하는 일 등이 기록되어 있는데, 이 역시 제2차대전의 문맥이 아니라 구소련의 독자적인 수용소체제라는 문맥에서 일본인의 '억류'가 자리매김될 필요성을 보충하고 있다. 반복해서 하는 말이지만, 여기서 문제가 되는 것은 구속의 법적 근거가 전쟁당사자로서의 연합국이라는 틀 밖에서, 즉 러시아 국내법에 근거하고 있었다는 점이다. 다시 말해, 냉전구조가 점차 현실화됨에 따라 '연합국 대 추축국'이라는 기존의 구도가 밀려났고, 이에 따라 일본인의 전쟁(식민지 지배)책임을 심화시키는 조건들이 뒤틀리고 왜곡되었던 점을 어떻게 재정리할 것인가 하는 문제가 있다.『죽음을 자초하다』에서 "너의 반소 행동을 고백하라"는 심문관에 대해 주인공 다도코로는 이렇게 반론을 펼친다.

일본 국민으로서 해야 할 일을 한 것뿐으로, 그 행동이 반소인지 반미인지는 전승국가인 당신들이 결정할 일이지요. 무장해제도 되어 있습니다. 정신상의 무장해제에 관해서라면, 저는 그러한 철학을 알지 못합니다. 제 생각으로 정신무장은 머리 좋은 일본 좌익 일당들만이 했던 일이고, 저와 같은 일반 병사들은 정신의 무장해제 같은 것은 하고 있지 않습니다. 정신의 무장해제라고 굳이 말한다면, 일본 군대에서는 '군인칙유(軍人勅諭)'[9]가 있었던 정도 아닐까요. '군인칙유'라는 '무장'에 대해서는, 일본 병사라면 누구나 '자백'할 수 있을 겁니다.

흥미롭게도 "정신무장은 머리 좋은 일본 좌익 일당들만이 했던 일"이라는 대목 등은, 오오카와 마찬가지로 오히려 전후 일본의 사상공간을 겨냥한 것이라고도 볼 수 있다. 특히 우치무라의 경우에는 세계적인 조류로서의 반스탈린주의가 전제되어 있는데, 이로써 이 작품의 수신자(독자)가 누구인지 흘끗 보이는 셈이다. 그렇다 하더라도, 수용소 경험에서 비롯하는 '적극분자'에 대한 비판을 작품의 자원(資源)으로 삼고 있다는 점에서 보면, 우치무라의 반스탈린주의는 전후 일본 학생운동에서 출발한 신좌익운동의 실천성과는 그 리얼리티의 자원을 달리하고 있다는 점이 명백하다. 『죽음을 자초하다』의 마지막 장면은 과연 조국 일본으로 귀환하는 것이 아니라, 스탈린의 죽음을 알리는 것으로 장식된다. 우치무라 필생의 서술은 국내 일

9 1882년 메이지 천황이 육해군 군인에게 하달한 칙유. '황군'의 복무 규율을 규정했으며 군국주의적인 충성을 강조했다—옮긴이.

본 좌익을 향한 것이기도 하지만, 그 주된 의도는 '시베리아' 체험을 일본인의 이야기로 회수하려는 것이 아니라 그 체험을 현대 세계모순의 최전선으로 알리고자 하는 것이다. 그러나 오늘날 종교적인 색채마저 띠고 있는 나치 문제가 일본인에게는 다가서기 쉬운 '보편'성을 획득하고 있는 현상과는 대조적으로, 우치무라가 생각한 현대 세계의 모순(스탈린주의 비판)은 거의 사라지지 않은 채 그대로 방치되고 있는 듯한 느낌도 든다.

다시 한번 『죽음을 자초하다』의 역사적인 퍼스펙티브를 철저히 밝혀본다면, 작품 속 수용소생활 과정에서는 명백하게 냉전의 예감이 실재하고 있었다고 할 수 있다. 수용소의 양상은 1947년의 국공내전(중국대륙), 나아가서는 1950년부터 시작된 한국전쟁에 완전히 좌우되고 있었다. 사진에 찍힌 중국인이 팔로군계인지 국부군계인지 알아내라고 심문관이 주인공 다코도로를 추궁하는 대목이 있는가 하면, 그 시기에 끌려온 출신 불명의 중국인이나 사상적 입장을 강제로 자백하게 된 조선인 등에 관한 이야기도 묘사되어 있다. 이러한 서술을 통해서도 우치무라가 쓴 텍스트에서 수용소는 고립된 실존적 장소에 머무르지 않았으며, 수용소가 지닌 지정학적 배치를 서술하는데 있어서도 그의 텍스트는 다른 일본인들이 쓴 정서적인 수기와는 선을 긋는 사상적 내실을 획득할 수 있었다고 말할 수 있다.

그러나 우치무라의 사상적인 의의는 역설적으로 구소련권의 수명('반소사상'의 수명)에 규정되어 있었다는 의미에서, 특정 시대에 한정된 것이 되어버리고 만 느낌도 있다. 또한 일본에서 시베리아 경험의 주류를 이루는 '이야기' 자체는 구소련권이 붕괴된 이후에도 거의 아무런 변화도 겪지 않았다.

다른 한편으로, 사상적으로 커다란 문제가 되는 것은, 말단 '적극분자'들보다도 당시 장교계급들 사이에서 있었던 스파이 의혹이다. 저널리스트인 호사카 마사야스(保坂正康)가 쓴 르포르타주 『세지마 류조—참모의 쇼와사』에서 호사카는 상황증거들을 하나씩 확보해 나가면서 관동군 참모였던 세지마 류조(瀬島龍三)가 극동군사재판에서의 증언을 위해 도쿄를 방문한 뒤 하바롭스크로 소환된 사건의 흔적을 쫓는다. 그리고 그 과정에서 그는 세지마 류조가 우치무라 등과 마찬가지로 25년의 형을 받았으나 그 흔적이 사라졌다는 점에 의혹의 눈길을 던진다.[10] 호사카가 예상한 것은 류조가 구관동군 내부정보를 제공한 조건으로, 다시 말해 밀고(스파이 행위)의 조건으로 그의 처우가 크게 개선되었다는 사실이다.

역시 우치무라의 작업은 구소련체제에 의해 규정된 '좌익반대파'라는 사상적 틀 속에서 수행된 것이었다. 그러한 의미에서도 우치무라의 작업은, 세지마 류조와 같은 인물—귀환 후에 그는 기시 노부스케 등과 함께 동아시아 경제권의 재구축에 주력하였고, 나아가 제1차 임시조정위원회에까지 영향력을 발휘했다—이 시베리아 '억류' 경험에서 배출된 것과 같은 문제, 다시 말해 전후 일본에서 중심적 구도가 '부활'하고 있는 문제를 시야에서 놓칠 수밖에 없었을 것이다.

10 保坂正康,『瀬島龍三—參謀の昭和史』, 文藝春秋 1987, 11~67쪽.

종교적으로 체험된 '억류'

이 대목에서 1977년에 사망한 시인, 이시하라 요시로(石原吉郎)를 소환하고자 한다. 이시하라는 우치무라와 거의 마찬가지로 '억류' 체험을 거쳐(우치무라보다 삼년 정도 짧지만) 전후 일본에서 중요한 사상적 포지션을 가지면서도, 정치적 차원에서 도피했다는 우치무라의 비판을 받았던 시인이다. 이시하라와 관련된 최근의 재평가에 관해서는, 야마시로 무쓰미(山城むつみ)와 나카시마 가즈오(中島一夫)의 시론이 탁월하다는 인상을 준다. 우선 여기에서는 야마시로의 시론 「유머의 위치—비관론자와 커뮤니스트」[11]를 따르면서 이 시론을 이시하라론의 참조틀로 삼고자 한다.

야마시로가 한결같이 주목하는 것은 하얼빈 시대부터 친구였던 가노 부이치(鹿野武一)가 수용소에서 보여준 윤리적인 자세에 이시하라가 영향을 받았다는 점이다. (정확하게 말하자면, 가노 부이치에게 주목하는 것이 될까.) 살아남기를 거부하고, 작업소로 향하는 대열이라는 위험한 위치를 고집하는 가노의 삶의 방식을 이시하라는 평생 근접할 수 없는 모범으로 삼아왔다. 야마시로의 에세이는 이런 가노에게 깃든 윤리적인 자세를 제시하였는데, 에세이의 의도는 이를 통해 시나 린조(椎名麟三)[12]의 『해후(邂逅)』에서 다루어진 것과 같은 방식의

11 山城むつみ, 『轉衡期と思考』, 講談社 1999.

12 시나 린조(椎名麟三, 1911~73): 효고현 출생. 어려운 집안 형편으로 갖가지 직업을 전전하다 전기회사 차장 시절에 일본공산당에 입당했다. 그러나 1931년 특고에 검고되었고 옥중에서 읽은 철학서와 성서가 계기가 되어 전향, 문학에 뜻을 둔다. 전후 일본문학의 대

'커뮤니즘'을 구제하는 것이었다. 다시 말해, 그것은 종교적인 페시미즘의 측면으로부터 커뮤니즘을 구제하는 실마리를 얻기 위한 것이었다. 물론, 가노와 가노의 삶의 방식을 전거로 삼은 이시하라의 종교성을 하나의 사상 모드로서 '커뮤니즘'에 매개하는 야마시로의 주장에 내가 반대하려는 것은 아니다. 실제로 이시하라의 첫 에세이 『1956년부터 1958년까지의 노트』에서 그는 시나의 『해후』에 대해 언급하고 있기도 하다. 그러나 나로서는 그보다는 오히려 전쟁책임(역사에 대한 책임)이라는 문맥에서 그들의 행동을 생각해보고 싶다. 그리고 이 이시하라의 자세를 시종일관 비판적인 시선으로 바라보았던 것이 우치무라였다.

이시하라를 비판하는 우치무라의 입장에서 보면, 살아서 돌아왔다는 사정은 현대 세계(스탈린주의)에 저항하기 위한 주어진 조건에 지나지 않았던 것 같다. 우치무라가 이시하라 사후에 저술한 『실어와 단념(失語と断念)』에서 이시하라를 비판했던 것은 이시하라가 스탈린 독재하의 '억류'에 대해 고발의 자세를 취하지 않은 점에 집중되어 있다.[13] 여기서 기본적인 사실을 확인해두자면, 이시하라는 우치무라

표주자 중의 한 사람이며 기독교적 실존주의의 색채가 강한 작품들을 남겼다—옮긴이.

13 内村剛介, 『失語と断念』, 思潮社 1979. 이 책은 1977년에 세상을 떠난 이시하라 요시로를 추억하면서 그의 죄를 따져 묻는 형식으로 출판되었다. 우치무라의 의도는 이미 세상을 떠난 이시하라의 작업에 대한 비판이라기보다 이시하라의 죽음에 겹쳐 자기 자신을 추궁하는 의미이기도 했던 듯하다. 그러한 자세를 취하는 방식은 같은 책 서문에 해당하는 「시와 죽음(詩と死)」에 나와 있는 그대로지만, 결과적으로 우치무라의 입장과 이시하라의 입장차이는 두드러진다. 분명히 우치무라의 시점은 시베리아를 동시대인으로서 경험해온 러시아 작가들과의 관련 속에서 만들어진 것이다. 작가가 자신의 몸을 어디

보다 3년 빠른 1953년, 스탈린의 죽음에 수반된 제1차 특별사면으로 마침내 귀환하게 되었다. 그리고 전후에 관한 이시하라의 표현은 그 다음해인 1954년에 시(전후 처음으로 발표한 시는 「밤의 초대」)[14]를 쓰는 것에서부터 시작된다.

시베리아의 경험이 처음 에세이로 쓰인 것은 날짜가 기록된 『1956년부터 1958년까지의 노트』에서부터일 것이다. 그러나 에세이가 정리된 형태로 세상에 나온 것은 『일상에 대한 강제(日常へ強制)』(1970), 『망향의 바다(望郷の海)』(1972), 『바다를 흐르는 강(海を流れる川)』(1974), 『단념의 바다로부터(断念の海から)』(1976) 등 70년대에 들어서면서부터다. 이시하라의 평전인 『이시하라 요시로 '쇼와'의 여행(石原喜朗'昭和'の旅)』을 저술한 다다 시게하루(多田茂治)에 의하면, 너무나 비현실적이라고도 할 수 있는 수용소 체험에 대해 이야기한다는 것이 불가능했기 때문에 50년대 후반까지는 가까스로 시라는 형식으로 이를 표현하는 쪽이 유효했다는 견해를 보인다. 시적인 표현이 선행하고, 그 이

에 두었는가 하는 점에서 본다면, 우치무라에게 이시하라의 작업은 이미 완전히 안정된 일본 전후 체제의 타성(惰性)과도 동일시된 것 같다.

14 창밖에서 총소리가 울려/커튼 한쪽에/불이 붙고/만반의 준비를 하고 기다린 시간이 찾아온다/셀로판지로 가장자리를 꾸민/프랑스는/스페인과 화친하라/사자는 제각기/꼬리를 핥아라/나는 갑자기 관대해져/이미 누구도 아니게 된 사람과/손을 맞잡고/유연한 어른의 시간을/그 손 사이로 에워싼다/아아 동물원에는/틀림없이 코끼리가 있겠지/그 옆에는/또 코끼리가 있겠지/오는 것 외에 달리 어쩔 수 없는 시간이/찾아온다는 것의/말할 수 없는 훌륭함/잘려진 식탁 위의 꽃들에도/가루받이[受粉] 행위를 허락해주는 게 좋아/이미 얼마만큼의 시간이/되살아나지 않은 채/남아 있는 것인가/밤은 되감기고/의자는 흔들리고/카드의 깃발이 끌어내려져/손 안에서 크레용이 녹아/아침이 약속하러 찾아온다. (「밤의 초대(夜の招待)」)

후에 평론이 확립되었다는 견해는 이시하라 본인에 의해서도 유사한 말투로 암시되고 있어 어느 정도 타당한 견해인 듯하다. 우연이라고도 할 수 있지만, 앞에서 서술한 후지와라 데이 등과 마찬가지로 예전 체험에 관해 서술하는 자장(및 출판)이 두 개의 봉우리를 형성하고 있다는 점 등도 흥미롭다. (이시하라의 경우 1950년대부터 60년대에 걸쳐서는 시가 집중적으로 나왔고, 70년대는 주로 평론이 나오게 된다.)

게다가 주목하고 싶은 점은, 예전의 '억류' 경험을 서술한 에세이군(群)에서는 시간의 흐름에 따라 컨셉이 바뀌는 것이 눈에 띈다는 점이다. 첫번째 에세이 『1956년부터 1958년까지의 노트』나 『1959년부터 1961년까지의 노트』에서는 키르케고르와 칼 바르트 등의 종교관이 전면에 내세워져 있는 반면, 이후 『망향의 바다』에서는 솔제니친의 『수용소 군도』나 프랭클린의 『밤과 안개』(1955) 등이 보조선이 되어, 주로 수용소 내에서의 노동이나 친우들의 죽음 등에 관한 디테일이 르포르타주풍으로 서술되어 있다. 다시 말해, 서술이 점점 구체성을 띠는 동시에 참조틀 역시 (세계적) 동시대성을 띠어가게 된다. 그리고 『바다를 흐르는 강』에서는 아이히만 재판[15]이나 영화판 「밤과 안개」(1955), 오오카 쇼헤이의 『들불』 등과도 패러프레이즈되는 가운데, 전후 일본에서는 매우 익숙해진 기존 참조틀로 합치되어가는 작업이 추가되었다. 이는 오히려 이시하라 자신의 경험이 저널리스틱한 것으로 상대화되어가는 것이기도 했다.

15 나치의 유태인 학살 정책의 최고결정 및 수행자 중 한 사람이었던 아이히만이 이스라엘 정부의 '나치와 그 부역자 처벌법' 위반으로 기소되어 결국 사형을 받은 재판을 일컫는다 — 옮긴이.

그러나 나의 관찰에 의하면, 마지막에 정리된 에세이집이라고 할 수 있는 『단념의 바다로부터』에서 이시하라는 다른 참조틀에는 거의 의지하지 않은 채 다시 한번 스스로 '귀환'의 의미를 깊게, 그리고 종교적으로 새겨넣고 있는 것처럼 읽힌다. 『단념의 바다로부터』라는 작품에서는 실로 일본인(민족)의 집합적인 기억을 시베리아 '억류' 경험이라는 독자적인 사상적 계시로 다듬어 완성시켰다고 생각된다. 이 『단념의 바다로부터』 라는 에세이집에서 반복되는 광경으로, 포로들을 열차로 수송하는 것을 의미하는 러시아어 '에타프'가 나온다. 이시하라에게 가장 가혹했던 '에타프'는 25년의 금고형을 받았던 서부 시베리아 땅, 카라간다로부터 바이칼호 서쪽의 바므철도(제2시베리아 철도) 연선의 밀림지대까지 이동할 때였다. 이 시기 일본인 '포로'들은 자신들이 1945년까지의 전쟁 결과가 아닌, 구소련이 미일 등 서방진영에 대해 자기 발언권을 확보하기 위해 붙잡아둔 '인질'이 되었다는 것을 이미 알고 있었다.[16] 다시 말해서, 이 시기 일본인의 '에타프'란 냉전체제로부터 비롯된 '인질' 수송에 다름 아니었다. 그런데 이시하라의 '에타프'는 처음에는 동진(東進)하는 것이었지만, 중계역인 타이슈타트에서부터는 북쪽으로 올라가게 되어 있었다. 『단념의 바다로부터』에 수합되어 있는 에세이 「시와 진행과 단념(詩と進行と断

16 최근 연구로 에레나 가타소노와(エレーナ・カタソノワ)는 『관동군 병사는 왜 시베리아에 억류되었는가(關東軍兵士はなぜシベリアに抑留された)』(社會評論社 2004)라는 저서에서 '억류'의 원인을 다음과 같이 해명하고 있다. 당시 포츠담선언과 관련, 루스벨트가 소련의 참전을 두고 비밀리에 약속한 홋카이도 분할안이 루스벨트의 급작스런 죽음 이후 후임이 된 트루먼에 의해 파기되었고, '억류'는 이로 인해 야기된 '인질'이라는 주장이다. 어찌되었든 '억류'가 냉전이 초래한 하나의 재난이었다는 사실에는 틀림이 없다.

念と)」에서 다루어지고 있는 사건의 경과에는, 다음과 같은 사항이 기재되어 있다. "'에타프'가 진행되는 동안 북쪽을 향하게 된 일본인 수인(囚人)은 반대방향인 남쪽으로 가는 다른 일본인에게 자기의 이름을 알리려고 하는 경향이 있었다." '북'쪽이란 다시 말해 조국 일본으로부터 멀어져가는 절망의 방향이다. 돌이켜보면, 실제로 이시하라야말로 자신의 이름을 전하려 한 주체였다고도 할 수 있다.

체험의 순서대로 하자면, 이 '에타프'에서의 '이름 주고받기' 이미지는 실상 감옥의 독방 벽에 일본인과 독일인의 이름이 새겨져 있는 데서 이미 이시하라가 그 전조를 보았던 것이었다. 그 뒤 이시하라는 독일인, 루마니아인과 함께 생활하는 공동감방의 벽에서도 같은 현상을 발견하게 된다. 그리고 이시하라 역시 서서히 '이름 주고받기' 자체가 품고 있는 사상적인 계시에 도달하게 된다. '인질'이 된 사람은 결코 상대방에게 그 어떤 것도 전달할 수 없음에도 불구하고, 반드시 자신의 이름을 타인에게 위탁하려 한다. 이시하라가 전후로 이월했던 문제는 이 누구인지 알 수 없는 자들의 이름, 그 존재조차 불확실한 이름들을 계속 반추하는 일이었다고 할 수 있다. 실재의 삶을 '단념'하지 않을 수 없었음에도 불구하고 그 '이름'을 유지하고자 한다는 것, 혹은 '단념'하기 때문에 '이름'이 남겨진다는 것—이시하라의 시베리아 경험은 바로 그와 같은 '단념'을 통해서 유지되던 무엇인가였다. 반복해서 하는 말이지만, 이 '단념'이야말로 우치무라 고스케에게 있어서는 정치적 차원의 결여로서 느껴졌던 모양이다.

일본이 만약 사회주의 국가가 되었다면(당연히 있을 수 있는 일이다), 나는 결코 더 이상 시를 쓰지 않고 멀리 떨어진 시골마을의 노동자가 되어 말없이 철을 두드릴 것이다. 일하기 좋아하고 떠들기 싫어하는 사람으로, 불을 넣어 철을 달구며 묵묵히 죽어가기로 하자. 사회주의에서 점차 공산주의로 이행해가는 거리에서 그렇게 살아가는 사람들을 오랜 시간 동안 지켜보아온 사람은 나 이외에는 없을 터이다.[17]

『1959년부터 1961년까지의 노트』에 쓰여진 이시하라의 감흥—사회주의로부터 점차 공산주의로 이행해가는 거리—을 묘사한 이 대목도 우치무라의 굽힘 없는 반스탈린주의 이론에 의하면, "어째서 사회주의를 제국주의로 향해가는 나라라고 말할 수 없는 것인가"라며 반박당하게 된다.[18] 그렇지만 여기에서 이야기된 '사회주의' 혹은 '공산주의'란 약간은 굴절된, 별개의 무언가를 나타내려 하는 것처럼 나에게는 생각된다. 어쩌면 그것은 사회체제의 명칭과 같은 문제가 아닐지도 모른다. 문자 그대로 '말이 없는 세계', 혹은 '떠들 필요가 없는 세계'라는 의미에서 본다면, 여기서 이야기되고 있는 것은 예전의 '수용소' 경험과 겹쳐 쓰여질 수 있는 그 무엇일지도 모른다. 그렇다면 이시하라는 역시 '시베리아'를 하나의 원점으로 정해놓고 있는 것이며, 처리되지 않는 무의식이 '시베리아'로 회귀하는 것에 계속해서 노출되어 있었다고 말할 수 있지 않을까.

그렇다면 그 다음 물음으로서, 에세이집에 수록된 '단념의 바다'

17 石原吉郎,「1959年から1961年までのノート」,『石原吉郎詩集』, 思潮社 1969, 113쪽.
18 內村剛介, 앞의 책, 70~71쪽.

란 도대체 무엇을 의미하는지 생각해보고 싶다. 구체적으로 그것은 우치무라가 지적한 대로, 조국으로 귀환하는 길에서 바라본 바다, 다시 말해 일본해(日本海, 동해의 일본어 표기—옮긴이)에 다름 아니었다.[19] 그러나 이시하라는 그것을 '일본'의 바다라고 표현하지 않고, 일생 동안 러시아어인 '야폰스코에·모레'라고 불러왔다. 그렇다면 처음에는 고향을 그리워하는 관념이었던 '바다'가 왜 '단념의 바다'로 전환되지 않으면 안 되었던 것일까.

이시하라는 수용소 생활에 대해 말하면서 거기에 비록 형해화된 삶이 있었다고는 해도 생활 그 자체는 없었다고 지적하고 있지만, 실제로 그 상실감은 조국으로 귀환한 이후에도 지속될 수밖에 없었던 것으로 보인다. 망향의 상징이었던 일본해는 오히려 귀환시에 '단념'되어, 귀환 이후에는 소련에서 바라보았던 '야폰스코에·모레'로서 은밀하게 무르익어왔던 것은 아닐까.

> 따라서 귀국 후 나에게 다시 생활이 시작되었다는 것은, 무엇보다도 생활을 되찾는 것이었으며 그때 그것이 내게는 지극히 곤란한 일, 어찌할 바를 모르는 일이었다는 것을 지금에 와서야 겨우 이해하게 되었다. 내가 마지막으로 건넜던 바다는, 시간이라는 기묘하고 중대한 감각과 불가피하게 연결되어 있다. 그것은 시간과 바다가 마치 후회처럼 어긋남을 반복하면서 서로 상대를 실어나르는 과정과도 같다. 얼마간의 시간이 순간이 되어 흘러가는 가운데 겨우 시작해볼까 하

19 같은 책, 28쪽.

고 있는 나의 시간도 있으며 뒷머리를 잡아당기는 것처럼 여전히 내게 착 달라붙어서 떨어지지 않는 어제까지의 시간도 있다. 그 흐름의 앞길에 기다리고 있었다는 듯 새롭고 불안한 시간이 시작되려 하고 있고, 몇개인가로 시간의 불협화음 전체가 하나의 커다란 낙차, 회한 비슷한 낙차를 형성하고 있었다. 어딘가에 중대한 어긋남이 있다. 오로지 남쪽을 목표로 해서 가는 배의 갑판에서, 몇번이나 나는 그렇게 생각했다. 그리고 그렇게 생각하는 가운데 나는 지쳐갔다.[20]

물론 이 서술의 시간은 귀환으로부터 십수년이 지난 시점이며, "몇번이나 나는 그렇게 생각했다. 그리고 그렇게 생각하는 가운데 나는 지쳐갔다"는 것은 기본적으로는 전후 일본 한복판의 시간이다. 그렇지만 이시하라가 여기에서 말하는 '중대한 어긋남'이 초래된 시간의 축이란 전후의 시간임과 동시에 전후에 상념화된 시간, 일본제국이 아시아로 뻗어나가는 그 커다란 흐름에 저항할 수 없었던 20세기 전반을 살았던 일본인 전체의 회한이 회귀하는 그 시간까지도 포함한 것이 아닐까. 최근 러시아측의 연구에 의하면 일본인 병사가 시베리아에 '억류'된 원인에 대해, 7만명 규모의 일본 군대가 시베리아에 주둔했던 소위 시베리아 출병[21]을 스탈린이 의식하고 있었다는 견해가

20 石原吉郎,「海への思想」,『断念の海から』, 日本基督教団出版社 1976, 78쪽.

21 10월혁명으로 집권한 볼셰비키당의 공산정권을 붕괴시키기 위해 일본군이 러시아 영토에 출동한 사건을 말한다. 1918년 영국 해군이 북부의 무르만스크에 상륙한 것을 계기로, 혁명정권의 타도를 목표로 하는 16개국 공동간섭세력과 러시아 내부의 반혁명세력이 협력하기에 이른다. 일본의 이른바 '시베리아 출병'도 이와 같은 공동간섭의 일환이다. 이 개입에서 일본은 7만3천명의 병력을 투입하고, 당시 4억 3,859만엔이라는 거

소개되고 있다. ("빚진 것을 되돌려줄 때다. 어디 한번 되갚아줄까"라며 스탈린이 베리야 앞에서 중얼거렸다고 한다.)[22]

이 괴물 스탈린의 상념에 대해, 이시하라는 우치무라의 비판에도 불구하고 적어도 거기에 모순되는 무언가를 지니고 있었던 듯하다. 예를 들어 「육친에게 보낸 편지—1959년 10월」에서 보이는 일견 기묘한 일련의 문장들을 대할 때 이런 점을 알아차릴 수 있다.[23]

> 이러한 생활 가운데서 어찌되었든 버팀목이 되어주었던 것은, 나는 결코 '범죄자'가 아니라는 것, 결국 누군가는 책임질 차례가 되어 있던 '전쟁책임'을 어찌되었든 자신이 짊어지고 있다는 의식이었다.[24]

위 인용문에서 두드러지게 특이한 점은 '범죄자가 아니라는 것'이라는 구절과 '결국 누군가는 책임져야 한다'는 구절 사이에 어떠한 접속사도 끼워져 있지 않다는 점이다. 소위 구소련의 국내법에 자신

금의 전비를 사용하였으나, 성과 없이 3천~5천여명의 사상자를 내고 철수하였다—옮긴이.

22 ヴィクトル・カルポフ, 앞의 책, 60~61쪽. 여기서 베리야는 라브렌티 파블레스 제 베리야(Lavrenti Pavles dze Beria)를 말한다. 베리야는 그루지야 출신 소비에트연방의 정치가로 스탈린의 신임을 받아 공안—정보기관인 NKVD의 수장을 맡았다. 스탈린 사후 유력한 후계자 물망에 올랐으나 경쟁자인 흐루쇼프, 몰로토프 등의 연합으로 체포되어 처형되었다—옮긴이.

23 「1959년부터 1961년까지의 노트」를 쓰지 않을 수 없었던 이시하라에게 최대의 충격은 고향 이토우에 돌아간 그날 밤, 만약 '빨갱이'일 경우에는 앞으로 관계를 가질 수 없다고 사람들이 그에게 언명했을 때였다고 기록하고 있다.

24 石原吉郎, 앞의 글, 125쪽.

이 저촉되지 않았다는 확신이 있음에도 불구하고 형식적으로는 소련 국내법에 의해 재판받았던 말기의 '억류'생활에 대해, 그는 이를 거의 무매개적으로 '전쟁책임'과 결부시키고 있다. 물론 유추해서 보면 이 비약은 키르케고르적인 신앙의 테마와도 일맥상통한 데가 있을 것이다. 이시하라의 이 근거 없는 인내(忍耐)의 방식은 시베리아 출병의 빚을 갚아주겠다는 스탈린의 논리—절반 정도는 타당하고, 절반 정도는 터무니없는 논리—에 팽팽하게 맞설 수 있었던 것은 아닐까. 그러나 우치무라와 같은 관점에서 보면, 물론 그 원인은 별도의 문맥에 놓이게 될 것이다.

역시 우치무라의 경우에는 형기가 1956년까지 연장된 사정이 결정적이었던 것이 아닐까 한다. 스탈린이 사망한 1953년부터 폴란드와 헝가리의 민중봉기가 일어난 1956년까지의 시간 동안 우치무라는 스탈린의 망령과 꿋꿋하게 대화를 계속했던 셈이다. 그리하여 결과적으로는 우치무라 등 최후의 포로들이 귀환한 계기는 1956년 10월 일·소 공동선언(일소 국교회복)이 된다. 틀림없이 우치무라는 이 국교회복이라는 계기에 대해 사상적으로 멸시했을 것이다. 이는 우치무라가 자신의 귀환에 대해서 거의 이야기하려고 하지 않았다는 사실로도 증명된다. 그러한 자세에서 알 수 있듯이 우치무라의 '고발'에도 역시 충분히 역사적인 박진감이 있다는 사실은 부정할 수 없다.

'시베리아'를 둘러싼 문제성은 두 사람 사이에서 혹은 전후 사상사의 흐름 가운데서 경쟁적일 수밖에 없는 듯하다. 이때 우치무라 사상의 기저에는 의심할 바 없이 '인터내셔널리즘'이 맥박치고 있었다. 그러한 의미에서 보면, 귀환 이후 우치무라의 반생(半生)은 시베리아 경험을 번역하는 일에 전부 바쳐졌다고 해도 과언이 아니다. 물론 이시하라 역시 세계적으로 동시대에 유행했던 다양한 참조틀을 활용했지만, 두 사람을 비교한다면 이시하라에게는 사전에 상정된 참조틀은 존재할 수 없었고, 다만 그는 '어딘가에 중대한 어긋남이 있다'라는, 몸둘 바 없는 상태를 계속해서 견뎌내는 자세를 보여줄 뿐이었다. 덧붙여 그 '중대한 어긋남'이라는 것은, 냉전구조의 포지션으로 할당된 열도 규모의 자장에서는 결코 해결할 수 없는 역사·지정학적인 부하(負荷)였음에 틀림없다. 그것은 일본에 귀환한 후 오히려 '야폰스코에·모레'라고 중얼거릴 수 있는 희미한, 그러나 결정적인 '차이'였다.

이시하라에게 '단념'이 어떠한 의미였는가를 새삼 분명히 하기 위해서는, 다시 한번 오오카의 『포로기』로 돌아가볼 필요가 있다. 마지막 장 「귀환」이 쓰여진 것은 1950년 10월 『가이조(改造)』지 지면을 통해서였다. 이 '귀환'으로 향하는 마지막 장면은 시속 8노트의 속도로 (이시하라와는 반대방향으로) '북'으로 향하는 배[25] 위에서의 장면이다. 그런데 그 배 위에서는 병으로 죽은 병사의 장례식이 수장(水葬)으로 진행되려던 참이었다. 주인공 '오오카'는 한편으로는 구경꾼의 기분으로 그 수장을 끝까지 지켜보고 싶다는 생각을 하면서도, 다른 한편으로는 '전쟁이라는 현실로 인해 죽은 자를 가엾게 여기지도 않는 인정머리없는 인간이 되어' 결국 배의 짐칸에 남는 쪽을 선택한다. 그리고 나서 배는 수장자의 주위를 한바퀴 돌고, 다시 진로를 북으로

25 필리핀에서 일본으로 향하는 배였던 시나노호를 가리킨다—옮긴이.

향하게 된다.

『포로기』의 결말을 장식하는, 수장자로부터 이탈하는 이 이미지는 전쟁으로부터의 이탈임과 동시에 '점령기'로부터의 이탈을 은유하는 것인지도 모른다. 이 배야말로 전후 일본, 다시 말해 미합중국의 관리하로부터 '독립'을 달성해내려 하는 일본 그 자체인 것처럼 읽힌다. 여기서 오오카가 이 『포로기』에 대해 '점령하 사회를 풍자했다'고 암시했던 점을 다시 한번 상기해보고 싶다. 다시 말해, '풍자'가 이미 (풍자)대상과의 거리를 전제로 하는 것이라고 한다면, 오오카의 서술의 자장에서는 그러한 이탈, 즉 일본의 '독립'이란 근본적으로는 의심할 여지 없는 기정사실이었던 것으로 생각된다. 그러나 정확하게 말하면, 이 소설이 쓰여진 시점에서 일본은 아직 형식적으로도 '독립'되지 않았다. 그렇기는 하지만, 이때의 '독립'이 의미하는 것은 미합중국에 의한 관리로부터 이탈한다는 의미였으며 아시아가 거기에 포함되지 않은 '독립'이었다. (실제로 '오오카'의 배는 포로캠프로부터의 이탈은 아니었을까.) 이러한 사실은 아주 자명함에도 불구하고 굳이 강조해두지 않으면 안 되는 점이다. 다시 말해 일본의 '독립'에는 전쟁책임이 포함되어 있지 않다. 전쟁으로부터의 '자립'이 없는 것이다. 그리고 그러한 '독립' 일본이야말로, 예를 들어 이시하라 요시로에게는 '단념'될 수밖에 없었던 것이 아닐까.

이시하라는 『망향의 바다』 이래 하나의 전환점이 되는 에세이 「바다를 흐르는 강」(『바다를 흐르는 강』에 수록되어 있음)에서, '바다'를 죽은 자가 있는 곳이라고 상상한다. 그리고 거기에 흘러드는 '강'을 산 자의 입장에서 포착하려 한다. 이시하라는 예전에 한번은 분명 망향(일본)의 방향으로 '남'쪽을 향했을 터이지만, 다른 한편으로는 '북'으로 흘러드는 강, 예니세이강(안가라강)에 대해서도 표현할 길 없는 무한의 동경을 품고 있었다. 정신분석의 용어로 이를 '죽음의 욕동(欲動)'이라고 명명하는 것은 지나치게 통속적인 일일지도 모른다. 그러나 그러한 추상적인 분석을 넘어서, 유라시아대륙이라는 지정학적 공간이 이토록 일본인 가운데 지속되고 있는 사태에는 일단 놀리지 않을 수 없을 것이다.

그러한 의미에서도 이시하라가 시베리아 '억류' 경험을 글로 써내기까지는 '시간'을 필요로 했으며, 그것은 '단념'된 시간으로서 몸 안으로 퍼져나가지 않을 수 없었던 듯하다. 이시하라와 오오카, 양자의 서술의 차이에는 물론 고유한 경험의 차이라는 것이 엄연히 존재하고 있을 터이다. 다만 그 경험의 차이는 앞에서 서술한 바와 같이 냉전구조의 특이한 부설 과정에서 결정된 것이다. 이시하라가 뒤로하고 떠난 구소련은 그후 일본과 국교를 맺으면서도 군사적(냉전의 논리로부터)으로는 계속해서 가상 적국으로 남아 있게 된다. 한편으로, 오오카가 떠나간 이후의 필리핀(동남아시아)은 1960년대부터 일본기업의 해외진출 거점으로 변해가게 된다.

오오카가 보여준 점령에 대한 '풍자'나 우치무라가 제기한 스탈린주의 체제에 대한 '고발', 아울러 이시하라가 보여준 '단념' 등은 모두 오늘날에 이르기까지 일본인이 겪은 역사경험의 유산으로 완전히 체화되지 않은 부분이 있다. 야스쿠니 신사 문제나 '납치' 보도에서 보이는 압도적인 비대칭성 등은 이들 경험(자원)이 실질을 동반한 유산으로 정착되지 않은 증거가 아닐까. 그들의 경험(자원)은 동아시아에서 냉전체제가 사라졌다고는 말할 수 없는 오늘날, 이를테면 일본이 다시 동아시아와 마주하지 않으면 안 되는 이때, 한번 더 일정한 절차를 거쳐 재(再)유산화되지 않으면 안 될 것이다.

대척공간으로서의 아시아

8

어디까지 기어갔나라고 S가 말했다
나를 멈춰주게 내가 말했다
꿈처럼 거대한 수확기계인 콤바인 모양의 물체가
사람들 앞에서 움직이고 있다

그리고 나서 종소리가 들려왔다. 어디서부터인지 낮게,
조금씩 가까워지며 마을의 작은 종이 연달아 울려퍼졌다.
사람들이 모여든다. 길 한가득 넘쳐난다.
(돌아가신 조부와 젊은 시절 백부들의 모습도 보인다.) 소작 문서를
불태우기 위해 모였으리라. 그러나 사람들은 어쩐 일인지
웅성거리지도 않고 다가와서는 슬로모션 영상처럼 느려지더니
무언의 군상이 되어 침묵한 채 뒤섞였다. 목소리를 높여,
물에서 떠오르는 것처럼, 조금씩 나는 정신을 차렸다.
귓가에서 크게 울리는 소리는 전기해머인 것 같았다.
정신이 들어 사방을 둘러보니 '이스즈 자동차'
(일본의 자동차 메이커) 뒤쪽 가와사키역으로 가는 길 멀리
거대한 공장이 늘어선 3호 공업용지 깊숙이 들어와 있었다.
어느 화학 콤비나트로 이르는 길에 엎드려 있었다.
지칠 대로 지쳐 고통스러웠다. 전신이 흙과 기름으로 더럽혀졌고
모자는 없어져버렸다.
(볏다발은, 이 한묶음의 볏다발만큼은 잃어버리지 않았다.)

구로다 기오, 「병사의 죽음」, 『땅 속의 무기』 중에서

전쟁중의 에너지, 혹은 50년대

전후 지식인의 사상형성에 밑천이 되었던 것으로 전전의 사상이 존재한다고 하자. 그렇다고 하면, 전전이라는 시기에 이미 청년기에 도달한 남성 지식인들이 보였던 하나의 경향으로, 이들이 메이지유신이라는 사건을 마치 어제 일처럼 이야기하는 현상을 들 수 있는데 이는 이상하게 느껴질 때가 있다. 그러한 세대의 끝물로는 예컨대 1927년생인 후지타 쇼조(藤田省三)[1]를 들 수 있다. 후지타는 1933년 공산당원들의 대거 전향이나 1936년의 2·26사건[2] 등을 직접 경험했을 리 없다. 그럼에도 불구하고, 그는 어떻게 메이지유신의 정신을 자신의 일처럼 이야기할 수 있는 것일까. 그 대답을 얻기 위해 1946년까지 존속해왔던 메이지헌법을 매개로 삼아보면, 이에 대한 하나의 보조선을 얻을 수 있을 것이다. 메이지헌법의 성립은 유신(내전)으로부터 자유민권운동[3]으로 이어지는 역사적 흐름의 종언이면서 동시에 그 완성을 의미한다. 덧붙여, 1945년 사건이 메이지헌법에 대한 역사적인 심판으로 간주되고 있었고, 이는 하나의 견해로 자리잡았다고

1 후지타 쇼조(藤田省三, 1927~2003): 에히메현 출신. 도쿄대학 법학부 졸업. 호세이대학 강사를 거쳐 같은 대학 교수를 지냈다. 70년에 퇴임하였으나 80년에 복귀하였다. 전공은 일본사상사. 저서로『天皇制國家の支配原理』(みすず書房 1983),『精神史的考察』(平凡社ライブラリー 2003) 등이 있다.

2 1936년 2월 26일 일본군대에 의해 발생한 쿠데타. 일본군대 내 광신적인 파들이 호전적 독재체제를 목표로 쿠데타를 일으켰으나 3일 만에 정부군에 의해 진압되었다—옮긴이.

3 메이지 초기 국회의 개설 및 헌법 제정 등을 정부에 요구한 국민운동. 그 배경으로는 삿초(薩長, 사쓰마와 조슈를 합해서 삿초라고 함 — 옮긴이)의 번벌(藩閥)정치로 인한, 정치독점에 대한 불만을 들 수 있다.

말해도 좋다.

그러나 실제로 전후 헌법은 메이지헌법을 부정하는 것은 아니다. 전후 헌법이 흠정헌법[4]인 메이지헌법을 폐지한 것이 아니라 이를 수정한 데서 유래한 것이라면, 전후 헌법 역시 얼마간 메이지헌법의 논리를 내포한 상태라고도 할 수 있다. (그 최대의 계기로 천황제가 폐지되지 않았다는 점을 들 수 있다.)

일본이 전후 헌법을 제정한 것은 분명 아시아·태평양전쟁에서 패배했기 때문에 생긴 결과였다. 그리고 그 전쟁과정에서 마지막 4년 동안의 적에 지나지 않았던 아메리카합중국이 헌법의 초고를 입안했던 점은 그 내용 여부에 상관없이 그후 국가체제를 냉전의 한쪽 편으로 끌어들이는 결정적인 동인(動因)으로 작용했다. 덧붙이자면, 천황제의 존속(혹은 퇴위 문제) 역시 일본측으로부터의 요청과 아메리카합중국의 정치판단이라는 합작으로 결정된 셈이다.

여기서 잊어서는 안 될 점은 전후 헌법까지 포함하는 '민주주의'는 군국주의하 민중들의 입장에서는 실로 간절히 기다리던 것이었다는 패전 직후의 실감이다. 나카노 시게하루는 민주주의가 '주어졌다'는 고민과 더불어 민주주의가 애타게 고대하던 것이었다고 말하고 나서, 바로 그렇기 때문에 일본인은 이를 "귀중하게 다루지 않으면 안 된다는 것을 잘 알고 있고, 민주주의를 그렇게 다루고 있다"고 서술하고 있다.[5] 다시 말해, 민주주의는 '주어진' 것이지만 그래도 메

4 군주국가에서 전제군주가 군주의 권력을 유보하면서 국민에게 어느 정도의 권리나 자유를 시혜적으로 인정하면서 제정한 헌법 — 옮긴이.

5 中野重治, 「冬に入る」, 『中野重治評論集』, 平凡社ライブラリー 1966, 219~230쪽. 초

이지헌법하 일본인의 삶 속에서 길러진 것이기도 했다고 나카노 시게하루는 말하는 것이다. 이러한 패전 직후의 지평이 몇번이라도 상기되어 마땅한 잠재적인 원점이라는 것은 틀림없다. 그러나 전후 헌법이 발포된 지 불과 수년 후에 이미 전후 헌법의 붕괴가 시작되고 있었다는 점을 언급하지 않을 수 없다. 그렇지만 당시 대부분의 일본인들은 이러한 위기를 예측하지 못했던 듯하다.

모든 헌법에 종결이 있다고는 해도, 전후 헌법이 종결되기 시작한 데는 신중국의 성립, 그리고 한국전쟁에 원인이 있었다고 해도 좋을 것이다. 이 대목에서 한국전쟁이 경찰예비대(자위대의 전신)[6]의 설치에 미친 작용 등 그 구체적인 연관성은 이미 인구에 회자되고 있는 바다. 그런데 전후 헌법의 기점을 1946년 11월 공포에 둔다면, 경찰예비대 설치(1950년 8월)까지의 기간은 4년이 채 못 되는 셈이다. 전후 헌법이 온전히 기능을 한 것은 실질적인 점령에 의해 군사설비가 금지되었던 이 4년 동안뿐이었다는 견해도 가능할 것이다. 다만 문제는 전후 헌법이 종결되기 시작하는 가운데, 사람들이 그 과정을 어떻게 인식했는가 혹은 지금 어떻게 의식하고 있는가 하는 점이다. 헌법개정에 관한 논의의 배경엔 예나 지금이나 아메리카합중국의 세계 전쟁정책과 한반도(및 중국) 관련 군사적 긴장이 자리하고 있다. 그런 만큼 우리들은 오늘날 전후 헌법의 공포부터 한국전쟁까지의 기억을 마치 어제의 기억처럼 생각해보지 않으면 안 된다.

판은『展望』1946년 1월호이다.

6 1950년 GHQ의 지령에 의해 경찰력 증강을 목적으로 설립된 조직. 1952년에 보안대로 개편되었고, 54년에 자위대가 되었다.

한국전쟁하의 서클운동

한국전쟁하의 사회풍속을 묘사한 작품으로 다케다 다이준의 『풍매화』[7]를 들 수 있다. 하지만 『풍매화』가 그러한 문맥에서 논의된 적은 없었다. (그와 같은 시대배경은 오히려 당연한 것이었이므로.) 『풍매화』는 1952년 1월부터 11월까지 『군조(群像)』에 연재된 작품이다. 1951년 9월 샌프란시스코 강화조약 조인 직후부터 연재가 시작되었다는 사실에서, 『풍매화』는 검열체제로부터 이탈했다는 강한 인상을 주는 작품이 되었다. 『풍매화』는 등장인물 중 한 사람을 분명 다케우치 요시미를 모델로 한 인물로 설정해놓은 한편, 다케다를 중심으로 한 사소설적인 공간을 만들어내고 있다. 그러나 서술의 스타일은 사소설적인 디테일보다도 오히려 설화적인 역동감이 전면에 내세워져 있다. 신중국과 중국문학의 동향을 논하는 서클의 인간관계가 플롯의 주된 선을 이루고 있고, 그 인간관계가 또 다른 서클로 연결됨으로써 어긋나면서 겹쳐지는 다중심적인 자장이 부상하는 구조로 되어 있다. 그리고 그렇게 연결된 서클 중에는 점령군 관리하에 있는 군관리 공장 내의 문학서클이 있다. 대중소설가인 주인공 미네(峯)가 그 서클의 회합에서 강의를 하게 되는데, 미네가 공장 안에 들어서는 순간부터 강의를 시작하는 장면에 이르기까지, 누군가 주전자에 독물을 섞어 놓은 사건이 발생하는 등 공장 안에는 이미 불온한 공기가 떠돌고 있었다.

7 武田泰淳, 『風媒花』, 講談社 文芸文庫 1989.

이와 같은 이야기의 구성방식에는 누군가에 의해 여러 명의 은행원이 한꺼번에 독살된 제국은행 사건(1948년 1월)[8]의 그림자가 어른거린다. 더욱이 당시 사회분위기에는 제국은행 사건 이후 잇따라 발생한 불가해한 여러 사건의 여운이 길게 남아 있는 듯했다. 특히 1949년 7월부터 8월에 걸쳐 연거푸 발생한 시모야마(下山) 사건(시모야마 국철 총재가 행방불명된 이후 변사체로 발견), 미타카(三鷹) 사건(중앙선 미타카역에서 무인전차 폭주, 다섯명 사망 일곱명 중상), 마쓰카와(松川) 사건(동북선 마쓰카와-가나야金谷역 사이의 커브길에서 열차가 전복, 기관사 등 세명 사망) 등 국철 합리화를 반대하는 노조에 큰 타격을 주었던 여러 사건들은 실로 GHQ 점령하에서 불온한 공기를 만들어내고 있었다. 일련의 사건들이 동일한 주체(세력)에 의해 저질러진 것인지 여부는 법정에서 실증되지 않았지만, 당시 관방장관이었던 마스다 기네시치(增田甲子七)가 행한 담화—"이번 사건은 이제까지 볼 수 없었던 흉악범죄다. 미타카 사건을 필두로 그밖의 각종 사건들의 사상적 저류는 동일하다"—는 의미심장하다. 체제측에서는 제반 사건을 관통하는 주체로 공산주의 세력을 상정하고 있었지만, 거꾸로 이는 오히려 반대측(GHQ측)의 모략성을 어렵지 않게 떠올리게 하는 것이기도 했다.

결국 이 시기는 레드퍼지(Red purge)[9] 등 좌익운동에 대한 감시가

8 1948년 1월 26일 도쿄 도시마(豊島)구에 있는 제국은행 시나마치(椎名町) 지점에 중년의 남자가 찾아와 은행원에게 청산 화합물을 마시게 하고, 현금과 수표책을 강탈한 사건. 12명이 사망하고 2명이 중상을 입었다. 범인으로 추정된 히라사와 사다미치(平澤貞通)는 범행을 부인했으나 사형이 확정되었고, 미집행 상태에서 87년에 옥사했다.

9 공산주의에 관련된 인물을 공직이나 기업으로부터 추방하는 일. 일본에서는 1949년부

일본사회를 무겁게 뒤덮고 있던 시기였다. 미네가 강의를 하는 문학 서클에도 경영진의 압력이 있음이 은근히 암시되어 있으며 한국전쟁과 이 군수공장의 관계, 그리고 한국전쟁에 반대하는 세력과 이 문학서클과의 관계가 좋든 싫든 강의를 지배하는 긴장감의 원천이 되어 있다. 다른 한편 이 군수공장의 경영자 입장에서 본다면, 한국전쟁은 오히려 하늘이 준 경영회복의 기회인 까닭에 경영자 및 GHQ에게는 이 문학서클이야말로 불안의 온상이었다. 미네는 제국은행 사건이라는 현상의 섬뜩함에 대해 언급하면서 거기에서 전쟁중의 음산한 요소를 발견하고자 한다. 물론 그것은 마쓰모토 세이초(松本清張)[10]가 후에 『일본의 검은 안개』[11] 등에서 주장했던, 제국은행 사건과 731부대[12] 관계자와의 관련성을 선취하는 것이기도 했다. 거기에는 전전(전

터 50년까지 GHQ의 지령에 의해 1만명 이상이 추방되었다. 아까카리(赤狩, 빨갱이 사냥)라고도 한다.

10 마쓰모토 세이초(松本清張, 1909~92): 후쿠오카현 출신. 추리작가. 고등소학교를 졸업하고 몇가지 직업을 거친 후에 소설을 쓰기 시작했다. 『或る'小倉日記'』(新潮文庫 1965)로 아쿠타가와상을 수상했다(후쿠오카현 고쿠라시에 살았던 마쓰모토 세이초가 고향을 무대로 쓴 단편소설로 『어떤 '고쿠라 일기' 이야기』라는 의미이다. 일본 근대문학의 선구자 중 한 사람인 모리 오가이森鷗外가 군의 신분으로 고쿠라에 부임해서 쓴 3년간의 일기가 『고쿠라 일기』인데, 마쓰모토의 이 작품은 이 일기의 행방을 찾는 데 평생을 바친 인물을 주인공으로 설정한 단편소설이다—옮긴이). 추리소설뿐만 아니라 고대사 연구 및 사회문제에 관한 작품도 많다. 저서로는 『点と線』(新潮文庫 1971) 등이 있다.

11 松本清張, 『日本の黒い霧』, 文春文庫(초판은 『文藝春秋』 1960년 1월호~12월호에 연재됨). 『日本の黒い霧』의 첫머리에 수록되어 있는 「下村國鐵總裁謀殺論」에서 흥미로운 것은 피해자가 철로에 내던져져 사망한 상태에서 어떤 특수한 종류의 기름, 도료가 부착되어 있는 사실에 주의를 촉구하고 있다는 점이다. 마쓰모토의 추리에 의하면, 그와 같은 부착물의 출처는 틀림없이 군관리 공장으로(PD공장) 그 이외에는 달리 상정하기 어렵다는 결론이다. 당시 PD공장이라고 불렸던 이 공장들은 일본의 경찰기구로부터도

중)과 끊어지지 않고 이어진 전후의 감각이 맥박치고 있는 셈이었다.

그런데 이 시대에 다양한 계층의 인간들을 끌어들였던 서클운동에 대해서는 실증적인 검증이 거의 심화되지 않은 채 현재까지 그대로인 상태다. 그렇지만 적지 않은 자료 가운데서도, 『사상의 과학』을 중심으로 한 인간관계에 의해 편집되어 나온 『공동연구집단—서클의 전후사상사』[13]의 내용 등은 흥미롭다.[14] 그 증언집 속에서, 특히 50년대 도쿄 남부의 공업지대에서 활동했던 이노카와 쿄(井之川巨)[15] 등의 증언(「시모마루코 문화집단—1950년대, 노동자 시인들의 군상」)은 『풍매화』의 세계를 마치 노동자의 입장에서 다시 서술하고 있는 듯한 느낌이다.

이노카와의 시모마루코(下丸子, 도쿄 오타구에 속해 있는 지명—옮긴이)

치외법권으로 보호되던 장소였다는 점, 더욱이 당시 점령군 전용 군용열차의 경우에도 거의 마찬가지의 특권을 가지고 있었다는 점 역시 갖가지 모략사건이 철로를 중심으로 일어났다는 점을 뒷받침하고 있다. 생각해보면, 1931년 만주사변을 상기할 것도 없이, 20세기의 모략사건과 관련된 특권적인 포스트로서 철로라는 테마를 끌어낼 수 있을 것이다. 다만, 당시 『日本の黒い霧』에 대한 평가로는 GHQ 모략설을 강조하는 측면이 강했기 때문에 결론이 앞서간 추리물이라는 관점도 적지 않았다. 당연한 일이지만 『日本の黒い霧』에 대한 평가의 실증적인 측면에서 나타나는 문제점은 GHQ 내부인사의 죄를 물을 수 없다는 점으로, 이는 현재까지 지속되고 있는 힘의 역학관계에 의해서 규정되고 있다는 사실이다. 그러나 중요한 것은 그러한 사건들이 모두 국철 해고 반대운동에 물을 끼얹는 절대적인 힘을 발휘한 성과였다는 점, 당시 한국전쟁과의 인접성도 함께 작용하여 '비상사태'라고도 할 수 있는 분위기를 만들어내고 있었다는 사실이다.

12 세균전의 연구와 생물화학병기의 개발을 수행하였던 특수부대. 정식 명칭은 관동군 방역합수부. 본부는 하얼빈에 있다. 포로에 대한 인체실험과 세균전 실행으로 많은 희생자를 냈다.

13 思想の科學研究會 編, 『共同研究 集團—サークルの戰後思想史』, 平凡社 1976.

14 『사상의 과학』에 대해서는 이 책 4장 주 24를 참조할 것—옮긴이.

15 이노카와 쿄(井之川巨, 1933~): 도쿄 출신. 시인. 시집 『騷』와 『原始人』 동인. 저서로 『詩と狀況』(社會評論社 1974) 등이 있다.

집단은 점령군의 군관리 공장이었던 호쿠신덴키(北辰電機, 일본의 전기 회사—옮긴이)와 히가시니혼주코(東日本重工)에서 퍼지당했던 사람들이다. 시모마루코로부터 가마타(蒲田, 도쿄 오타구에 속해 있는 지명), 고지야(糀谷, 도쿄 오타구에 속해 있는 지명) 부근에 걸쳐 있는 도시 내 공단노동자들이 연합해서 이 문화집단을 꾸려가고 있었다. 이노카와의 증언에 따르면, 50년대 초기 문화서클(영화, 연극, 합창, 회화 등도 포함한)은 도쿄 남부에만 200개는 되었다고 한다. 시모마루코 문화집단은 1951년 7월부터 기관지 『시집 시모마루코(詩集下丸子)』를 발행하게 되었는데, 그 모임의 창단활동에 참여했던 중앙의 문화조직자로 아베 고보(安部公房), 데시가하라 히로시(勅使河原宏), 가쓰라가와 히로시(桂川寛) 등의 이름도 여기저기에서 보인다. 서클의 주요 멤버는 단지 시집을 발행하는 것뿐만 아니라, 삐라 시를 일반인들에게 직접 배포하거나 한국전쟁에 반대하는 벽(壁)시를 공장 내에 붙이거나 했다. 그리고 그들은 비합법 시잡지인 『이시쓰부테(石つぶて)』(돌팔매라는 뜻—옮긴이)와도 제휴관계에 있었던 모양이다. 이 『이시쓰부테』의 발행자명은 '민족해방 도쿄 남부문학전선'으로 되어 있었는데, 당시 이 시집은 일본공산당의 방침을 농도 짙게 반영하고 있었다고 할 수 있다. GHQ 점령 당시엔 『이시쓰부테』를 소지하고 있는 것만으로 경찰에 구류되는 사건도 발생하고 있었다. 물론 그들 서클활동의 컨셉인 '문화공작자 집단'이란 중국의 '문화공작대'[16]를 모방한 것이다.[17]

16 마오쩌둥은 국민당의 탄압이 심해진 시기에 정치공작의 중심을 농촌으로 이동시켰다. 그리고 문화공작대를 조직하여 문예의 밤 등을 통해 농민에게 노래와 춤을 즐기게 하여 농촌에서 정치선전을 전개했다.

그리고 이노카와 개인의 행동으로는, 당시 공산당의 무장방침 아래 전설이 되기도 했던 야마무라 공작대에 관여했다는 사실이 증언되고 있다. 그렇지만 가장 리얼한 것은 『풍매화』의 무대가 되기도 했던, 군관리 공장 내부에서 이루어진 반전활동이다. 이노카와의 증언에 의하면, 당시 공장에서는 살점이 캐터필러[18] 사이에 끼어 있는 전차가 반입되어 공장 안에서 수리가 이루어졌다. 이는 레드퍼지 이후에 일어난 일로 공산당의 세포는 이미 배제된 이후다. 그럼에도 불구하고, 공장에서는 사보타주 및 불량품을 생산해내는 등 노동자들에 의한 여러 가지 저항운동이 이루어지고 있었다.

『시집 시모마루코』 제1호의 「후기」를 집필한 것은, 전전의 프롤레타리아 문학을 다소나마 경험한 노동자이며 그후 중국전선으로 동원되었다가 위궤양으로 강제 귀환한 바 있는, 서클 내의 연장자였던 다카시마 세이쇼(高島青鐘)라는 노동자 시인이었다.[19] 이 대목에서 잠

17 '문화공작'이라는 용어가 중국에서 언제부터 쓰이게 되었는지에 관해서는 다양한 견해가 있다. 대략 살펴보자면, 항일전쟁중에 '구국문화공작'이라는 단어가 생겼는데, 이는 공산당이 점유한 단어라기보다는 항일을 축(軸)으로 통합된 국공합작의 기운 속에서 나온 말이라고 해도 좋을 것이다.

18 차바퀴의 둘레에 강판으로 만든 벨트를 걸어놓은 장치. 지면과의 접촉면이 크므로 험한 길, 비탈길도 갈 수 있다. 탱크, 장갑차, 불도저 따위에 이용된다 — 옮긴이.

19 井之川巨, 「下丸子文化集團 —1950年代, 勞動者詩人の群像」, 思想科學研究會 編, 『共同研究 集團サークルの戰後思想史』, 平凡社 1976, 183쪽. 이하 다카시마 세이쇼의 문장을 인용하겠다. "(중략) 우리 프롤레타리아의 종이는 놈들처럼 충분한 게 아니다. 정말 피 같은 종이다. 얼마 안 된다. 종이는 똥을 닦기도 하지만 전쟁광을 일소하기도 한다. 종이 한 장도 놈들에게는 위협이 된다. 탄환이다. 『시집 시모마루코』는 예측할 수 없는 탄도를 가진 적에 대한 도전의 탄환이다. 노동자여, 학생이여, 상인이여, 관리여, 아주머니여. 펜을 들라, 그리고 보내라. 목숨을 걸고 평화를 지키라."

깐 멈추어서서 생각해보고 싶은 것은 전전부터 이월되어온 어떤 종류의 에너지라는 것이 거기서 번뜩였던 순간이다. 물론 이노카와가 말하는 것처럼, 당시 활성화되었던 '문학자 전쟁책임'과 관련된 논의 등은 이노카와 등의 그룹에서도 '양날의 검이며, 상대를 찌르면 되돌아오는 칼은 자신의 내부에까지도 깊게 꽂히는' 것으로 인식되고 있었다. 그러나 바로 그렇기 때문에, 예전의 일본인들이 영위했던 제국 규모의 '삶'은 전후 노동자들에게도 결정적인 계기로 작용했던 것이 아닐까 생각된다. 이는 앞서 언급한 시모야마 사건이나 미타카 사건, 마쓰카와 사건 등 모략사건의 공격방향이 10만명이나 되는 인원정리에 대한 반대투쟁을 겨냥하고 있었다는 점과도 관계가 있다. 당시 60만명에 달했던 국철 노동자의 대다수는 실제로 전전(전중)의 귀환자들로 소집 해제자들이었다. 다시 말해, 전후 동아시아 냉전질서 구축의 일환으로 일본정부와 GHQ의 합작하에서 제국의 패배와 더불어 유동해온 에너지에 대한 공격이 그처럼 수행되었던 것이다.

55년이라는 분수령

이노카와의 증언에 의하면, 한국전쟁하 반전운동과 함께 성행했던 전투적인 서클의 대다수는 1955년의 일본공산당 '로쿠젠쿄 대회'에서 극좌모험주의로 비판당하게 된다. 게다가 서클활동은 이듬해의 스탈린 비판 등으로 타격을 받아 서서히 잦아들게 되었다. 50년대 후반 이노카와 등이 기세를 올리고 있던 '문화공작집단'은 이노카와가 말하는 바대로 '일반적인 문학동인'과 다름없는 서클로 존속하게 된다. 이노카와 증언의 도처에는, 지도부의 판단실수와 조직의 간섭이 있었다는 사실을 인정하면서도 자신들이 50년대 초기에 수행했던 행동들이 온당하게 평가받지 못한 데 대한 개인적인 불만이 풀리지 않고 남아 있었다. 방침의 전환이라는 요인 이외에 이노카와가 덧붙여서 지적하는 것은, 자신들의 집단이 "시절의 탓도 있어 하나 둘씩 결혼을 하고 아이가 생기고, 때마침 고도성장의 시기에 정보사회의 파도에 편승하여 기업의 중견간부로 제2의 인생을 걸어나가고……" 라는 식의 서클의 황폐화 과정이다.

그런데 1955년은 앞에서 서술한 일본공산당의 노선변경과 조선총련(朝鮮總聯)의 결성, 그리고 소위 55년 체제의 성립이라는 정치구조의 전환이 이루어진 시기였으며 실제로 일본사회 전반의 구조적인 변화를 서술하는 특권적인 표지이기도 했다. 이는 다음해에 출판된 경제백서에서 '더 이상 전후가 아니다'라는 식으로 총괄적으로 상징되었지만, 여기서는 사실을 확인하는 식으로 이야기를 진행하고 싶다. 오이즈미 에이지(大泉英次)·야마다 요시하루(山田良治) 편저의 『전후 일본의 토지문제』[20]에 따르면, 1955년의 대풍작을 계기로 해서 농촌에서 도시로 노동인구의 이동 열풍이 일거에 고조되었다.[21] 그러한 이동의 토대가 되었던 것은 자작농을 창출하고자 했던 GHQ 주도하의 농지개혁, 그리고 거기서부터 파생된 농지 세분화와 토지매매의

20 大泉英次 · 山田良治, 『戦後日本の土地問題』, ミネルヴァ書房 1989.
21 같은 책, 199~265쪽.

자유화를 들 수 있다. (농지의 유동화는 70년대 초반, 일본 열도 개조론에 의해 한층 더 완성되기에 이른다.) 종래의 일본 경제구조는 농림수산업을 주축으로 하는 제1차 산업으로부터 축적된 바를 도시 공업에 투자하는 원시적 축적기에 해당되는 것이었지만, 1955년을 경계로 해서 전형적인 제2차 산업부문에 의한 경제구조가 확립되기에 이른다. 다시 말해 1955년은 장래 '철이 철을 먹어대고 설비투자가 설비투자를 낳는' 것과 같은, 새로운 경제구조를 향한 도약의 기점으로 참조되기에 이른다.

다른 한편으로 이 새로운 경제구조로 이행하는 과정에서 농촌의 경우, 쌀가격 책정과 관련되어 보수적인 지반이 확립되었으며 이와 더불어 기계화=겸업화 현상에 의해 (농촌의) 활력이 사라지는 문제가 초래되었다. 가와사키와 고향(야마가타)을 오가며 시쓰기를 겸했던 구로다 기오[22]의 시는 바야흐로 농촌공동체의 해체과정을 전후 혁명의 좌절로서 표출하고 있다. 『땅 속의 무기』(1960)[23]의 서두에 놓인 「야맹증 남자」의 어조는 그야말로 패배를 깊이 음미하는 만가(挽歌)와도 같다.

아아, 마을 소비에트 의장은 돌아간다

22 구로다 기오(黑田喜夫, 1926~84): 야마가타현 출신. 시인, 평론가. 전후 공산당 당원으로 농민운동에 종사하면서, 『新日本文學』 등에 시를 발표. 1960년에 당을 떠난다. 저서로 『不歸鄕』(思潮社 1979) 등이 있다.

23 黑田喜夫, 『地中の武器』, 思潮社 1979.

장정(長征)은 끝났는가

언짢은 친족들의 목소리가 귓전을 때린다 나는

죽기 위해 돌아간다

나의 배반을 처형하기 위한 귀향이다

그러나 마을은 시치미를 떼며 해방되어

마구간에는 왜소한 기계가 잠들고

늙으신 어머니의 자리에 자본주의적인

사촌형제들이 앉는다

끈적거리는 기둥에 달라붙고 그러고 나서

고민하며 화롯가에 쓰러졌다

차갑고 그리운 땅

손톱으로 흙덩이를 쥐어뜯는 게릴라의,

피를 씻어내는 잔상이 부서지고

고민하다 풀깔개에 가로누워 죽음에 떨어진

끓어오르는 무소유의 꿈이여

이동하는 유격의 이미지

밀어닥치는 조상들의 무리

한없이 나선 모양으로 사라지려고 하는데

처형당한 몸뚱어리는 오히려

익숙하게 움푹 팬 한 점으로 가라앉았다

구로다가 마음속으로 느끼고 있던 공동체의 해체과정과 이노카와가 서클의 황폐화 과정으로 인식하고 있던 사태는 공통적으로 일본

사회의 극적인 변화를 말해준다. 서클운동을 계속 유지하지 못했던 이노카와는 '안보'에 실천적으로 관련되어 있던 요시모토 다카아키, 규슈를 중심으로 서클운동을 급진화시켰던 다니가와 간 등에게 깊은 공감을 느끼고 있었으며, 부끄러운 마음으로 자신들의 황폐화 과정을 응시하게 되었다. 그렇지만 1955년의 '로쿠젠쿄 대회'에서 배제되지 않을 수 없었던 '문화공작자'라는 이념 자체는 실제로는 끈질기게 살아남았다. 다니가와 간이 우에노 에이신(上野英信),[24] 모리자키 가쓰에(森崎和江),[25] 나카무라 기코(中村きい子),[26] 이시무레 미치코(石牟礼道子)[27] 등과 함께 후쿠오카현 나카마시(中間市)로 이주하여 '서클촌'을 결성한 것은 '로쿠젠쿄 대회'로부터 3년 후인 1958년의 일이다. (덧붙여 말하면, 그 다음해에는 『공작자 선언』[28]이 출판되기에 이른다.) 다니가와 등

24 우에노 에이신(上野英信, 1923~87): 후쿠오카현 출신. 논픽션 작가. 교토제국대학 문학부 중퇴. 다양한 직업을 경험하면서, 탄광 르포르타주를 계속해서 써나갔다. 저서로 『追われゆく坑夫たち』(岩波同時代ライブラリー 1994), 『地の底の笑い話』(岩波新書 2002) 등이 있다.

25 모리자키 가쓰에(森崎和江, 1927~): 조선 경상북도 출신. 시인, 작가. 후쿠오카여자전문대학교 졸업. 1933년 다니가와 간 등과 함께 『서클촌』을 창간했다. 저서로 『からゆきさん』(岩波書店 2004), 『いのちの旅』(岩波書店 2004) 등이 있다.

26 나카무라 기코(中村きいこ, 1928~96): 가고시마현 출신. 소설가. 서클촌에 참가, 『思想の科學』에 『女と刀』(講談社 2000)을 연재하였다. 저서로 『わがの仕事』(思想の科學社 1993) 등이 있다.

27 이시무레 미치코(石牟礼道子, 1927~): 구마모토현 출신. 작가. 미나마타병 문제에 적극적으로 관여하였다. 1969년에 『苦海淨土』(講談社文庫 1972)로 오오야(大宅)상(일본의 유명한 사회평론가이자 저널리스트였던 오오야 소이치[大宅壮一, 1900~70]를 기려 해마다 논픽션 부문의 우수작품에 수여되는 상)을 수상했지만, 사양하고 받지 않았다. 저서로 『西南役伝説』(朝日選書 1988) 등이 있다.

28 谷川雁, 『工作者宣言』, 中央公論社 1959

의 활동은 명백하게 50년대 전반의 전투적 서클운동의 계승을 지향했으며, 결론적으로 말하면 '로쿠젠쿄 대회'가 내던져버린 '무엇인가'로의 회귀를 감행하고 있던 셈이다.

토지와 인간의 자유

이 대목에서 잠시 멈추어, 이와 병행하는 또 하나의 역사적 문맥을 제시하고 싶다. 그것은 다니가와가 목표한 바 있는, '로쿠젠쿄 대회'가 내던져버린 '무엇인가'를 일구어내기 위한 일종의 보조선(補助線)이기도 하다. 그 '무엇인가'라는 것은 50년대 초반 일본공산당의 노선에 적극적으로 관여한 신중국 성립의 경험으로부터 파생한 것이다. 또한 그 '무엇인가'라는 것은 앞서 언급한 구로다 기오의 시편에도 산재해 있던 것이기도 했다. 결론부터 먼저 말하면, 그것은 20세기 비서구 지역의 사회변혁에서 공통된 테마였던 '토지와 인간의 자유'를 둘러싼 문제였다.

이미 문혁(문화대혁명)을 통과한 현재의 양상을 알고 있는 많은 사람들(중국에 있어서도)에게, 1949년의 사건은 중국공산당에 의한 사회주의=독재체제가 확립되었다는 식의 억견(臆見)을 만들어버렸다. 그러나 당시 다케우치 요시미가 강조하고 있듯이, 1949년 시점의 신중국은 국민당 혁명위원회와 중국 민주동맹 등도 참가한 중국인민정치협상회의에 의해 성립된 신민주주의 국가였으며,[29] 최초 시점에서는 공산당의 지도성 우위라는 것도 두드러지지 않았다. 중국정치 연구가인 아마코 사토시(天兒慧)[30]의 지적에 의하면, 그후 공산당 지도성의 우위가 추인되어간 데는 토지개혁을 수행하면서 항일전쟁을 치러낸 과정에서 유일하게 공산당이 전국 방방곡곡에 세포와 인민해방군을 거느렸던 사정이 있었다.[31] 더욱이 1949년 이후 인민공화국은 일년 후의 한국전쟁도 포함하여, 총력전체제의 한복판에 계속 놓여 있었다는 사실을 들 수 있다.

여기에서 가장 미묘하고도 결정적인 포인트는 당시 공산당과 농민의 관계다. 신중국 성립 당시의 공산당은 인민공사에 준하는 농촌(토지)의 집단화를 서두르고 있지는 않았다. 후에 노무라 고이치(野村浩一)와 고바야시 고지(小林弘二)가 『중국혁명의 전개와 동향』[32]에서 밝힌 것은, 장시소비에트 시절 구소련을 본보기로 삼았던 집단화 정책이 농민의 이반을 초래했던 교훈으로부터 당시 토지정책의 완만한 성격이 유래했다는 사실이다.[33] 이 대목에서 이루어진 방침전환은 단적으로 말해, 신중국이 소련을 모방하는 데서부터 이탈하게 되었다는 것을 의미한다. 다시 말해, 자신이 경작하는 토지의 권리가 보증되

29 竹内好, 「新中國の精神」, 『思索』 제29호, 思索社 1949. 2. 이 글에서는 『竹内好全集 第四巻』을 참조하였다.

30 아마코 사토시(天兒慧, 1947~): 오카야마(岡山)현 출신. 히토쓰바시(一橋)대학 대학원 사회학연구과 박사과정 수료. 류큐대학 단기대학부, 공립여자대학, 아오야마(青山)가쿠인(學院)대학을 거쳐 현재 와세다대학 대학원 아시아태평양연구과 교수. 전공은 정치학(현대중국론), 아시아 현대사. 저서로 『現代中國』(東京大學出版會 1998), 『中國とどう付き合うか』(NHKブックス 2003) 등이 있다.

31 天兒慧, 『中國 變容する社會主義大國』, 東京大學出版會 1992, 39~47쪽.

32 野村浩一 · 小林弘二 編, 『中國革命の展開と動態』, アジア經濟研究所 1972.

33 같은 책, 284~332쪽.

며 나아가 지대 및 이자[利息]가 경감되는 가운데 당시 농민의 신중국에 대한 의식은 일정한 안도감을 보이고 있었다. 하지만 그럼에도 불구하고, 신중국이 성립되고 몇년이 지난 1955년, 신중국은 급속한 집단화 및 인민공사화(人民公社化)를 목표로 삼게 되고 말았다. 그것은 어떤 이유에서일까.

그 주된 원인은 지주의 부활 등 '복고'현상이 있었다는 점이 지적될 수 있다. 지주의 부활은 국민당 지배의 기억을 되살아나게 하는 것이었기에, 특히 지난날 국민당의 지배 아래 있었던 지역에서는 지주를 없앨 것을 강하게 요청했다.[34] 덧붙여 말하면, '냉전'을 배경으로 식량자급률을 유지할 것이 요구되었고, 동시에 마을 인구를 고정화하고 인민전쟁이론[35]을 토대로 내륙지방을 병참화하는 방침이 강한 설득력을 얻게 되었다고 이야기된다. (신중국은 타이완의 반격 위험이 있는 연해沿海 지역을 줄곧 희생해왔으며, 경제적으로는 전혀 비효율적임에도 불구하고 내륙지역의 중공업 건설을 우선시하였다.)

여기까지 50년대 중국사회의 상황을 정리한 것은 '토지와 인간의 자유'를 둘러싼 상극(相剋)의 테마가 50년대 일본사회의 구조변화와

34 앞의 책 『中國革命の展開動態』에서 노무라는 농지의 집단화 쪽으로 강하게 기울어졌던 지구로 국민당 지배 지역을 들며, 그곳에서의 항쟁의 기억을 이야기하고 있다. 예전 국민당 지배 지구에서는 국민당의 권력을 등에 업은 지주제도가 견고하게 유지되고 있었던 탓에 지주세력과의 충돌이 빈번히 발생하고 있었다. 그러한 까닭에 신속하게 공산당의 세력하에 들어간 해방구와 비교하여, 지주의 토지를 몰수하라는 요청이 이 지역에서 오히려 더 거세게 이루어지고 있었다.

35 적을 아군에 유리한 내륙지역으로 유인하여 싸우는 전쟁이론. 마오쩌둥과 주더(朱德) 등에 의해 정교하게 다듬어졌다. 이 이론은 근대적인 병기를 가지지 못한 홍군이 착상해냈으며, 대미(對美)전쟁까지도 염두에 둔 것이었다.

어떤 종류의 동시성을 가지면서도, 양자가 대조적인 현실을 구성해버린 사정을 제시하고 싶기 때문이다.[36] 냉전상황에서 살아남기 위해 식량자급률을 유지하려고 했던 신중국과 비교하면, 일본은 '냉전'의 병참기지가 되기 위해 오히려 식량자급률을 낮추었는데 이는 미합중국의 전략에 의한 것이었다.(전후 학교 현장에서의 빵 배급, 탈지분유 등을 상기해보자.) 미일안보체제는 이 '미국의 밀가루 전략'으로 실질적인 기반을 선취하였고, 그리고 무의식화되었다.[37] 실제로 군사안보는 식량안보에 의해 선취되고 있었다. 이렇게 보면, 50년대 초반 일본공산당이 세운 산촌공작대에 대한 방침(일본공산당은 '토지개혁'이 상대적으로 지연되었던 '산촌'을 겨냥했다)은 GHQ가 이미 농촌사회를 개조(그리고 식량자급체제를 파괴)함으로써 선두를 빼앗긴 셈이었고, 그런 의미에서는 완전히 실패할 운명이었다고 할 수 있다. 물론 현재 시점에서 이렇게 말하는 것은 지극히 손쉬운 일이기는 하다.

중국혁명(마오쩌둥주의)이 전후 일본의 좌익운동에 끼친 영향을 60년대 이후 신좌익의 계보에서부터 조망해보면, 이 혁명은 사회민주주의화한 일본공산당에 대해 '총구로부터 정권이 탄생된다'는 식의

36 이러한 구도를 제시하는 이점 가운데 하나는, 당시 재일조선인이 '북한'을 지지한 것은 북한이 '남한'보다 먼저 토지개혁을 실시했기 때문이라고도 설명할 수 있다는 점이다. 그러나 거꾸로 생각해보면, 바로 이는 인민공화국이 자신의 정통성을 담보하기 위해 '남한'보다 먼저 '토지개혁'을 실행할 수밖에 없었던 사태를 의미하기도 한다.

37 阿部和重, 『シンセミア(上・下)』, 朝日新聞社 2003 참조. 이 책의 무대가 되는 것은 야마가타현의 어느 지방도시다. 그곳에서 전개되는 음울한 살상사건의 인과율은 미군기지가 있는 그 지역에서 빵제조 사업을 운영하는 일가와 토건업자 일가가 함께 협력하여 크게 번성한 데서부터 시작된다.

무장노선을 내세우는 지렛대 역할을 했던 측면이 있다고 여겨진다. 그렇지만 여기에서 생각해보고 싶은 것은 어디까지나 1949년이라는 임팩트의 의미다. 예를 들면, 이는 다니가와 간이 「마오쩌둥의 시와 중국혁명」(1958)[38]을 쓴 시점에서, "그들은 사유(私有)를 추구하는 것인가, 공유(公有)를 추구하는 것인가? 그 분기점이야말로 참으로 혁명의 십자로이다"라고 말할 때의 그 사상사적인 의의다. 여기서 눈여겨볼 필요가 있는 것은 1950년대라는 시대는, 신중국의 정치사회 실태에 관한 자료 등을 거의 입수할 수 없던 시대였다는 전제다. 마오쩌둥의 시에서 무엇인가 자원을 끄집어내고자 한 다니가와의 시도를 현재 시점에서 생각해보면, 그것은 대부분 실소를 자아내는 행위일지도 모른다. 그러나 바로 그렇기 때문이라고 말해야 하는 것일까. 다니가와의 중국혁명에 대한 관점은 오히려 현재의 중국 연구에는 존재하지 않는, 어떤 종류의 사상적인 강렬함이 확연하게 맥박치고 있다. "그들은 사유를 추구하는 것일까, 공유를 추구하는 것일까"라는 질문이야말로 이사아에서 전위당(前衛党)과 농민(민중)의 관계를 규정하는 가장 미묘하고도 결정적인 계기였기 때문이다.

그리하여 다니가와는 농촌인구의 유출이 급속도로 진행되던 1955년 이후 일본의 '변경'에서, 다시 말해 가장 치열한 후퇴전(後退戰) 속에서 이 질문을 던지고 있었던 셈이다. 현재 시점에서 조망해보면, 50년대 후반에서 60년대 전반에 걸친 다니가와의 시도는 일본사회에

38 谷川雁, 「毛澤東の詩と中國革命」, 『原点が存在する』, 弘文堂 1958 所收. 초판은 『現代詩』 1958년 6월호.

존재했던 격변의 한가운데서, 실로 도시와 농촌을 관통하는 정신적인 유대를 재건하는 것이었다. 그러나 엄밀하게 생각해보면, 그 '재건'으로의 길은 거의 실패할 운명이었으며 오히려 시간을 거슬러 올라가는 여행에 가까운 것이었다. 다니가와는 일본 근대를 전도된 농민주의라며 통렬히 비난하였으며 "너희들은 도망치고 있는 것이 아니다. 추방당한 것이다"라고 계속 말해왔다.

아시아에서 근대화라는 개념이 충격을 주는 것은 그것이 방대한 무(無)와 같은 시간에 대항하는 때이다. 이에(家)[39]라는 관념도 그 공허함에 대항하기 위해 만들어진 허구에 지나지 않을 것이다. 그렇다면 이 '이에'라는 허구가 파괴되었다고 해서, 그것이 마주하고 있는 수천 년의 무역사적인 시간이 움직여졌을 리는 없다. 관념의 이에, 추상의 이에 등은 어떻게 되어도 좋은 것들이다. 예나 지금이나 그렇게 생각하는 사람들이 많았음에 틀림없다. 문제는, 그런 사람들이 여전히 비와 이슬을 피하는 일, 가까운 곳에 샘 하나를 갖는 일, 변소 옆에 위치하는 일 이외에 다른 것을 생각할 수 없다는 데 있다. 사회학자나 법률가는 '이에'가 근대화되었다고 백번도 더 설명할 것이다. 그러나 붕괴된 것은 인간의 '이에'였으며, 외양간이 아니었다. 그리고 사람들은 소가 되려고 아등바등하고 있다. 다시 말해 이에의 붕괴, 근대화라는 것은

39 집안, 가문을 나타내는 일본어. 한국어의 가문이 혈연집단의 개념이라면 일본어의 이에(家)는 가업이나 가문의 전통을 계승하는 구성원이라는 개념이 더 강하다. 일본의 경우, 데릴사위나 전수자들 가운데 재능이 뛰어난 사람에게 자신의 성(性)을 물려주고 가업을 잇게 하는 경우가 많았다—옮긴이.

일종의 계층의 몰락을 의미하는 일일 뿐이라고 나는 생각한다.[40]

다니가와는 결코 단순한 농촌주의자는 아니다. 다니가와의 '농촌을 창조하라'는 말에서 느낄 수 있듯이, 이때의 '고향'이란 농촌이 실태로서는 이미 파괴되어가고 있다는 것을 알고 있는 까닭에 나온 운동=이념이었다고 할 수 있다. 그것은 근대가 대결하고 있는 사태의 크기와 깊이를 알고 있으라는 메시지며, 다니가와는 그 대결의 최전선에 자신을 위치시키라고 스스로에게 명령했던 셈이다. 이 시절의 다니가와는 벤야민[41]이 언급한 저 '새로운 천사'라는 표제가 붙은 클레의 그림—뒤쪽을 향하면서도 진보의 바람에 실려가고 있는 것 같은 '역사의 천사'와도 흡사하다.

그런데 '테마가 아니라 모티브를, 모티브가 아니라 마티에르를'이라고 반복하던 다니가와가 실제적인 활동의 한계를 의식하기 시작한 것은 「하향하는 상징을(下向する象徴を)」(1961)을 썼던 시기라고 생각된다. '상징'으로의 회귀. 그것은 패배라기보다는 패배라는 프로세스 자체의 종언을 의미했다. 연보에 의하면, 「하향하는 상징을」이 쓰여진 시기는 노동쟁의와 관련해 다이쇼행동대(大正行動隊)[42]가 결성되

40 谷川雁, 「農村の中の近代」, 『原点が存在する』, 弘文堂 1958, 125~126쪽.

41 벤야민(Walter Benjamin, 1892~1940): 독일의 작가. 문화사가. 문예평론가. 프랑크푸르트학파의 한 사람. 최근 미디어론에 관한 그의 선견지명이 높은 평가를 받고 있으며 다시 읽히고 있다. 저서로는 『기술복제시대의 예술작품』(최성만 옮김, 길 2007), 『독일 비애극의 원천』(조만영 옮김, 새물결 2008) 등이 있다.

42 1950년대 말 지쿠호(筑豊, 후쿠오카현에 위치한 탄광지역—옮긴이)의 미쓰이(三井) 미케(三池) 탄광의 반(反)합리화 투쟁으로부터 파생되어 다이쇼 탄광을 중심으로 결성된 행동대. 다니가와는 이 행동대의 결성과 활동에 정력적으로 참여했다.

어 대량해고 끝에 다이쇼광업 퇴직자동맹(大正鉱業退職者同盟)[43]이 결성된 시절이기도 했다. 그리고 「하향하는 상징을」에서 상징의 원천은 메이지유신의 역사적인 잠재성이라는 실로 고전적인 문제 기제였다. 일본의 지식인이 반복해서 '근대의 시원'으로 회귀하려 한 몸짓 자체가, 일종의 후발 근대화적 성격을 주어진 조건으로 삼으려는 그들의 낭만주의적인 경향이라고도 할 수 있을 것이다. 그러나 다니가와의 낭만주의적 경향이 시바 료타로(司馬遼太郎)[44] 등의 범용한 보수주의자들의 퇴행적인 소행(溯行)과 결정적으로 다른 점은 역시 자신들의 원점으로서 '고향'을, 실로 피 흘리는 희생 제물이 된 근대의 잔해로 바라보았던 태도에서 나오는 것이었다.

방법으로서의 '고향'

「농촌과 시」(1957)[45]에서 다니가와는 이 세계의 혁신을 위해서는

43 다이쇼 탄광에서 해고당한 퇴직자를 중심으로 1962년에 결성되었다. 퇴직금을 둘러싼 투쟁이 중심이었지만, 실업자를 중심 멤버로 했다는 점에서 기존의 노동조합운동과는 달랐다.

44 시바 료타로(司馬遼太郎, 1923~96): 오사카 출신. 소설가, 에세이스트. 오사카 외국어학교 졸업. 신문기자를 거쳐 집필활동을 시작했다. 『올빼미의 성(梟の城)』(김성기 옮김, 창해 2005)으로 나오키상을 수상했다. 저서로는 『언덕 위의 구름(坂の上の雲)』(이송희 옮김, 명문각 1991), 『료마가 간다(龍馬がゆく)』(이길진 옮김, 창해 2005) 등이 있다.

45 谷川雁, 「農村と詩」, 『原点が存在する」에 수록되어 있음(초판은 『講座現代詩史』 III, 飯塚書店 1957).

“자신을 구성하는 낡고 오래된 인과율과 그것을 움직이기 위한 지렛대”가 필요하다고 하면서 독자들에게 ‘고향’과 정면대결할 것을 요청하고 있다. 그러나 다니가와는 ‘고향’의 결여를 말로 표현하는 데 있어, 어떤 의미에서는 가장 특이한 사례를 거론하고 있다. 다니가와가 언급한 것은 만주에서 태어나거나 조선에서 자라난 같은 세대들의 ‘고향’에 대한 관념이었다. 그/그녀들이 반드시 스스로 결단을 내린 것은 아니라고 해도 그들은 소속집단을 선택함으로써 그곳을 ‘고향’으로 삼았고 게다가 그 ‘고향’을 망각하고자 했다. 다니가와에게 ‘고향’이란, 저절로 주어진 자연과 같은 것이 아니라 인위적인 선택과 제작의 결과로서 존재하는 것, 혹은 망각된 잔여의 것이었다. 그러한 의미에서 보아도 ‘돌아가지 않으면 안 되는, 누구 하나 환영하는 자 없는 고향으로’라는 시적인 선동(煽動)은 얼핏 보면 낭만주의적인 것이었지만, 실제로는 그렇지도 않았을 것이다.

다니가와의 ‘고향’ 개념은 어떤 때는 ‘동양적 무(無)’ 등의 비시간적인 이미지에 의존하면서도, 본질적인 부분에서는 뺏고/빼앗긴 ‘항쟁’의 현장을 계속해서 가리키고 있었다. 그와 같은 역사주체의 이미지로서는, 예를 들어 구로다 기오에 의해 초점화된 바 있는, 만주에서 돌아온 소작농 출신의 어느 ‘안냐’—전후 농지위원회에서 활약했던 남자로, 이후 공산당의 방침전환으로 농락당해 미쳐버린 인물—를 들 수 있다. 또한 앞에서 이야기한, 버림받고 방치되었던 많은 귀환자들 및 소집 해제자들도 있을 것이다.

어찌되었든 다니가와의 투쟁의 궤적도 1956년 그가 상경하여 교육사업에 전념하기 시작한 시기를 축으로 해서, 하나의 사이클로 닫

혀졌다고 생각해도 좋다. 도쿄올림픽을 통과한 60년대 초반은, 일찍이 마쓰모토 겐이치[46]가 서술한 바와 같이 농촌을 기반으로 한 일본 사회의 붕괴 현상이 두드러지기 시작한 시기다. 한편으로 이 시기는 전쟁 전과의 연장선상에서 살고 있던 사람들의 감각이 소실되어가는 시기와도 중첩되었다. 다케우치 요시미가 말했던 것처럼, 1968년 메이지 100주년은 '우'파에 있어서도 '좌'파에 있어서도 이를 운동으로 만들어내지 못했던 듯하다. 이 장의 첫머리에서 서술했던 것을 그대로 여기에 적용해보면, 이는 메이지유신을 어제의 일처럼 이야기할 수 있었던 세대감각의 종언을 의미하는 것이리라.

그러나 어떠한 계기에 의해 '고향'이 재발견되는 순간은 되풀이해서 나타날 것이다(다니가와는 반복해서 그 가능성을 이야기하고 있다). 1965년은 한일기본조약이 체결된 해이자, 박경식(朴慶植)[47]의 『조선인 강제연행의 기록』[48]이 세상에 나온 해이기도 하다. 냉전하에서 다양한 형태로 잠복되어 흐르고 있던 '고향'에 대한 기억이 기록으로 재생되어 하나의 기회를 얻은 순간이었다. 이와 같은 역사의 기회를 찾아내고자 한 다른 예로는, 다케우치 요시미와 쓰루미 슌스케 사이에

46 일본 근대정신사, 아시아 문화론이 전문인 일본의 비평가이자 사상가—옮긴이.

47 박경식(朴慶植, 1922~98): 역사가. 도요(東洋)대학 문학부 졸업. 조선학교 교원을 거쳐, 『季刊 三千里』의 편집위원이 되었다. 재일조선인 운동사 연구회를 조직하여 『在日朝鮮人史硏究』를 발행. 그후 아시아문제연구소를 설립하여 조선근대사 연구에 종사했다. 저서로는 『日本帝國主義の朝鮮支配』(上下巻, 青木書店 1973) 등이 있다.

48 박경식, 『조선인 강제연행의 기록: 1940~1945, 나라를 떠나야 했던 조선인에 대한 최초 보고서』, 박경옥 옮김, 고즈윈 2008.

서 이루어진 「진짜 피해자는 누구인가」라는 대담을 들 수 있다.[49] 이 대담에서 다루어졌던 것은 660만명이나 되는 것으로 추산되는 일본인 귀향자들의 기억이다. 대담은 이 기억이 소중한 유산이라는 사실을 확인하면서도 그것이 감미로운 추억으로 끝나버릴지도 모르는 위기감을 공유하고 있었다. 일본인이 대외로 확장해갔던 이면에서는 조선인(중국인)의 전시동원(및 강제연행)이 진행되었으며, 또한 일본인의 귀환과 동시에 조선인(중국인)의 귀환이 있었다는 점, 게다가 격렬한 내전으로 돌입하게 되면서 그들의 귀환이 중지되었던 저간의 사정 등이 대담 속에서 성찰되고 있다. 다시 말해, 그 대담은 자신들의 고난 이야기의 이면에서 스스로 인과율을 형성하는 또 하나의 이야기가 동시에 병행하여 진행되고 있다는 식의 예감이었다.

이러한 착상은 지리학에서 말하는 안티포디스(antipodes, 대척점. 지구의 반대측을 나타낸다)에서 얻을 수 있었던 것인데, 자신들의 이야기가 대척지점을 향해 투영되지 않는다면 역사는 타락을 맞이하게 될 것이라고 두 사람은 마무리를 짓고 있다. 물론 이와 같은 논리는 오늘날 역사 서술의 수준에서 보면 아마도 상식의 부류에 속하는 것이리라. 그러나 원칙적으로 본다면, 현재 진행되고 있는 역사의 타락에 관해서나 그리고 현재 형성되고 있는 대척지점의 소재(所在)에 관해서나 대부분의 사람들은 알아차릴 수가 없다. 2002년 가을부터 시작된 일본인 '납치' 문제는, 적어도 매스미디어의 차원에서는 예전 일본인에 의한 조선인(중국인)의 '납치'를 떠올린다거나 혹은 가깝게는 김대중[50] 씨

49 竹內好 · 鶴見俊輔, 「本当の被害者は誰なのか」, 『潮』 1971년 8월호, 90~102쪽.

의 '납치'를 상기하는 데로도 이어지지 못했던 까닭이다.

이 대담에서 제기되었던 '대척지점'이라는 발상—다케우치가 '방법으로서의 아시아'라고 이야기하던 무렵부터 이미 제출된 것이라고도 할 수 있다—은 더욱더 정련되지 않으면 안 될 것이다. 예를 들어, 귀환을 하나의 지렛대로 활용해본다면 이는 어떠한 형태로든 전후질서가 구축될 수 없었고 귀환이 중지되었을 가능성에서부터 일본인의 '삶'을 다시 상상해보는 일이 될 것이다. 다시 말해, 조선반도에는 재조(在朝)일본인이, 타이완에는 재대(在台)일본인이 그리고 중국에는 재중(在中)일본인이 방대하게 잔류했을 가능성이다. 물론 중국 동북부에서는 구소련의 침공이 귀향의 프로세스를 촉발하는 동시에 그 프로세스를 파괴하여, 결과적으로 '잔류고아'들은 냉전기를 '고향'에서 지낼 수밖에 없게 되었다. 우리들에게 지금 시험해볼 가치가 있다고 생각되는 일은, 그러한 재(在)아시아 일본인으로서 살아왔을지도 모르는 '삶'(혹은 죽음)을 상기하는 것이 아닐까. '납치'문제가 격한 배외적인 기운을 만들어내고 있는 지금, 일본인은 확실히 대척공간으로서의 아시아 내부에 존재하고 있다는 사실을 자각해야 할 것이다. 지금 이 순간에도 아시아 어디에선가는 실로 '납치'문제로부터 투영되어야만 하는 어떤 종류의 대척지점이 형성되고 있을 것임이 틀림없기 때문이다.

50 김대중(金大中, 1925~2009): 한국의 정치가. 야당 지도자였던 1973년, 일본에서 한국으로 납치되어 한일 외교문제로 발전했다. 80년 전두환에 의한 군사쿠데타로 체포되어 사형판결을 받았으나 78년에 석방되었다. 그후 대통령선거에 야당으로 입후보하여 98년에는 대통령에 취임하였다.

참고문헌

—1장

竹內好,「敵」,『竹內好全集 第九巻』, 筑摩書房 1981(初出は『近代文學』1959. 4).

竹內好,「近代の超克」,『竹內好全集 第八巻』筑摩書房 1981(初出は『近代日本思想史講座』제7권, 1959).

竹內好,「大東亞戰爭と五等の決意」,『竹內好全集 第十四巻』筑摩書房 1981(初出は『中國文學』제80호, 1942. 1)巻

カール・シュミット,『大地のノモス』, 新田邦夫 譯, 福村出版 1976.

カール・シュミット,『陸と海と: 世界史的一考察』, 生松敬三・前野光弘 譯, 福村出版 1971.

カール・シュミット,『パルチザンの原理』, 新田邦夫 譯, 福村出版 1974.

絓秀實,「方法としてのフェティシズム」,『小說的强度』, 福武新書 1990.

臼井吉見,「戰後文學論爭」, 番町書房 1972.

毛澤東,「持久戰について」,『毛澤東全集 第二巻』, 北京: 外文出版社 1968.

—2장

カール・シュミット,『陸と海と: 世界史的一考察』, 生松敬三・前野光弘 澤, 福村出版 1971.

カール・シュミット,『大地のノモス』, 新田邦夫 譯, 福村出版 1976.
ポール・ヴィリリオ,『戰爭と映畵』, 石井直志・千葉文夫 譯, UPU出版 1988.
エドガースノー,『中國の赤い星 上・下)』, ちくま文芸書庫 1995.
吉本隆明,『芸術的抵抗と挫折』, 未來社 1963.
吉田滿,『戰艦大和ノ最後』, 講談社 1974.
吉田滿,『戰中派の生死觀』, 文藝春秋 1980.
梅棹忠夫,『文明の生態史觀』, 中公叢書 1974.
川藤平太,『文明の海洋史觀』, 中公叢書 1997.
保田與重郎,『夢彊』(保田與重郎文庫 10), 新學舍 2000.
黑田喜夫,『詩と反詩 '黑田喜夫全詩集・全評論集'』, 勁草書房 1968.
竹內好,「北京日記」,『竹內好全集 第十五卷』, 筑摩書房 1981.
福田和也,『保田與重郎と昭和の御代』, 文藝春秋 1996.
加藤典洋,『敗戰後論』, 講談社 1997.
加藤典洋,『戰後的思考』, 講談社 1999.

—3장

武田泰淳,『滅亡について』, 岩波文庫 1992.
武田泰淳,『武田泰淳全集1』, 筑摩書房 1971.
吉本隆明,『藝術的抵抗と挫折』, 未來社 1963.
徐京植,『半難民の位置から』, 影書房 2002.
平野共余子,『天皇と接物』, 草思社 1998.
フロイト,『夢判斷』, 高橋義孝 譯, 岩波文庫 1969.
四方田犬彦 編著,『李香蘭と東アジア』, 東京大學出版會 2001.
增村保造 著・藤井浩明 監修,『映畵監督增村保造の世界』, ワイズ出版 1999.

—4장

池田浩士,『火野葦平論: '海外進出文學' 論題一部』, インパクト出版會 2002.
上山春平,『大東亞戰爭の遺産』, 中公叢書 1972.
松本健一,『死語の戲れ』, 筑摩書房 1985.
橋川文三,『歷史と体驗: 近代日本精神史覺書』, 春秋社 1968.

竹內好,『近代の超克』, 富山房百科文庫 1979(初出は「近代化と傳統」,『近代日本思想史講座七』, 筑摩書房 1959).
竹內好,『竹內好全集 第九卷』, 筑摩書房 1981.
吉本隆明,『擬制の終焉』, 現代思潮社 1962.
今村昌平他 編,『戰後映畵の展開』, 岩波書店 1987.

—5장

田川和夫,『日本共產党史』, 現代思潮社 1965.
田川和夫,『戰後日本革命運動史』, 現代思潮史 1970.
高峻石,『戰後朝・日關係史』, 田畑書店 1979.
西村秀樹,『大阪で闘った朝鮮戰爭』, 岩波書店 2004.
藏田計成,『新左翼運動全史』, 流動出版 1978.
金石範,『轉向と親日派』, 岩波書店 1993.
梁永厚,『戰後・大阪の朝鮮人運動 1945~1965』, 未來社 1994.

—6장

カール・シュミット,『陸と海と: 世界史的一考察』, 生松敬三・前野光弘 譯, 福村出版 1971.
『敍說XV(檢証 戰後沖縄文學)』, 花書院 1997.
島尾敏雄,『島尾敏雄非小說集成(1)(2)(3)』, 冬樹社 1973.
新崎盛暉,『戰後沖縄史』, 日本評論社 1976.
屋嘉比收,「'國境'の顯現」,『現代思想』3-11권, 2003. 9.
新城郁夫,『沖縄文學という企て』, インパクト出版會 2003.
DeMusik Inter 編,『音の力沖縄'コザ沸騰編'』, インパクト出版會 1995.

—7장

娛野芳太郎 編者,『在外邦人引揚の記錄』, 每日新聞 1970.
多田茂治,『石原吉郎'昭和'の旅』, 作品社 2003.
保阪正康,『瀬島龍三—參謀の昭和史』, 文藝春秋 1987.
成田龍一,「'引揚'に關する序章」,『思想』2003. 11.

『季刊中歸連』, 中國歸國者連絡會 1997~.
內村剛介, 『失語と斷念』, 思潮社 1979.
ヴィクトル・カルポフ, 『スターリンの捕虜たち』, 長瀬了治 譯, 北海島新聞社 2001.
セルゲイ・I・クズネツォフ, 『シベリアノ捕虜たち』, 岡田安彦 譯, 集英社 1999.
エレーナ・カタソノワ, 『關東軍兵士はなぜシベリアに抑留された』, 白井久也 監譯, 社會評論社 2004.

—8장

思想の科學硏究會 編, 『共同硏究集団—サークルの戰後思想史』, 平凡社 1976.
井之川巨, 『偏向する勁さ』, 一葉社 2001.
野村浩一・小林弘二 編, 『中國革命の展開と動態』, アジア經濟硏究所 1972.
天兒慧, 『中國溶変する社會主義大國』, 東京大學出版會 1992.
大泉英次・山田良治 編著, 『戰後日本の土地問題』, ミネルヴァ書房 1989.
天川晃・荒敬その他 編, 『GHQ日本占領史33農地改革』, 日本図書センター 1997.
谷川雁, 『原點から存在する』, 弘文堂 1958.
黑川喜夫, 『詩と反詩』, 勁草書房 1968.

저자 후기

이 책은 우리들 안에 '내재하는 냉전'을 다시 보기 위한 목적으로 쓴 것이지만, 이를 통해 오늘날 세계에서 도대체 무슨 일이 벌어지고 있는지 그 현재성을 이해하는 실마리가 될 수 있을지도 모르겠다. 이 「후기」를 쓰고 있는 동안에도, TV에서는 이라크 총선거와 관련된 뉴스가 흘러나오고 있다. 이라크에서는 미국 주도하에 '자유'롭고 '공정'한 선거가 이루어지고 있으며, 이에 반대하는 '방해'공작이 빈발하고 있다는 뉴스가 보도되고 있다.(대중매체는 이 '방해'공작을 '테러'라 부른다.) 이라크전쟁은 실제로 끝나지 않았다고 생각되지만, 한때 전쟁이 끝났다고 여겨진 시기 미국 국내에서는 전후의 통치방식을 둘러싸고 예전 미국이 일본을 통치했던 경험이 논의되었다. 그러나 이라크에서 치러진 '자유'롭고 '공정'한 선거의 현재 상황을 보고 있노라면, 오히려 1948년 한반도의 남반구에서만 강행되었던 단독선거, 그리고 이 단독선거에 반대하는 사람들을 미군과 공모한 세력이 학살한 일련의 사건들(제주 4·3항쟁)—동아시아 냉전체제를 결정한 역사적 정황—을 떠올리게 된다. 향후 이라크는 끊임없는 내전과 분단

과정 속에 놓이게 될 것만 같은 예감이 든다.

한편 전후 미국이 세계 도처에서 실시해온 전쟁정책(분단정책)은 1950년대에는 한반도와 중국으로, 그리고 60년대에는 베트남으로 공격방향을 이동했지만, 70년대부터는 오로지 중동지역을 향해 그 존재감을 강화시켜가는 중이다. 전쟁기술의 현격한 진화로 인해 변수가 생겨나기도 했지만, 전후부터 일관해서 미국이 행해왔던 일들 혹은 실행에 성공하지 못하고 좌절했던 일련의 모든 사건들에는 항상 어떤 일관된 패턴이 존재해왔다고 생각한다. 그렇지만 여기서 중요한 것은 그와 같은 사건들의 연쇄 속에서 일본인이 무엇을 느껴왔는가 하는 점, 그리고 그 사건들 속에서 일본은 과연 무엇이었는가 하는 점이다. 이 책에서 몇번이나 이야기했듯이, 일본경제는 한국전쟁 및 베트남전쟁을 통해 미국 전시(戰時)경제의 떡고물을 얻어먹는 형식으로 어부지리의 이득을 보았다. 그리고 이는 지금도 되풀이되는 현상이기도 하다. 이라크전쟁 상황에서 사용되고 있는 특수가공된 물품이나 소재, '적'을 순식간에 탐사해내는 장치 등 일본기업이 수주한 품목들이 상당하다. 다시 말해, 일본은 또다시 한몫 본 셈이다라고 말하면 이제 진절머리가 나기도 하겠지만, 그러나 이러한 단순한 인식조차 일본에서는 공유되고 있지 않다. 이러한 사실들을 미디어는 우직하게 전달할 필요가 있다. 그리고 그 이상으로 중요한 것은 이러한 불감증적 태도, 즉 내가 이 책에서 말하고자 했던 '우리 안에 내재하는 냉전'에 관한 것이다. 물론 이러한 사고습관은 현재 북한에 대한 일본 미디어의 극도로 모멸적인 보도 수법을 포함한다. 그리고 이 대목에서 흥미로운 것은 북한 때리기의 선두에 서 있는 '나나 히카리(七光, 부모의 사회적 지위나 명성이 자녀의 출세에 큰 영향을 미치는 것을 비유적으로 이르는 말—옮긴이)'의 정치가, 아베 신조(安部晋三)에 관해서다. 그는 60년대 신안보조약을 강경하게 밀어붙여 체결한 기시 노부스케의 손자로 야마구치현(예전의 조슈번長州藩)이 낳은 3세 정치가인데, 그가 애독하는 책이 요시다 쇼인(吉田松陰, 요시다 쇼인은 존왕양이의 시조인 한편, 미국으로 도항을 시도했다가 실패하였다)이라는 점도 너무나 앞뒤가 잘 맞아 마치 짜맞춘 이야기로 들릴 정도다. 기시 노부스케의 회상에도 나오는 것처럼, 조슈번에는 에도 막부시대 말기부터 러시아의 남하에 우려를 표하는 분위기가 있었던 모양이다. 이와 같은 지정학적 상상력은 어떤 의미에서는 100년 단위의 시간을 넘어서서 계승된 것으로 '반소' '반중국' 그리고 '반북한'으로 이어져, 다시 말해 오늘날 '우리 안에 내재하는 냉전'에 이르게 된 것은 아닐까. 거듭 생각해보면, 아베와 같은 인간을 3세로 지명한다는 것, 그리고 마침 재일한국인·재일조선인 3세들이 왕성하게 활동하기 시작한 이 시대의 운명에서도 근대 일본과 얽혀 있는 인과적 관계를 볼 수가 있다.

그리고 요즈음, 일본인들의 '내재하는 냉전' 사고에 은근한 동요를 일으키고 있는 것이 근래 몇년 동안 중국경제가 신장되고 정치적 발언이 증대되는 데 따른 일본인의 반응이다. 돌이켜보면, 100년 이상의 세월 동안 일본은 중국과의 근대화 경쟁에서 언제나 자신이 우위를 점하고 있다는 억측을 해왔다. 즉, 지금 그 전제가 무너지려 하고 있는 것이다. 그렇지만 일본의 경제계 일각에서는 중일 국교회복(1972) 시기와 유사한 사고방식에서, 다시 말해 경제적인 이해=관심에 이끌린 노골적인 '기대'를 걸고 있다. 그러나 이는 역시 일본인이

가지고 있는 왜곡된 중국관을 근본적으로 바로잡는 데로까지는 이어지지 못한다. 오히려 예전의 중국관이 방치된 채, 그렇기 때문에 여러 가지 모순과 갈등이 분출되고 있는 것은 아닐까.

전체적으로 보자면, 내가 '내재하는 냉전'이라고 부르는 것은 실은 아시아(일본)에 근대가 도래하면서 파생된 장기적인 구조 그 자체일지도 모른다. 지난 100년 동안 일본은 다양한 형태로 아시아와 접촉해왔다. 그 가운데는 물자를 매개로 한 교역이나 지식의 전파, 혹은 이민(식민지화)의 방식뿐만 아니라 전쟁이라는 형식을 통한 접촉방식도 있을 것이다. 어떻게 상대를 이해하려 시도했는가 혹은 상대를 이해한다는 것이 대체 어떤 작업일 수 있는가 하는 문제에 대해, 그 수는 지극히 적지만 고민의 흔적이 여기저기서 보이기도 한다. 예를 들어 그것은 다음에서 보이는 것처럼, 자국과 전쟁상태에 있는 중국을 향해 발화된 지식인의 토로에도 스며들어 있다. 아래 인용문은 중일전쟁이 한창일 당시, 사실상 일본 점령하에 들어간 베이징에서 다케우치 요시미가 체재하고 있을 당시의 일기다. 다케우치가 베이징에 머무르고 있는 사이에 핵심적인 지식인들은 베이징을 탈출해 항일전쟁을 계속하고 있는 남방으로 이미 이동해버린 상태였다. 그곳에서 다케우치는 중국 지식인들과 열렬히 교류를 한다거나, 혹은 일본인이라는 이유로 중국인들에게 책망을 당하거나 하지도 않은 채, 마치 역사의 에어포켓에 들어가 있는 듯한 감각을 느끼고 있었다. 다케우치는 일본 경관들이 서성대는 베이징의 시가지를 불안한 마음으로 방황하고 있었다.

내가 이번 여행을 통해 사무치도록 느낀 것은 문화가 정치와 구분되기 어렵다는 한가지 사실이다. 비유해서 말하자면 길가에 서 있는 나무 한그루 풀 한포기에서도 정치가 느껴지는, 일본과 같이 기구가 복잡화되고 그런 만큼 의제(擬制)가 많은 곳에서 사실상 군정지역인 곳으로 오게 되면 이런 인상은 실로 역력해진다. 오는 길 내내 내가 느낀 것은 이런 것이었다. 군사와 정치와 문화는 마치 하나의 촉수와도 같이 움직이고 있는 것이다. 어째서 기초적인 공부를 해두지 않았을까 후회가 되었다. 복잡한 현상을 처리하는 것은 하나의 인간적인 능력일 것이다. 고립된 학문의 권위가 통쾌하게 실추당하는 것은 이런 종류의 시대다. 인간적인 능력, 혹은 기본적인 인식이라는 것이 결여되었을 때의 쓸쓸함이란 참으로 견디기 힘든 것이다. 이 점은 모쪼록 명기해두고 싶다.

내가 여기서 읽어낸 것은 한 사람의 지식인이 갖는 무력감이다. 당시 베이징에서는 일본측 에이전트와 그 지역 출신의 중국인 실력자들, 혹은 국민당·공산당 등의 영향하에 놓인 사람들 사이에서 때때로 피를 볼 정도의 치열한 교섭이 행해지고 있었다. 그러나 다케우치는 그러한 중국사회에 헤치고 들어가기 위한 방법(인식)을 가지고 있지 못했고, 그 점에 대해 조바심을 내고 있었다. 그리고 다케우치는 자신의 결여를 자각하고 이를 '쓸쓸함'이라는 말로 표현한 것이었다. 이는 단순히 상대편 사회 및 문화를 이해하지 못하는 데서 오는 불완전한 느낌 그 이상의 것으로, 역사에 참가하지 못하는 답답함이 내보이는 존재의 떨림 같은 것이다.

반대로, 지금의 일본은 다케우치가 말한 것 같은 의미에서의 실로 '쓸쓸한' 사회로 전락하고 있는 듯하다. 게다가 그렇다는 사실을 자각하지도 못한 채. 물론 이 책에서 다루었듯이, 그 '쓸쓸함'을 자각하거나 혹은 그 '쓸쓸함'에 필사적으로 저항했던 지식인들도 존재했으며, 이를 역사의 유산으로 어떻게 리사이클할 수 있을까—이런 물음을 제기하는 것이 이 책의 궁극적인 목적이었다.

그리고 이 책을 완성하기까지, 변변치 못한 문장에 눈길을 돌려준 쇼후사(双風社)의 다니카와 시게루(谷川茂)씨에게 먼저 감사의 말을 드리고 싶다. 그러나 이 『냉전문화론』을 낳은 본래 부모는 역시 연재기획을 준비해준 『와세다분가쿠(早稲田文學)』의 편집장 이치카와 마코토(市川眞人)씨였다. 여기에 감사와 더불어 그 이름을 기록해둔다. 그리고 이 지면을 빌려, 50년대 반전운동에 주목할 것을 계시해준 이케가미 요시히코(池上善彦)씨(『겐다이분가쿠現代文學』의 편집장인 이케가미씨는 나를 글쟁이의 세계로 인도해주었다), 그리고 영상자료 등으로 신세를 진 요모타 이누스케(四方田犬彦)씨에게도 감사를 전하고 싶다. 마지막으로, 평소 학문을 한다는 것의 험난함을 몸으로 느끼게끔 가르쳐준 타이완의 연구자 마쓰나가 마사요시(松永正義)씨에게 감사의 뜻을 다시 한 번 표하고 싶다.

2005년 2월, 미타카시(三鷹市)에서

마루카와 데쓰시

냉전기 연표(1945~1975)

이 연표는 '코멘타(Kommentar) 전후 50년 편집위원회'가 편집한『코멘타 전후 50년 별책: 또 하나의 전후를 향해(コメンタール戦後50年別册: もうひとつの戦後へ)』(社會評論社 1996)에 나오는 전후 일본사상사 연표와 시모카와 고시(下川耿史)가 편집한『쇼와 · 헤이세이 가족사 연표(昭和 · 平成家族史年表)』(증보판, 河出書房新社 2001)를 기준으로 작성했다. 그리고 '문학 · 사상 · 논단'에 게재된 책, 논문, 기사에 관해서는 발행된 달 혹은 게재된 달을 기록하고 날짜 표시는 생략하였다.

사회 · 세계 · 운동

1945년

3.10 도쿄 대공습

6.23 오키나와 전멸, 병사와 시민 합쳐 모두 19만명 사망

7.26 포츠담선언

8.6 히로시마에 원자폭탄 투하

8.9 나가사키에 원자폭탄 투하

8.15 패전

8.25 이치가와 후사에(市川房枝) 등이 부인 참정권 운동을 일으킴

8.28 연합군 최고사령관 맥아더 원수가 아쓰기(厚木)시에 도착
일본문학보국회(日本文學保國會) 해산

9.10 GHQ, 언론 및 신문의 자유에 관한 각서 발표. 검열 개시

10.4 GHQ, 정치 · 민사(民事) · 종교의 자유에 대한 제한 철폐 각서 발표

10.11 전후 최초의 영화「바람 한 점(そよ風)」개봉. 주제가「사과의 노래(リンゴの唄)」히트

GHQ 5대 개혁 지령(指令) 발표

10. 24 국제연합(國際聯合) 성립

12. 30 신일본문학회(新日本文學會) 결성

1946년

1. 1 천황의 '인간선언'

1. 4 GHQ, 군국주의자의 공직 추방을 지시

2. 1 제1차 농지개혁 실시

2. 9 일본농민조합 결성

2. 19 부락해방전국위원회 결성

2. 24 일본공산당, 제5회 대회에서 '평화혁명' 노선을 채택

2. 28 전후 최초의 미국영화「봄의 서곡(春の序曲)」과「퀴리부인(キュリー夫人)」개봉

3. 5 처칠(Winston Churchil), '철의 장막' 연설

4. 27 중단되었던 프로야구 공식전 개막

5. 1 천후 최초의 메이데이

GHQ의 지시에 의해 군국영화 2만개 필름을 소각

5. 3 극동군사재판 개정

5. 22 제1차 요시다 내각 발족

6. 25 요시다 수상 "헌법 제9조는 자위권(自衛權)을 발동해서 일어나는 전쟁까지도 포기하는 것"이라고 발언

7. 6 대일본제국(大日本帝國)을 '일본국(日本國)'으로 개칭

10. 3 재일조선거류민단(在日朝鮮居留民團) 결성

10. 11 태평양문제연구회(太平洋問題硏究會) 재결성

11. 1 사회사상연구회(社會思想硏究會) 결성

11. 3 일본국 헌법 공포

1947년

1. 15 신주쿠(新宿) · 데이토자(帝都座)에서 액자(額緣)쇼. 최초의 누드쇼

2. 12 일본 펜클럽 재건대회

3. 12 미, 대(對)공산주의 봉쇄정책 '트루먼 독트린' 발표

4.5 제1회 지사(知事)·시초손장(市町村長, 市町村은 한국의 시·읍·면에 해당하는 일본의 행정구획 단위—옮긴이) 선거

4.7 노동기본법 공포

4.20 제1회 중의원(衆議院) 선거

8.1 신주쿠·데이토자에서 다무라 다이지로(田村泰次郎) 원작 「육체의 문(肉体の門)」 상연

10.5 코민포름 설치

12.12 아동복지법 공포

12.22 개정 민법 공포

1948년

1.24 문부성, 조선인학교 설립 불허가. 4월에 고베(神戶)에서 항의데모. GHQ가 비상사태를 선언

1.26 제국은행 사건

1.30 인도에서 간디 암살

3.25 가와시마 요시코(川島芳子), 스파이 혐의로 베이징에서 사형

4.1 구소련, 베를린 봉쇄 개시

4.16 도호(東宝)영화사 쟁의(爭議) 시작

5.1 미소라 히바리(美空ひばり), 가수 데뷔

5.4 모리타 소헤이(森田草平), 일본공산당에 입당. 작가·연극인들의 입당이 계속됨

5.5 구소련 귀환 제1호선 '지토세마루(千歲丸)' 입항

5.14 이스라엘 건국 선언

6.13 다자이 오사무(太宰治), 투신자살

6.22 문부성, 국립대학설치법 결정

8.1 대한민국 성립

8.29 헬렌 켈러, 일본 방문

9.9 조선민주주의인민공화국 성립

9.18 전(全)일본학생자치회 총연합(全學連) 결성 집회

11.12 극동군사재판, A급 전범 2인에게 유죄판결

12.10 국제연합, '세계인권선언' 채택

1949년

1.1 가정재판소 개설
GHQ가 일장기(日の丸)의 자유 게양을 허가
1.23 제2회 총선거에서 공산당이 35석 확보
3.7 도지라인 발표(Dodge line: 주일 맥아더사령부 지시로 제정된 경제안정 9원칙으로 조지프 도지Joseph Dodge에 의해 공표되었다고 해서 일명 도지라인이라고도 불린다. 정책의 전반적인 기조는 인플레이션 억제였다—옮긴이)
4.4 북대서양조약 체결
4.23 1달러 360엔의 단일 환율 실시
5.6 독일연방공화국 성립
5.20 구소련, 일본인 포로 귀환 재개 발표
7.2 맥아더, "일본은 공산주의의 방벽"이라고 성명
7.6 시모야마(下山) 사건
7.14 역사교육자협의회
7.15 미타카(三鷹) 사건
8.17 마쓰카와(松川) 사건
10.1 중화인민공화국 수립
10.7 독일민주공화국 성립
12.9 미 점령지교육회의에서 난바라 시게루(南原繁)가 전면 강화(講和) 주장

1950년

1.1 맥아더, 일본의 자위대를 인정한다고 성명
1.6 코민포름이 일본공산당 비판
2.1 구소련이 세균전 책임자로 천황의 전범재판 요구
2.10 GHQ, 오키나와에 항구 기지를 건설하기로 발표
4.22 일본전몰자학생기념회(わだつみの會) 결성
5.26 귀환촉진 전국평의회가 『소련 잔류자 백서(ソ連殘留者白書)』에서 19,000명이 아직 억류되어 있다고 발표
6.6 맥아더, 『아카하타(赤旗)』의 발행 금지
6.25 한국전쟁 발발

6.29 한국전쟁으로 기타규슈(北九州) 지방에 경계경보 발령

7.8 맥아더, 경찰예비대 창설 지령

7.9 한국의 부산으로부터 귀환 선박 1호가 하카다(博多)항에 도착

7.11 일본노동조합총평의회(總評) 결성

7.28 신문·보도·통신 관계자의 레드퍼지 시작

10.17 문부성, 학교 행사에서 일장기 게양 및 기미가요(君が代) 제창 부활

1951년

1.3 NHK, 제1회 홍백가요제(紅白歌合戰) 방송

1.24 일교조(日教組), '제자들을 또다시 전장으로 보내지 말라' 운동 개시

3.20 일본생활협동조합연합회 창립

3.21 「카르멘 고향에 돌아오다(カルメン故郷へ歸る)」 개봉. 일본 최초의 총천연색 영화

4.11 맥아더 해임

4.24 사쿠라기초(櫻木町) 사건 발생

5.5 '아동헌장' 제정

5.16 일본이 정식으로 세계보건기구(WHO)에 가맹

7.28 일본평화추진국민회 발족

8.21 일본공산당, '51년 테제' 채택

9.8 샌프란시스코 강화조약 조인

9.10 베니스 국제영화제에서 「라쇼몽(羅生門)」이 그랑프리 수상

10.4 출입국관리령 공포

10.16 일본공산당 제5회 전국협의회, 민족해방민주혁명 노선을 채택

10.24 사회당 임시대회, 강화·안보 문제를 둘러싸고 좌우로 분열

1952년

1.18 한국, 이승만라인 설정. 어선의 나포 빈발

2.13 귀환옹호청(引揚擁護廳), 제2차대전중 남방 지역에서 전사한 일본군 전사자 수를 123만 9,709명이라고 공표

3.6 요시다(吉田) 수상, "스스로를 지키기 위한[自衛] 전력(戰力)은 위헌이 아니다"라고 국회 답변

4.10　NHK 연속 라디오 드라마 「그대의 이름은(君の名は)」 방송 개시

샌프란시스코 강화조약 발효, 일본 독립

5.1　메이데이에 경찰과 데모대가 충돌. 피의 메이데이

5.2　정부 주최의 전국 전몰자 추도식

7.4　파괴방지법(破防法), 중의원에서 가결 성립(파괴방지법: 폭력적인 파괴활동을 행한 단체에 대해 규제조치를 부과하고, 처벌규정을 강화한 법률. 치안입법의 일종으로 모두 45조로 구성되어 있음—옮긴이)

8.6　『아사히 클럽』 원폭 피해 최초 공개 사진 게재호, 52만부가 당일 매진

8.10　원폭피해자회(原爆被害者會) 탄생

10.1　일본공산당, 총선거에서 의석 제로

11.4　아이젠하워, 미 대통령에 당선

12.27　전후 최초 브라질 이민 다섯 가구 16명이 구마모토(雄本) 출발. 29일에는 고베에서 54명이 출발

1953년

2.28　요시다 시게루 수상, 바카야로(バカヤロー) 해산(바카야로 해산: 요시다 수상이 중의원을 해산한 것을 가리키는 속칭. 바카야로는 일본어로 바보라는 뜻—옮긴이)

3.23　중국으로부터 집단귀환 재개. 제일진이 교토, 마이쓰루(舞鶴)항에 입항

4.27　아소산 대폭발

5.12　우치나다(內灘)기지 반대 투쟁

7.1　방위청·자위대 발족

7.27　한국 휴전협정 조인

8.1　군인연금(恩給) 부활

10.2　이케다(池田)·로버트슨 회담

10.8　주쿄(中京)경마장에서 제1회 지방 경마

12.25　아마미군도(奄美大島)가 일본으로 복귀

1954년

1.7　조센기고쿠(造船疑獄) 적발(조선업의 이자 경감을 꾀한 '외항선 건조 이자 보급

법外航船建造利子補給法' 제정 청원을 둘러싼 뇌물수수 사건. 정계·재계·관계의 피의자가 다수 체포되었고, 요시다 시게루 내각이 쓰러지는 발단이 된 사건 중의 하나—옮긴이)

1.18　좌우 사회당이 합당

1.27　미국, 최초의 원자력 잠수함 노틸러스호 진수(進水)

2.1　마릴린 먼로, 일본 방문

2.19　일본 최초의 국제 프로레슬링 대회, 리키도잔(力道山)·기무라(木村) 조(組)와 샤프 형제의 대전

3.1　미국, 비키니 환초(環礁)에서 수폭 실험, 일본 어선 '다이고 후쿠류마루(第五福龍丸)' 피폭

3.12　더빙영화 제1호인 디즈니의 「담보」 개봉

5.7　인도차이나전쟁, 디엔비엔푸 함락

6.28　저우언라이(周恩來)·네루 회담

7.20　인도차이나 휴전협정 조인

8.8　원자수소폭탄금지운동 전국협회(原水協) 결성

9.6　베니스 영화제에서 구로사와 아키라(黑澤明)의 「칠인의 사무라이(七人の侍)」와 미조구치 겐지(溝口健二)의 「산초대부(山椒大夫)」가 은사자상 수상

9.26　태풍 15호에 의해 홋카이도·하고다테(函館)만에서 연락선 '도오야마루(洞爺)' 등 네 척이 침몰, 사상자와 행방불명자 1,155명

11.3　일본 최초의 SF장르 「고질라(ゴジラ)」 개봉

1955년

1.17　빈 어필 (Wien appeal, 원자력 병기 금지)

2.19　일본 저널리스트회의 설립

4.18　반둥회의

5.8　쓰나가와(砂川) 기지 투쟁

5.14　바르샤바조약 체결

7.7　이시하라 신타로(石原眞太浪), 「태양의 계절(太陽の季節)」을 『분가쿠카이(文學界)』에 발표

7.8　후생성(厚生省), 『매춘백서(賣春白書)』에서 전국적으로 공창이 50만명이라고 발표

7. 18　주네브 수뇌 회의

7. 27　일본공산당 제6차 전국협회(六全協)에서 극좌모험주의 노선을 자기비판

8. 6　제1회 원자수소폭탄 금지 세계대회, 히로시마에서 열림

8. 24　모리나가(森永)유업 비소(砒素) 밀크 사건

9. 5　소·일 교섭에서 구소련의 억류자 명부를 직접 전달, 구소련은 군인 출신 1,011명, 민간인 354명이라고 발표

10. 13　일본사회당 통일 대회

11. 14　미일 원자력협정 조인

11. 15　보수 합당, 자유민주당 결성

1956년

2. 14　구소련 공산당 제20차 대회, 흐루쇼프의 스탈린 비판

3. 16　인도네시아 모로타이섬에서 일본군이었던 기시 게이시치(岸啓七) 등 아홉명이 귀국

3. 31　나가사키(長岐) 평화공원 완공

4. 18　코민포름 해산

5. 2　마오쩌둥, '백가쟁명' 연설

5. 4　원자력 삼법(三法) 공포

5. 17　이시하라 신타로, 영화「태양의 계절」로 데뷔

5. 24　매춘방지법 공포

7. 18　『경제백서』에서 "이제 전후가 아니다"라고 선언

10. 19　소·일 국교회복 공동선언

10. 23　헝가리 사건

12. 13　구소련, 일본인 전범을 전원 석방한다고 발표

12. 18　일본이 정식으로 국제연합 가맹

12. 25　나하(那覇)시장 선거에서 오키나와인민당의 세나가 가메지로(瀬長龜次郎) 당선

12. 26　구소련으로부터 마지막 집단귀환자 1,025명을 태운 '고안마루(興安丸)'가 마이쓰루항에 입항, 누계 47만 2,930명 귀국

1957년

1.16 노농당, 사회당과 통일

1.30 군마(群馬)현 미군 연습장에서 미군 제럴드가 탄피를 줍고 있던 촌부(村 婦)를 사살

2.2 마쓰모토 세이초(松本清張)의「점과 선(占と線)」, 잡지『다비(旅)』에 연재 개시

2.5 기시 노부스케(岸信介) 내각 성립

3.4 고분샤(光文社), 간키 하루오(神吉晴夫)가 펴낸『산코(三光)』를 우익의 압력으로 발매 중지(三光: 제2차 세계대전 후 중국 전범수용소에 수용되었던 일본인 전범이 집필하고 간키 하루오가 편집, 고분샤에서 출판한 전쟁범죄에 관한 수기—옮긴이)

3.13 『차타레 부인의 사랑』, 재판에 부쳐져 최고판결에서 번역자와 출판사에 유죄 확정

5.15 영국, 크리스마스섬에서 제1차 수소폭탄 실험

5.17 귀환자 급부금지불법 공포

6.27 제2차 쓰나가와(砂川) 사건

8.26 구소련, ICB 실험 성공

10.1 일본, 국제연합 비(非)상임이사국으로

10.4 구소련, 인공위성 제1호 발사

11.23 마오쩌둥, "미제국주의는 종이호랑이" 발언

1958년

1.1 일본, 국제연합 안전보장이사회 비상임이사국으로

2.3 와카노 하나(若乃花), 제45대 요코즈나(横綱, 일본 씨름의 최고우승자—옮긴이)로. 도치와카(栃若) 시대가 시작됨(도치니키 교타카와 초대 요코즈나인 와카노 하나 두 사람이 전후 일본 스모의 황금시기를 열었음—옮긴이)

2.24 라디오도쿄(현 TBS)가「월광가면(月光假面)」방송 개시

3.12 최고재판, 공무원 정치활동 제한을 합법이라고 판결

4.18 중의원, 원자수소폭판 금지 결의

5.26 사회주의학생동맹(社會主義學生同盟) 결성

5.30 B·C급 전범 한명이 스가모(巣鴨)구치소 가출소. 스가모감옥 폐쇄

7.13 중국 귀환 최종선(最終船) '시로야마마루(白山丸)', 579명을 싣고 마이쓰루항에 입항

10.5 프랑스, 제5공화국 발족
10.13 라디오도쿄, 「나는 조개가 되고 싶어(私は貝になりたい)」 방송
12.10 공산주의동맹(분트) 결성
12.21 드골, 프랑스 대통령 당선

1959년

1.1 쿠바혁명
3.9 아사누마(淺沼) 사회당 서기장, 중국에서 "미제국주의는 중·일 인민의 공동의 적" 발언
4.10 황태자 결혼, 중계 시청자 1,500만명 추정
4.15 미·일안전보장조약 개정 저지 제1차 통일행동
6.30 오키나와·미야모리(宮森) 초등학교에 미군 제트기 추락
8.13 재일조선인의 북한 귀환 관련, 북·일협정 조인
9.15 흐루쇼프 미국 방문
9.26 이세완(伊勢湾) 태풍
9.30 흐루쇼프 중국 방문, 중·소 대립 격화
11.2 미나마타(水俣)병 문제로 어민이 짓소사(チッソ社)의 화학공장에 난입
11.12 후생성, '미나마타병은 유기수은 중독'이라고 결론
11.27 안보저지 제8차 통일행동, 데모대 국회 구내에서 집회
12.15 제1회 일본 레코드 대상에서 미즈하라 히로시(水原弘)의 「검은 꽃잎(黒い花びら)」 수상

1960년

1.19 신안보조약·행정협정 조인
1.24 민주사회당 결성(후에 민주당으로 개칭)
1.25 미쓰이미케(三井三池) 탄광에서 해고 반대투쟁 시작
2.2 남미 이민 이주자 78가족이 '브라질마루'편으로 고베에서 출항
3.16 이승만, 한국 대통령에 당선
4.26 한국, 4월혁명. 이승만 퇴진 요구 10만명 데모, 이승만 사직
5.19 정부, 경관대 도입. 신안보조약 강행 체결

5.21 괌섬에서 전(前) 일본 병사 미나카와 분조(皆川文藏) 발견

5.28 기시 수상, “소리 없는 목소리” 발언(안보반대투쟁에 참가하지 않는 다수 국민들이 존재한다며 기시 수상이 국회에서 사용한 표현—옮긴이)

6.3 오시마 나기사(大島渚)의 「청춘잔혹물어(青春殘酷物語)」 개봉, 7월에는 요시다 요시시게(吉田喜重)의 「로쿠데나시(ろくでなし)」(쓸모없는 사람, 밥벌레라는 뜻—옮긴이), 8월에는 시노다 마사히로(篠田正浩)의 「메마른 호수(乾いた湖)」 등 ‘일본의 뉴웨이브’이라 불리는 작품들이 연이어 개봉)

6.4 안보 저지 제1차 실력행사, 전학련 주류파 국회 돌입, 간바 미치코(樺美智子) 사망(안보투쟁 과정에서 사망한 최초의 대학생. 당시 도쿄대학 문학부 일본사 전공의 학생이었다—옮긴이)

6.17 7개 신문사 선언

6.19 신안보조약 자연 성립

6.20 최초의 롱사이즈 담배 ‘하이라이트’ 60엔에 발매

7.19 이케다 하야토(池田勇人) 내각 성립

8.1 도쿄 산야(山谷)에서 노동자들 폭동, 경찰서에 투석·방화

9.5 이케다 수상, 고도 경제성장 및 소득배가계획 발표

9.10 컬러 방송 개시

10.12 아사누마 사회당 위원장, 17세의 우익 소년에게 살해당함

11.28 후카자와 시치로(深澤七郎)의 「후류무담(風流夢談)」에 대해 구나이초(宮內廳)(천황·황실의 활동을 지원, 담당하는 부서—옮긴이)·우익이 항의, 이를 게재한 주오코론(中央公論)사가 사죄

1961년

1.1 아시아·아프리카작가회의 일본협의회 결성

2.1 후카자와 시치로, 「후류무담」에 반발한 우익 출판사인 주오코론사 사장 시마나카 호지(嶋中鵬二) 자택 습격

3.15 『연회가 끝난 후(宴のあと)』 사건(전 외무대신이자 도쿄지사 후보인 아리타 하치로(有田八郎)가 미시마 유키오의 『연회가 끝난 후』라는 소설에 대해 프라이버시 침해 명목으로 소송을 제기한 사건. 표현의 자유와 프라이버시 침해가 대립항으로 설정되어 화제가 된 사건—옮긴이)

4.11　이스라엘에서 아이히만 재판

4.12　구소련, 사상 최초로 유인비행선 발사에 성공

6.6　자립농가 육성을 목적으로 하는 농업기본법 성립

8.1　가마가사키(釜々岐) 폭동

8.13　동독, 베를린장벽 구축

11.24　국제연합 총회, 핵병기 사용금지 선언

12.16　세계평화평의회, 스톡홀름 회의

12.21　『사상의 과학(思想の科學)』 천황제 특집호 발매 중지, 폐간

12.23　「웨스트사이드 스토리」, 로드쇼

1962년

2.24　도쿄에서 한일회담 개시

3.22　한국 윤보선 대통령 사직, 박정희 대통령 대행

4.26　전노(全勞) · 총동맹(總同盟) · 전관공(全官公), 전일본노동총동맹조합회의(동맹회의) 결성

5.17　수면제 탈리도마이드 부작용에 의한 기형아가 사회문제화

6.1　아사히방송에서 「데나몬야 산도가사(てなもんや三度笠)」 방송 개시

7.3　알제리 독립

8.6　원자수소폭탄 금지 세계대회, 구소련 핵병기 문제로 분열

8.12　호리에 겐이치(堀江謙), 요트로 단독 태평양 횡단

8.15　후생성, 종전 당시 외지에서 생사불명된 이들 가운데 약 16,000명이 소식 불명이라고 발표

10.22　쿠바 위기

11.30　다케우치 요시미 등 '중국회(中國の會)' 결성

1963년

1.1　후지텔레비 「우주 소년 아톰(鐵腕アトム)」 방송 개시

1.7　구소련, 『프라우다』지(誌)가 중국을 가리켜 '교조주의자'라고 비판

1.9　정부, 미 원자잠수함 기항(寄港) 신청에 대해 "원칙적으로 동의"한다고 발표

2.16　구마모토(熊本)대학, 미나마타병 원인이 짓소 공장 배수라고 발표

3.31 요시노부짱(吉展ちゃん) 사건(4살된 남자 어린이 요시노부가 유괴, 살해된 사건. 이 사건 이래 피해자와 가족에 대한 피해확대 방지 및 프라이버시 보호 차원에서 일본 최초로 보도협정이 체결됨—옮긴이)

4.1 혁명적 공산주의자동맹(革共同) 제3차 분열(중핵파와 혁마루파로)

5.1 사야마(狭山) 유괴 사건

6.20 미·소간에 핫라인 부설

6.22 사카모토 마루(坂本丸)의 「스키야키 송(すき焼き ソング)」, 미국에서 100만장 판매 돌파

8.15 정부 주도의 제1회 전국 전몰자 추도식

10.15 박정희, 한국 대통령에 당선

11.9 미쓰이미케 탄광에서 가스 폭발, 사망 457명

11.10 공산당, 중·소 논쟁에서 '자주독립' 입장 표명

11.22 케네디 미 대통령 암살

12.8 리키도잔(力道山)이 칼에 찔려 15일 만에 사망

1964년

3.28 도쿄대 오코치(大河内) 학장, 졸업식에서 "살찐 돼지가 되기보다는 마른 소크라테스가 되라"고 조사

4.1 일본, 국제통화기금(IMF)으로 이행
해외여행 자유화

4.8 공산당, 4·17파업에 반대 표명

4.28 일본, 경제협력개발기구(OECD)에 가맹

6.16 니가타(新潟)를 중심으로 대지진

8.2 통킹만 사건, 미국이 베트남에 직접 개입하기 시작

8.28 정부가 원자잠수함 기항을 승인

10.1 도카이도(東海道) 지역 신간센 업무 개시

10.10 도쿄올림픽 개막

10.15 흐루쇼프 해임, 후임에 브레즈네프 서기장

11.3 미 대통령에 존슨 당선

11.9 사토 에이사꾸(左藤榮作) 내각 성립

11.10 전(全)일본노동총동맹(동맹) 결성

11.12 원자잠수함, 시 드래곤호가 사세보(佐世保)항에 입항, 반대투쟁 격화

11.17 공명당(公明黨) 결성

1965년

1.8 한국, 베트남에 파병

1.28 게이오(慶應)대학에서 학비 인상에 반대하는 전학(全學) 파업, 이후 도호쿠(東北)대학 및 오차노미즈(お茶の水)여자대학 등으로 확산

2.7 미군, 북베트남 공습 개시

2.23 전국 이주노동자(出稼ぎ者) 총궐기 집회 개최

4.24 '베트남에 평화를! 시민문화단체연합'(베평련) 발족

6.12 이에나가 사부로(家永三郎), 교과서 검정 위헌소송 제소

6.22 한일기본조약 조인

7.29 미군, 오키나와발 비행기로 북 베트남 공습 개시
소년 총기마(銃器魔) 사건

10.12 한일조약 비준 저지 투쟁, 10만명이 국회 청원 데모

11.8 니혼텔레비(日本テレビ), 심야 상업방송 개시

12.4 한일조약 강행 체결

1966년

1.2 TBS, 「울트라Q(ウルトラQ)」 방송, 괴수게임 시대 도래

1.18 와세다대학교 전체 파업

2.4 ANA(全日空機), 도쿄만에 추락

2.27 제1회 물가 메이데이에서 '물가 높아 시집 못 간다'는 현수막 등장

5.16 중국에서 문화혁명 시작

6.28 산리쓰가(三里塚)·시바야마(芝山) 연합 공항반대동맹 결성

6.29 비틀즈, 일본 방문

7.4 각료회의, 신도쿄 국제공항 건설지를 나리타시 산리쓰가로 결정

9.1 공산주의자동맹(제2차) 재건

9.18 사르트르와 보봐르, 일본 방문

10.3 라디오 간토(ラジオ關東, 지금의 라디오 일본)에서 최초의 심야방송「올나잇-파트너」개시

10.21 베트남 반전 통일 파업

11.12 공산주의자 노동자당 결성

12.17 전학련 내 세 가지 분파(三派全學連) 결성

1967년

2.6 미국이 베트남전쟁에서 고엽제 사용 개시

2.11 최초의 '건국기념일'

4.5 오카야마(岡山)대학교, 고바야시(小林) 교수가 후쿠야마(福山)현의 이타이이타이병의 원인이 미쓰이(三井) 금속의 배수라고 발표

4.16 도쿄지사에 미노베 료키치(美濃部亮吉) 당선, 최초의 혁신성향 지사

4.18 후생성, 니가타(新潟)·아가노가와(阿賀野川) 유역의 수로 중독 원인에 대해 구(旧) 쇼와덴코(昭和電工)의 배수가 원인이라고 발표

6.5 제3차 중동(中東)전쟁

7.1 유럽공동체(EC) 성립

9.1 욧카이치시(四日市市) 천식환자가 최초로 대기오염 공해 소송을 제소

10.9 볼리비아 정부, 체 게바라의 전사(戰死) 사실 발표

11.4 시부야 고고대회에 15,000명이 참가

11.15 오키나와·오가사와라 제도(小笠原諸島) 반환 등의 문제로 사토(佐藤), 존슨 공동성명

12.11 사토 수상, 비핵(非核) 3원칙 성명

12.22 오키나와방송협회, 오키나와 본도에서 본방송을 개시

1968년

1.19 미 원자력 공해(公海) 엔터프라이즈, 사세보(佐世保)에 입항

1.29 도쿄대 투쟁 시작

2.20 김키로(金嬉老) 사건(당시 39세의 재일한국인인 김희로(일본명 곤도 야스히로近藤安廣가 범한 살인을 발단으로 해서 생긴 감금사건—옮긴이)

3.16 미군, 베트남의 손미에서 학살(Massacres in Son My)

3.31 미, 북베트남 폭격 정지

4.4 킹 목사 암살

4.5 오가사와라(小笠原) 반환협정 조인, 26일에 복귀

5.4 파리에서 학생 데모 격화(5월혁명)

5.27 니혼(日本)대학, 학원투쟁 시작

6.28 도쿄대 전학투쟁회의(全共闘) 결성

7.1 핵확산방지조약 조인

8.15 구소련, 체코 침공

10.17 가와바타 야스나리(川端康成), 노벨문학상

10.23 메이지 100년 기념식전

11.1 정부가 메이지 100년 기념 특사 결정

11.5 닉슨, 미 대통령에 당선

12.10 삼억엔 사건 발생

12.21 미 우주선 아폴로 8호 발사. 달 표면을 텔레비전으로 중계

12.28 학원분쟁의 영향으로, 도쿄대가 사상 최초로 입시 중지 결정

1969년

1.19 도쿄대 야스다(安田)강당, 기동대에 의해 봉쇄 해제

2.9 500명이 탄 점보여객기 '보잉 747'이 미국에서 최초 비행

2.18 니혼대학 문리학부, 기동대에 의해 봉쇄 해제

3.1 도쿄대에서 기동대와 학생이 충돌

5.23 정부, 최초의 『공해백서(公害白書)』 발표

6.12 일본 최초의 원자력선 '무쓰(むつ)' 진수

6.29 신주쿠 니시구치(西口)광장의 포크송 집회에 7,000명 참석

7.10 동화(同化)대책사업특별조치법 공포(차별받는 부락과 부락민의 환경개선과 차별해소를 목적으로 한 일련의 사업을 가리킴 — 옮긴이)

7.20 아폴로 11호, 달 표면 착륙

8.27 야마다 요지(山田洋次)의 「남자는 괴로워(男はつらいよ)」 제1편 공개

10.7 문부성, 고등학생의 정치적인 데모나 집회 참가를 금지

10.24 TBS에서 「8시다, 전원 집합(8時だよ! 全員集合)」 방송 개시

11. 21 사토·닉슨, 오키나와 복귀 공동성명

11. 26 전국 스몬회(척수시신경계 질환—옮긴이) 결성

1970년

3. 3 여성잡지 『아난(anan)』(平凡出版, 지금의 매거진하우스) 간행

3. 14 일본 만국박람회 개최

3. 18 캄보디아에서 쿠데타, 론 놀 정권 성립

3. 31 적군파(赤軍派), 일본 항공기 '요도호' 납치

4. 20 『아사히신문』의 조사로 도쿄 소비자물가가 세계 1위라고 판명

5. 1 미군, 북베트남 폭격 재개. 캄보디아 침공

5. 6 프로스키어 미우라 유이치로(三浦雄一郎), 에베레스트에서 3Km 활강에 성공

6. 23 미일안보조약 자동 연장

반안보투쟁에서 전국 132개 대학이 수업거부

8. 4 혁마루파 학생이 중핵파의 린치로 사망

8. 30 우에무라 나오미(植村直己), 북미 최고봉 매킨리에 단독 등정. 세계 최초로 5대륙 최고봉을 정복

10. 1 국철, '디스카버—저팬'의 관광 캠페인 개시, 폭발적인 인기를 불러모음

11. 14 최초의 우먼 리브(Woman's liberation) 대회

11. 25 미시마 유키오(三島由紀夫), 이치가야(市々谷) 자위대 주둔지에서 할복 자살

12. 20 오키나와 코자(コザ) 폭동

1971년

1. 13 오키나와 주둔 미군, 제1차 독가스 철거

2. 11 일본 등 40개 국가가 해저 군사이용금지조약에 조인

2. 22 산리쓰가(三里塚), 제1차 강제집행

3. 28 중국과 핑퐁외교 개시

5. 14 부녀 연쇄살인으로 오쿠보 기요시(大久保清) 체포

5. 19 오키나와 전(全)군사노조·교직원회·자치노조 등이 오키나와 반환협정 반대 제너럴 스트라이크

6. 13 『뉴욕타임스』가 국방성의 「베트남 비밀보고서」 게재 개시

6. 17 오키나와 '반환'협정 조인

7. 9 키신저, 비밀리에 중국 방문. 저우언라이(周恩來)와 회담

7. 20 맥도날드 제1호점, 긴자(銀座)에 개점

7. 30 이와테(岩手)현, 시즈이시초(雫石町)에서 ANA기에 자위대기가 충돌. 승객 162명 사망

8. 15 닉슨 미 대통령이 달러방위대책 발표, 닉슨쇼크

9. 16 산리쓰카, 제2차 강제집행

9. 29 니가타(新潟)현, 미나마타병 소송에서 환자측 승소 판결

10. 3 니혼텔레비, 「스타탄생」 방송 개시, 합격자 제1호는 모리 마사코(森昌子)

10. 22 북·일 양국 적십자의 '귀환협정'에 의해 북한을 향한 최종 귀환선이 니가타항을 출항. 12년 동안 89,692명의 재일조선인이 북한으로

10. 25 중국이 국제연합 대표권 획득

11. 24 오키나와 '반환'협정, 중의원 본회의에서 강행 승인

1972년

1. 24 괌섬에서 전(前) 일본 병사인 요코이 쇼이치(横井庄一) 발견

2. 3 아시아 최초의 동계 올림픽(제11회)이 삿포로(札幌)시에서 개최, 35개국이 참가

2. 16 연합적군파인 나가다 요우코(永田洋子)와 모리 쓰네오(森恒夫)를 체포, 린치·살인 판명

2. 19 아사마(淺間) 산장 사건

닉슨, 중국 방문. 미·중 수뇌 회담

3. 26 나라(奈良)현 아스카무라(明日香村)의 오래된 마쓰즈카(松塚) 고분에서 현란한 색채의 벽화 발견

4. 1 오키나와 반환 교섭 관련 외무성 기밀문서 누설로, 외무사무관 하쓰미 기쿠코(蓮見喜久子)와 『마이니치(毎日)신문』 기자 니시야마 다이키치(西山太吉)를 체포

4. 16 가와바타 야스나리(川端康成), 가스 자살

5. 13 오사카 '센니치백화점(千日デパト)' 남부지점 건물 화재, 118명 사망

5. 15 오키나와 일본으로 복귀, 오키나와현 발족

5. 30 일본적군파, 텔아비브 사건

6. 17 미국, 워터게이트 사건

7.7 다나카 가쿠에이(田中角榮) 내각 성립

7.24 욧카이치(四日市) 공해(公害) 소송, 환자측 승소

8.9 이타이이타이병 소송, 환자측 승소

9.29 중일 국교정상화

10.28 팬더, 우에노공원에서 환대

1973년

1.1 연합적군파 모리 쓰네오(森恒夫), 도쿄구치소에서 자살

1.27 파리에서 베트남 평화협정 조인

2.14 엔화, 변동상장제(變動相場制)로 이행

3.20 미나마타병 재판에서 환자측 승소

4.24 고쿠로(國勞, 국철노동조합)와 도로(動勞, 국철동력차노동조합), 준법투쟁

7.20 암스테르담 공항 이륙 후 일본 비행기, 연합적군파의 마루오카 오사무(丸岡修) 등을 포함한 팔레스타인 게릴라에 의해 납치

7.27 공산당과 소카(創価)학회(일련불법日連佛法을 신봉하는 일본의 가장 대표적인 종교법인—옮긴이)가 상호 불간섭·공존의 10년협정을 공표

8.8 한국의 김대중, 도쿄에서 납치

9.11 칠레에서 쿠데타, 아옌데 대통령 자살

9.20 일본, 북베트남과 국교 수립

9.21 천황, "종전은 나의 결정"이라고 미(美) 잡지의 질문에 답변

9.23 버튼식 공중전화 등장

10.6 제4차 중동전쟁 발발

12.10 삼억엔 절도 사건, 시효 성립

1974년

1.9 다나카(田中) 수상 타일랜드 방문, 방콕의 학생이 반일 데모

1.15 다나카 수상 인도네시아 방문, 자카르타에서 반일 폭동

3.10 필리핀의 루방섬에서 전(前) 일본 병사 오노다 히로(小野田 寛郎) 구출

4.12 중원(衆院) 내각위원회, 야스쿠니(靖國)법안 강행 체결

4.19 명화「모나리자」를 도쿄국립박물관에서 일본 최초 공개

7.7 일본 아시아·아프리카 작가회의 결성

8.8 닉슨 미 대통령 사임, 후임에 포드 취임

10.22 『분게슌주(文藝春秋)』의 추궁으로 다나카 수상의 자금출처가 문제화, 11월 26일에 사임

11.18 포드 미 대통령, 현직 대통령으로서는 처음으로 일본 방문

12.9 미키 다케오(三木武夫) 내각 성립

1975년

3.14 중핵파 혼다(本多) 서기장, 혁마루파 내 실력투쟁으로 사망

4.17 프놈펜 함락, 캄보디아에서 폴 포트파 정권 장악

4.30 베트남전쟁 종결

7.17 오키나와 '히메유리의 탑(ひめゆりの塔)'을 방문한 황태자 부처, 화염병 세례

7.19 오키나와 국제해양박람회 개최

8.2 일본적군파, 쿠알라룸푸르의 미·스웨덴 양 대사관을 점거

8.15 미키(三木) 수상, 개인 자격으로 야스쿠니 신사에 참배

10.31 천황, "원자폭탄 투하는 죄스러운 일이나 어쩔 수 없었다"고 녹화 중계 기자회견에서 발언

11.26 고로쿄(公勞協, 공공기업체 노동조합 협의회), 파업권 투쟁

문학·사상·논단

1945년

8 高坂正顯, 「新しき試練へ踏出せ」, 『毎日新聞』

大仏次郎·穴倉恒孝·吉川英治·中村直勝, 「英靈にわびる」, 『朝日新聞』

10 日本共産黨出獄同志, 「人民に訴える」, 『アカハタ』

德田球一, 「戰爭の新しい方針について」, 『アカハタ』

美濃部達吉, 「憲法改正問題」, 『朝日新聞』

宮本百合子, 「新日本文學の端緒」, 『毎日新聞』

11 福本和夫, 「新日本への一提言」, 『新生』

12　福田恆存,「近代日本文學の發想」,『文學』

長谷川女是閑,「敗けに乗じる」,『文藝春秋』

1946년

1　中野重治,「冬に入る」,『展望』

埴谷雄高,「死靈」連載 第一回,『近代文學』

宮本顯治·袴田里見,「われら抗議す」,『アカハタ』

2　山川均,「民主戰線のために」,『改造』

4　本多秋伍,「小林秀雄論」,『近代文學』

坂口安吳,「墮落論」,『新潮』(사카구치 안고,『백치·타락론 외』, 최정아 옮김, 책세상 2007)

日本共産黨,「第五回大会宣言」,『前衛』

長谷川町子,「サザエさん」,『夕刊フ クニチ』

5　丸山眞男,「超國家主義の心理と論理」,『世界』

6　川島武宜,「日本社會の家族的構成」,『中央公論』

9　文部省,『くにの歩み』上下, 日本書籍

10　石川淳,「燒跡のイエス」,『新潮』

花田淸輝,『復興期の精神』, 我觀社

11　桑原武夫,「第二芸術」,『世界』

1947년

2　椎名麟三,「深夜の酒宴」,『展望』

3　竹山道雄,「ビルマの竪琴」,『赤とんぼ』

田村泰次郎,「肉体の門」,『群像』

6　小田切秀雄,「戰爭責任論」,『朝日評論』

6~7　石坂洋次郎,「青い山脈」,『朝日新聞』

7　太宰治,「斜陽」,『新潮』(다자이 오사무,「사양」, 유숙자 옮김, 小花 2002)

8　武田泰淳,「蝮のすゑ」,『進路』

文部省,「戰爭の放棄」

10　折口信夫,「日本文學の發生史序說」, 齊藤書店

11　大宅壯一,「亡命知識人論」,『改造』
宇野弘藏,「價値論」, 河出書房

1948년

1　石田榮一郎,『河童駒引考』, 築摩書房
清水機太郎·松村一人·林健太郎·古在由重·丸山眞男·眞下信一·宮岐音弥,「座談會·唯物史觀と主体性」,『世界』
大岡昇平,「俘虜記」,『文學界』(오오카 쇼헤이,『포로기』, 허호 옮김, 웅진출판 1995)
6　服部之總,「東條政權の歷史的後景」,『改造』
長谷川如是閑,「國家理念の世界史的變革」,『中央公論』
太宰治,「人間失格」,『展望』(다자이 오사무,『인간실격·비용의 처』, 이진후 옮김, 제이앤씨 2004)
7　岸田國士,『日本人とは何か』, 養德社
10　平塚らいてう,「わたくしの夢は實現したか」,『女性改造』
竹內好,「指導者意識について」,『總合文化』
11　有賀喜左右衛門,『日本婚姻史論』, 日光書院
竹內好,「中國の近代と日本の近代」,『東洋文化講座』 第三卷(다케우치 요시미,『일본과 아시아』, 서광덕·백지운 옮김, 소명출판 2004)
12　三浦つとむ,『哲學入門』

1949년

1　木下順二,「夕鶴」,『婦人公論』
井上清,『日本女性史』, 三一書房(이노우에 키요시,『일본여성사』, 성해준·감영희 옮김, 어문학사 2004)
福武直,『日本農村の社會的性格』, 東大協同組合出版部
4　石川達三,「風にそよぐ葦」,『毎日新聞』
藤原てい,「流れる星は生きている」, 日比谷出版社(후지와라 데이,『흐르는 별은 살아있다』, 위귀정 옮김, 청미래 2003)
竹內好,「中國人の抵抗意識と日本人の道德意識」,『知性』

7　　三島由紀夫,『假面の告白』, 河出書房(미시마 유키오,『가면의 고백』, 양윤옥 옮김, 동방미디어 1996)

今西錦司,『生物社會の倫理』, 每日新聞社

10　　丸山眞男,「肉体文學から肉体政治まで」,『展望』(마루야마 마사오,『현대정치의 사상과 행동』, 김석근 옮김, 한길사 1997)

谷川徹三,『戰爭と平和』, 雲井書店

日本戰歿學生手記編輯委員會,『きけわだつみのこえ』, 東大協同組合出版部(와다쓰미회,『학도병 유고: 15년전쟁』, 이계추 옮김, 춘추원 1988)

11　　島尾敏雄,「出島弧記」,『文藝』

久野收,「平和の論理と戰爭の論理」,『世界』

12　　南博,『社會心理學』, 光文社

1950년

1　　大岡昇平,「武蔵野夫人」,『群像』

野間宏,「青年の環」,『文藝』

3　　三好十郎,『恐怖の季節』, 作品社

4　　竹內好,「日本共産黨に与う」,『展望』

今村太平,「映畵にあらわれえた日本精神」,『思想の科學』

5　　桑原武夫,『文學入門』, 岩波新書

7　　井上光晴,「書かれざる一章」,『新日本文學』

青山秀夫,『マックス·ウェーバーの社會論』, 岩波書店

8　　丸山眞男·竹內好,「座談會·被占領心理」,『展望』

笠信太郎,『ものの見方について: 西歐になにを學ぶか』, 河出書房

沖繩タイムス 編,『鐵の暴風』, 沖繩タイムス社

10　　高島善哉,「生産力と價値」,『思想』

11　　マーク·ゲイン,『ニッポン日記』上下卷, 岩波書店

1951년

1　　小林秀雄,「ゴッホの手紙」,『芸術新潮』

竹內好·小椋廣勝·久野收·土屋清·丸山眞男,「座談會·現代革命論」,『人間』

2　遠山茂樹,『明治維新』, 岩波全書

3　無着成恭,『山びこ學校』, 青銅社

4　竹內好,『毛澤東』,『中央公論』

6　思想の科學硏究會 編,『'戰後派'の硏究』, 養德社

9　寺田透,「小林秀雄論」,『群像』

竹內好,『現代中國論』, 河出市民文庫

10　淸水幾太郞,『社會心理學』, 岩波全書

都留重人,「講和と平和」,『世界』

11　堀一郞,『民間信仰』, 岩波全書

1952년

1　武田泰淳,「風媒花」,『群像』

伊藤整,「日本文壇史」,『群像』

和辻哲郞,「日本倫理思想史」上下卷, 岩波書店

2　飯塚浩二,『日本の精神的風土』, 岩波新書

野間宏,『眞空地帶』, 河出書房

4　手塚治虫,「鐵腕アトム」連載 開始,『少年』

6　中村光夫,「占領下の文學」,『文學』

8　竹內好,「國民文學の問題點」,『改造』

伊藤整·臼井吉見·竹內好·折口信夫,「座談會·國民文學の方向」,『群像』

竹內好,『日本イデオロギイ』, 築摩書房

10　大西巨人,「俗情との結託」,『新日本文學』

11　火野葦平,「戰爭文學について」,『文學界』

12　中國農村慣行調査刊行會 編,『中國農村慣行調査』, 岩波書店

丸山眞男,『日本政治思想史硏究』, 東大出版會

1953년

1　井上淸,『天皇制』, 東大出版會

2　林屋辰三郞,「民族意識の萌芽的形態」,『思想』

8　「モラリストとはなにか」,『三田文學』

10 家永三郎,『日本近代思想史研究』, 東大出版會

12 有澤廣巳,『再軍備の經濟學』

1954년

1 竹內好,『國民文學論』, 東大出版會

3 伊藤井,『女性に關する一二章』, 中央公論社

武田泰淳,「ひかりごけ」,『新潮』

鶴見俊輔,

6 桑原武夫 編,『フランス百科事典の研究』, 岩波書店

佐藤忠男,「任俠について」,『思想の科學』

8 岡本太郎,『今日の芸術』, 光文社(오카모토 타로,『오늘의 예술: 누가 시대를 창조하는가』, 김영주 옮김, 눌와 2005)

9 小島信夫,「アメリカン·スクール」,『文學界』

中村光夫,『日本の近代小說』, 岩波書店

10 花田清輝,『アヴァンギャルド芸術』, 未來社

11 竹內好,「吉川英治論」,『思想の科學』

石田雄,『明治政治思想史研究』, 未來社

12 宇野弘藏,『經濟政策論』, 弘文堂

庄野潤三,「プールサイド小景」,『群像』

1955년

2 平野謙·臼井吉見·佐々木基一·竹內浩·山本健吉,「座談會·第三の新人·戰後文學·平和論」,『改造』

3 小田切秀雄,「思想における平和共存」,『新日本文學』

川島武宜,「イデオロギーとしての家族制度」,『世界』

4 中村眞一郎,「西歐文學と日本文學」,『文學界』

5 大宅壯一,「'無思想人' 宣言」,『中央公論』

6 廣津和郎,『松川裁判』, 弘文堂

7 石原愼太郎,「太陽の季節」,『文學界』(『아꾸다가와상 수상 작품 선집』 서병조·유문동 옮김, 문예춘추 1987)

大塚久雄,『共同体の基礎理論』, 岩波書店(오쓰카 히사오,『공동체의 기초윤리』, 이영훈 옮김, 돌베개 1982)

9 大河內一男,『戰後日本の勞動運動』, 岩波新書

10 花田清輝,『アヴァンギャルド芸術』, 未來社

11 遠山茂樹·今井清一·藤原彰,『昭和史』, 岩波新書

1956년

1 三島由紀夫,「金閣寺」,『新潮』(미시마 유키오,「금각사」, 허호 옮김, 웅진닷컴 2002)

鶴見俊輔,「知識人の戰争責任」,『中央公論』

4 三輔つとむ,「スターリンは如何に誤っていたか」,『知性』

5 埴谷雄高,「永久革命者の悲哀」,『群像』

6 村上兵衛,「天皇の戰争責任」,『中央公論』

五味川純平,「人間の條件」全六卷, 三一書房(고미카와 준베,『인간의 조건』, 강민 옮김, 교육출판공사 1982)

羽仁五郎,『明治維新史研究』, 岩波書店

吉本隆明·武井昭夫,『文學者の戰争責任』, 淡路書房

10 松田島雄,「戰争とインテリゲンチャ」,『思想』

11 深澤七郎,「楢山節考」,『中央公論』

久野收·鶴見俊輔,「現代日本の思想』, 岩波新書

黑田寛,『スターリン主義批判の基礎』, 人生社

12 上田耕一郎,『戰後革命論争史』上下卷, 大月書店

丸山眞男,『現代政治の思想と行動』上下卷, 未來社(마루야마 마사오,『현대 정치의 사상과 행동』, 김석근 옮김, 한길사 1997)

1957년

2 加藤周一,「天皇制について」,『知性』

梅棹忠夫,「文明の生態史觀序說」,『中央公論』

丸山眞男,「ジャーナリストと戰争責任」,『中央公論』

藤田省三,「現代革命思想の問題點」,『中央公論』

丸山眞男·埴谷雄高·竹內好·江口朴郎,「座談會·現代革命の展望」,『世界』
社說「安保は改定されるべきである」,『朝日新聞』
6 遠藤周作,「海と毒藥」,『文學界』
7 邸永漢,「台湾人を忘れるな」,『中央公論』
8 吉本隆明,「戰後文學は何處へ行ったか」,『群像』
9 大野普,『日本語の起源』, 岩波新書
11 江藤淳,「奴隷の思想を排す」,『文學界』

1958년

3 小林勝,『斷層地帶』全五卷, 書肆パトリア
土門拳,『ヒロシマ』, 研光社
4 竹內好,「權力と芸術」,『權力と芸術』
5 櫻井德太郎,『日本民間信仰論』, 雄山閣
福武直,『社會調査』, 岩波全書
7 橋川文三,「文學史と思想史」,『思想』
8 安井郁,『民衆と平和』, 大月書店
9 矢內原忠雄 編,『戰後日本小史』, 東大出版會
11 吉本隆明,「轉向論」,『現代批評』
佐藤忠男,『裸の日本人』, 光文社
谷川雁,『原点が存在する』, 弘文堂

1959년

1 共産主義者同盟,「全世界の獲得のために」,『共産主義』
思想の科學研究會,『共同研究·轉向』全三卷, 平凡社
3 清水幾太郎,『論文の書き方』, 岩波新書
羽仁進,「カメラのマイクの論理」,『中央公論』
4 高見順,『敗戰日記』, 文藝春秋
5 久野收·鶴見俊輔·藤田省三,『戰後日本の思想』, 中央公論社
7 掘田善衛,『上海にて』, 筑摩書房
8 都留重人·丸山眞男·加藤周一,「座談會·現代はいかなる時代か」,『朝日ジャーナ

ル』

10　谷川雁,『工作者宣言』, 中央公論社

11　竹内好,「近代の超克」,『近代日本思想史講座七』, 筑摩書房

1960년

1　江藤淳,「小林秀雄論」,『聲』

吉本隆明,「戰後世代の政治思想」,『中央公論』

三島由紀夫,「宴のあと」,『中央公論』

土門拳,『筑豊のこどもたち』, パトリア書肆

松本清張,「日本の黒い霧」,『文藝春秋』

2　竹内好,「戰爭責任について」,『現代の發見』第三巻, 春秋社

橋川文三,『日本浪漫派批判序説』, 未來社

宮本常一,『忘れられた日本人』, 未來社

5　「戰中遺文」,『新潮』

6　竹内浩,「民主か獨裁か」,『図書新聞』

荒畑寒村,『寒村自伝』, 論爭社

7　谷川雁,「私の中のグアムの戰死」,『思想の科學』

8　篠原一·日高六郎·齊藤眞·竹内好,「安保改定反對鬪爭の成果と展望」,『思想』

上野英信,『追われゆく坑夫たち』, 岩波新書

9　島尾敏雄,「死の極」,『群像』

吉在由重,『思想とは何か』, 岩波新書

10　大西巨人,「神聖王喜劇」,『新日本文學』

樺美智子,『人知れず微笑まん』, 三一書房

谷川雁·吉本隆明·埴谷雄高·森本和夫·梅本克己·黑田寛一,『民主主義の神話』, 現代思潮社

12　深澤七郎,「風流夢譚」,『中央公論』

竹内好,「五·一九前後の大衆行動について」,『思想の科學會報』

1961년

1　フォイヤー·竹内好·永井道雄·丸山眞男·宮城音弥,「座談會·知識人·東と西」,

『思想の科學』

2　小田實,『何でも見てやろう』, 河出書房

神島二郎,『近代日本の精神構造』, 岩波書店

4　谷川雁,『戰闘への招待』, 現代思潮社

5　香川健一,「構造改革派の思想と方法」,『現代思想』

6　竹內好,『不服従の遺産』, 筑摩書房

大林太郎,『日本神話の起源』, 角川書店

柳田國男,『海上の道』, 築摩書房

9　宇島宮德馬,「一中復交と極東の平和」,『世界』

10　淸水愼二,『日本の社會民主主義』, 岩波新書

11　丸山眞男,『日本の思想』, 岩波新書(마루야마 마사오,『일본의 사상』, 김석근 옮김, 한길사 1999)

具塚茂樹,『諸子百家』, 岩波新書

1962년

1　吉本隆明,「丸山眞男論」,『一橋大學新聞』

會田雄次,『アーロ收容所』, 中公新書

3　竹內好,「思想団体の原理と責任」,『週刊讀書人』

6　星野安三郎,「改憲論の背後にあるもの」,『世界』

多田道太郎,『複製芸術論』, 勁草書房

7　竹內好,「小新聞の可能性」,『思想の科學』

日高六郎,「大衆運動の思想」,『新日本文學』

坂本義和,「平和運動における心理と論理」,『世界』

8　『現代史資料』全四五卷, 別巻一, みすず書房

10　福本和夫,『革命運動裸像』, 三一書房

竹內好·吉本隆明·日高六郎·山田宗睦,「座談會·六二年の思想」,『思想の科學』

1963년

1　住谷一彦,『共同體の史的構造論』, 有斐閣

2　尾崎秀樹,『近代文學の傷痕』, 普通社

3　　齊藤孝·福田歡一·佐藤升·藤田省三·竹內好,「座談會·中日戰爭と現代」,『世界』

4　　見田宗介,「調査記錄·日常性と革命のあいだ」,『思想の科學』

6　　石堂淸倫,『中ソ戰爭』, 青木書店

8　　竹內好,「アジア主義の展望」,『現代日本思想大系第九卷』, 筑摩書房

9　　廣松涉,「マルクス主義の展望」,『思想』

　　林房雄,「大東亞戰爭肯定論」,『中央公論』

11　　むのだけし,『たいまつ十六年』, 企劃通信社

12　　竹內好·鶴見俊輔·橋川文三·山田宗睦,「座談會·大東亞共榮圈の理念と現實」,『思想の科學』

1964년

1　　竹內好,「日本人のアジア」, 共同通信配信

2　　上山春平·竹內好·大熊信行·五味川純平·林房雄,「座談會·大東亞戰爭をなぜ見直すか」,『潮』

　　藤子不二雄,「オバケのQ太郎」連載 開始,『週刊 少年サンデー』

5　　中根千枝,「日本的社會構造の發見」,『中央公論』

　　宇野弘蔵,『経濟原論』, 岩波新書

6　　荒木経惟,「さっちん」,『太陽』

　　色川大吉,『明治精神史』, 黃河書房

7　　臼井吉見,「安曇野」連載 開始,『中央公論』

　　岩田弘,『世界資本主義』, 未來社

8　　安田武,『戰爭文學論』, 勁草書房

10　　竹內好,「1970年は目標か」,『展望』

11　　中島嶺雄,『現代中國論』, 青木書店(中嶋嶺雄 著; 金炳午 譯).

12　　白土三平,「カムイ伝」連載 開始,『ガロ』

1965년

1　　中野重治,「甲乙丙丁」,『群像』

　　竹內好,「周作人から核實驗まで」,『世界』

岡村昭彦,『南ベトナム戰爭從軍記』, 岩波新書

3　明石康,『國際聯合』, 岩波新書

4　見田宗介,『現代日本精神構造』, 弘文堂

5　朴慶植,『朝鮮人强制連行の記錄』, 未來社(박경식,『조선인 강제연행의 기록』, 박경옥 옮김, 고즈윈 2008)

6　小林樹雄,「本居宣長」,『新潮』

大江健三郎,『ヒロシマ·ノート』, 岩波新書(오에 겐자부로,『히로시마 노트』, 김춘미 옮김, 고려원 1995)

尾崎秀樹,『大衆文學論』, 勁草書房

中野好夫·新崎盛暉,『沖縄問題二十年』, 岩波書店

7　小島信夫,「抱擁家族」,『群像』

9　竹內好·福田恆存,「對談·現代的狀況と知識人の責任」,『展望』

金子光晴,『絶望の精神史』, 光文社

10　安陪公房,『砂漠の思想』, 講談社

1966년

1　平野謙,「わが戰後文學史」,『群像』

吉野源三郎,「七十年 問題について」,『現代の眼』

石田雄·日高六郎·福田歡一·藤田省三,「座談會·戰後民主主義の危機と知識人の責任」,『世界』

2　桑原武夫 編,『中江兆民の研究』, 岩波新書

5　高橋和己,『孤立無援の思想』, 河出書房

9　大塚久雄,『社會科學の方法』, 岩波新書(오쓰카 히사오,『베버와 마르크스』, 임반석 옮김, 신서원 1990)

10　サルトル,「知識人の役割」,『朝日ジャーナル』

11　吉本隆明,「共同幻想論」,『文藝』

玉野井芳郎,『マルクス經濟學と近代経濟學』, 日本経濟新聞社

1967년

1　大江健三郎,「万延元年のフットボール」,『群像』(오에 겐자부로,『만연원년의 풋

봄』, 박유하 옮김, 고려원 2000)

	大岡升平,「レイテ島戰記」,『中央公論』
2	きだみのる,『にっぽ部落』, 岩波新書
	中根千枝,『タテ社會の人間關係』講談社現代新書
4	赤塚不二夫,「天才バカボン」連載 開始,『週刊 少年マガジン』
5	川島武宜,『日本人の法意識』, 岩波新書
7	竹內好·武田泰淳,「對談·私の中國文化革命観」,『文藝』
10	鶴見良行,「日本國民として斷念」,『潮』
	鶴見俊輔,「限界芸術論」, 勁草書房
12	大城立裕,「沖縄で見る羽田事件」,『展望』
	江上波夫,『騎馬民族國家』, 中共新書

1968년

1	高森朝雄 作·ちばてつや 畵,「あしたのジョー」連載 開始,『週刊 少年マガジン』
2	家永三郎,『太平洋戰爭』, 岩波新書
4	本多勝一,『戰場の村』, 朝日新聞社
5	永原慶二,『日本の中世社會』, 岩波新書
	つげ義春,「ねじ式」,『ガロ』
7	宗井純,『外交の政治學』, 三省堂
	三島由紀夫,「文化防衛論」,『中央公論』
8	大田昌秀,「本土にとっての沖縄よは何か」,『世界』
	田川建三,『原始キリスト教史の一斷面』, 勁草書房(다카와 켄조,『원시 그리스도교 연구: 복음서문학의 성립』, 김명식 옮김, 사계절 1983)
9	水上勉,「水俣病問題の社會的責任」,『朝日新聞』
	內田芳明,『ヴェーバー社會科學の基礎研究』, 岩波書店

1969년

1	大田昌秀,「戰後沖縄の民衆意識」,『世界』
	山口昌男,「道化の民俗學」,『文學』
	石牟礼道子,『苦界淨土』, 講談社

2　島尾敏雄,『琉球弧の視點から』, 講談社

3　池田浩士,「戰爭の底力から底力の戰爭へ」,『情況』

4　司馬遼太郎,『坂の上の雲』全八巻, 文藝春秋(시바 료타로,『언덕 위의 구름』, 이송희 옮김, 명문각 1992)

5　田口富久治,『社會集団の政治的機能』, 未來社

平岡正明,『ジャズ宣言』, イザラ書房

6　柄谷行人,「'意識'と'自然'」,『群像』

梅棹忠夫,「指摘生産の技術」, 岩波新書

8　加藤周一,『言葉と電車』

本多勝一,『戰場の村』

10　平田清明,『市民社會と社會主義』, 岩波新書

1970년

1　藤子不二雄,「ドラえもん」連載 開始,『小學一~四年生』

三滿信一,「わが沖縄」,『展望』

沼正三,『家畜人 ヤプー』, 都市出版社

2　奥平康弘,『表現の自由とはなにか』, 中公新書

4　宮田登,『都市民俗論の課題』, 未來社

朴慶植,「三·一獨立運動の歴史的前提」,『思想』

6　清水知久·和田春樹,「米軍解体とわれわれ」,『米國軍隊は解体する』, 三一書房

7　小西誠,『反戰自衛官』, 合同出版

8　江藤淳,『漱石とその時代』I·II, 新潮社

中野好夫·新岐盛暉,『沖縄·七○年前後』, 岩波新書

10　平恒次,「'硫球人'は訴える」,『中央公論』

11　桑原史成,『寫眞記錄·水俣病 一九六○~一九七○』, 朝日新聞社(구와바라 시세이,『미나마타의 아픔』, 구와바라 가츠코 옮김, 을지서적 1990)

佐藤忠男,『日本映畫思想史』, 三一書房

12　金達壽,『日本の中の朝鮮文化』刊行 開始, 講談社

1971년

1　石母田正,『日本の古代國家』, 岩波新書

早乙女藤元,『東京大空襲』, 岩波新書

2　新川明,「叛骨の系譜」連載開始,『沖縄タイムス』

伊藤正孝,『南ア共和國の內幕』, 中共新書

土居健郎,『'甘え'の構造』, 弘文堂(도이 다케오,『일본인을 어떻게 볼 것인가: 아마에를 통해 본 일본인』, 신근재 옮김, 시사일본어사 2006)

3　宇井純,『公害言論』, 亞紀書房

北山修,『戰爭を知らない子供たち』, ブロシズ社

松本健一,『若き北一輝』, 現代評論社

4　本多藤一,『殺される側の論理』, 筑摩書房

5　姜在彦,『近代朝鮮の思想』, 紀伊國屋新書

見田宗介,『現代日本の心情と論理』, 筑摩書房

6　尾崎秀樹,『旧植民地文學の研究』, 勁草書房

中岡哲郎,『工場の哲學』, 平凡社

8　谷川健一,「沖縄の日本兵」,『展望』

9　大島渚·竹內好·陳舜臣·橋川文三,「座談會·日本人の中國認識」,『朝日ジャーナル』

唐十郎,『腰巻きお仙』, 現代思潮社

11　上野英信,『天皇陛下万歲』, 筑摩書房

福田勸一,『近代政治原理成立史序說』, 岩波書店

宮田光雄,『非武裝國民抵抗の思想』, 岩波新書

1972년

1　小田實,『世直しの倫理と論理』上下卷, 岩波新書

金子光晴,『日本人について』, 春秋社

3　市井三郎·大野力·齊藤眞·高畠通敏·竹內好·中澤護人·鶴見俊輔,「シンポジウム·天皇制特輯号廢棄事件の今日的意味」,『思想の科學』

本多藤一,『中國の旅』, 朝日新聞社

中村正則,「日本帝國主義成立史論」,『思想』

4　都留重人,『公害の政治経濟學』, 岩波新書

5　大城立裕,「同化と異化のはざまで」,『朝日ジャーナル』

山岐朋子,『サンダカン八番娼館』, 筑摩書房

6　有吉佐和子,『恍惚の人』, 新潮社(아리요시 사와코,『황홀의 인생』, 정성호 옮김, 장락 1995)

8　作田啓一,『價値の社會學』, 岩波新書

9　竹內好,「講和の原點」,『朝日ジャーナル』

10　思想の科學研究會 編,『共同研究·日本占領』, 德間書店

石原吉郎,『望郷と海』, 筑摩書房

安部謹也,「ハメルンの笛吹男伝説の成立と変貌」,『思想』

11　丸山眞男,「歷史意識の'高層'」,『歷史思想集』, 筑摩書房

1973년

2　大熊一夫,『ルポ·精神病棟』, 朝日新聞社

3　鈴木明,『南京大虐殺のまぼろし』, 文芸春秋

4　柴田三千雄,『パリ·コミューン』, 中公新書(시바타 미찌오,『파리콤뮨』, 기린문화사 편집부 옮김, 1983)

T.K生,「韓國からの通信」掲載 開始,『世界』

6　和歌森太郎,『天皇制の歷史心理』, 弘文堂

7　ねずまさし,『天皇制の歷史』上下卷, 三一書房

千田優光,『從軍慰安婦』, 双葉社

12　鎌田慧,『自動車絶望工場』, 現代史出版會(가마타 사토시,『자동차 절망 공장: 어느 계절공의 일기』, 허명구·서혜영 옮김, 우리일터기획 1995)

1974년

3　なだいなだ,『權威と權力』, 岩波新書

內村剛介,『呪縛の構造』, 現代思潮社

松下龍一,『暗闇の思想を』, 朝日新聞社

5　家永三郎,『檢定不合格·日本史』, 三一書房

8　釜共闘·山谷現闘委編輯委員會 編,『やられたらやりかえせ』, 田端書店

9　鶴見良行,「アシアを知るために」,『展望』

10	山上たつひこ,「がきデカ」連載開始,『週刊少年チャンピオン』
	松本重治,『上海時代』全三巻, 中公新書
	吉野源三郎,『同時代のこと』, 岩波新書
11	立花隆,「田中角榮研究」,『文藝春秋』

1975년

2	奥村宏,『法人資本主義の構造』, 御茶の水書房
	加藤周一,『日本文學史序說』上下卷, 筑摩書房
4	有吉佐和子,『複合汚染』上下卷, 新潮社
5	今村仁司,『歴史と認識』, 新評論
	中澤啓治,『はだしのゲン』第一卷, 汐文社
	山口昌男,『文化と兩義性』, 岩波新書
8	井上淸,『天皇の戰爭責任』, 現代評論社
	色川大吉,『ある昭和史』, 中央公論社
	竹中勞,『琉歌幻視行』, 田畑書店
9	竹內好 編,『アジア學の展開のために』, 創樹社
10	矢野暢,『南進の系譜』, 中公新書
11	大谷保昭,『戰爭責任論序說』, 東大出版會
12	小林英夫,『'大東亞公營圈'の形成と崩壞』, 御茶の水書房
	子安美智十,『ミュンヘンの小學生』, 中公新書

찾아보기